返田野

——人類學異托邦故事集

趙恩潔
蔡晏霖／主編

反田野，返田野

給這一輪田野盛世的備忘錄

蔡晏霖、趙恩潔

歡迎光臨田野世

二〇〇六年，《田野的技藝》一書出版。這是台灣第一本由多位人類學與社會學者現身說法的集體田野書。一篇篇或黑色幽默、或跌宕驚險的田野工作實錄，凸顯出不依賴問卷並長期親身參與的「田野技藝」，是如何引領田野工作者突破盲點、走向更曲折的社會真實。十三年過去，物換星移。從高科技產銷到創新社會設計，越來越多領域伸臂擁抱「田野」，期待「田野調查」為相關產業帶來更正確的市場評估、更精準的受眾認識、協助解決更多社會問題。可以說，在這個全球化的年代，不只強調演算法的大數據夯；與大數據精神完全相反，強調「純手工、親體驗」的田野工作，也正夯。

隨著社會遞嬗，今日田野的樣貌變化萬千，田野技藝也隨之轉變。曾有不少人擔心、甚至預言，當所謂的「傳統」消失（姑且不論所謂的「傳統」是否只是一種「現代性」的追求下，被篩選整合起來、甚至「發明」出來的一套東西），人類學將無用武之地。但這個預言失準了，因它小看了田野觸角的延伸力，也錯估了人類學的精神。今日，在更多意想不到的空間，「田野」遍地開花。不論是在紐約華爾街、西方與非西方的科學實驗室、世界各地的電子工廠、醫院診所、爵士酒吧、高空彈跳現場、黑客松、瀕臨絕種的紅毛猩猩棲息地、「第二人生」的線上虛擬遊戲，乃至殘酷的戰場邊緣，都可以找到正在做田野的人類學家。

與此同時，「田野工作」也早已不再只是人類學與最靠近人類學的質性社會學研究的專利。雖然很少有其他學科的人會仿效從事「古典田野」的人類學者那樣，長年專一地「只過他人的生活」，而通常是以相對短期、也可能長年延續的參與及訪談為主；但有越來越多的學科，都加強了其對「田野」方法的倚重。舉凡教育學、地理學、政治學、文化研究、性別研究、歷史學、國際關係、科技與社會、藝術研究、社會工作、環境資源管理，以及其他越來越多學科開設相關課程教授田野工作，也有高中老師指定學生作業必須根據田野材料而寫成。台灣社會似乎在短短幾年間，就有了各式各樣急速增生的「田野」實踐。

這本書，是一群田野工作者對這一輪田野盛世的備忘、邀請，與補充。既是錦上添花，也是盛世危言。身為以人類學為職志的田野工作者，我們無意捍衛「田野」不可動搖的最低底線或「正統」。恰恰相反的，我們想延續《田野的技藝》一書的精神，搜羅種種難以寫進田野教科書或工具書的田野歷程，同時更進一步分享，在遇到國家官僚發展計畫與學院管理績效化下重重機關的硬體制時，已經被迫「轉大人」甚至變成「老鳥」的人類學者，該如何選擇田野、也被田野選擇？這些歷程難以被複製、被標準化，或是按表操課，甚至可能是屬於這一輪盛世的特有種經驗，但卻是我們認為「做田野」最迷人、也是最讓我們髮稀齒搖終不悔的理由。

這本書，同時也是一群田野工作者檢視自身田野歷程的直心書寫。說直心，並不是因為我們的田野故事比較激情、勁爆或者十八禁（雖然，那也很值得期待XD），而是因為我們都曾經傻呼呼地土法煉鋼，對田野感到沮喪、挫折，卻仍從田野工作的平凡無奇與日復一日的未知黑暗中，看見了田野之光。藉由此書，我們想為這個田野盛世打開的，是細膩描寫個人經驗，不怕自問，一邊深入直搗田野的種種難題，一邊拒絕被績效控管的另類空間——一個田野異托邦。在這個異托邦，田野狀況無法事先規畫預測、生命體會的成果無法寫入研究報告、最想說的話不會被刊登在期刊、最想做的計畫也不會通過制式的倫理審查。

然而，田野異托邦是寬容而開放的：我們試圖在個人生命經驗與身為「專家」會面臨到的「非菜鳥問題」之間，做同等分量的探索與剖析。因此，相較於給予「定義」，我們鬆動「定義」，但也在鬆動後尋找根基；我們不教導一套標準流程，但我們誓言要讓讀者對「田野」的想像更上一層樓。簡言之，這將是一本讓你感受硬體制與軟生命的田野書。

我們將本書命名為「反田野」，一個同時表達「反田野」與「返田野」的多義雙關詞。我們特別選取「辶」部首為字，它有「忽走忽停」與「奔走」的流動意涵，以此指出「反」與「返」之間的時間差，並標示「反」與「返」重疊交錯的可能。因而，「反田野」、「返田野」、「辶反田野」是本書的三大主軸。

「反田野」，代表我們對於古典田野工作範式與大眾想像的不斷反思。在什麼條件下，「古典」的田野範式精神依然足以回應二十一世紀的當代田野風景，且在被賦予更多工流動的形式與生命之後，與新田野範式們仍有可承接之處？藉由「反田野」，本書的作者們嘗試思索田野範式與時空背景之間的關係。

「返田野」，聚焦的則是我們對田野的一再回返，透過不同田野的對比與反差來探問何謂田野工作。藉由「返田野」，我們努力思考從一個自己愛過或痛過的田野，到下一個新田野之間的斷裂與承接，誠實面對個人生命與學術職涯之間的交織愛恨。

最後，從「反」到「返」的時間差與輪迴性，則提醒我們關注田野的時間質地。慣常的田野想像中，時間是同質與線性的流動：進入田野→進行田野→完成田野。然而在成書過程的共同書寫與討論中（請見本文最後附加的精采幕後花絮），最引發眾人共鳴的話題，竟然都不約而同地指向更多異質的田野時間想像，包含倒反的漏斗（從第一田野到第二田野再回到第一田野的旅程）、星軌型輪迴（越年長的田野越意外地回應到年少時的憧憬與陰影）、返土歸田（以土壤孕育植物的多重關係動態想像田野實作的互為主體過程）、潮汐盈缺（體會到碎形田野自身的生命與死亡）等。抱著如此對時間的特定關懷，本書因而有別於過去三十多年來英語系人類學界所發展出的各種新田野概念，諸如「反身性民族誌」（書寫者的權威應被挑戰）、「去地域化的空間」（每個「地方」的固有疆界如何被權力關係生產出來）、「全球組裝」（治理術、技術與倫理的再地域化或在地用法，如生物科技在世界不同角落有著不同的運用），乃至「多點田野」（比如研究移民與難民，其生活流動的本質，要求田野工作者無法蹲點在單一地點）等。我們雖然承接以上這些概念的基本精神，但更強調從空間的反思進入時間的反思，最後迎向非生產性導向的另類時間觀。我們認為，人類學田野工作中許多必要的學習、醞釀，與等待，以及在自身與異文化之間的不斷反覆對照，雖然看似缺乏「效率」與浪費「時間」，其實卻正有助於我們捕捉複雜繽紛的動態真實，甚至還拓展了我們對於「真實」的想像。

以下且讓我們依序說明。

反田野：擁抱碎形與隙縫的當代

「古典」的英美法人類學田野，是一名白人男性或女性，在學院受過民族誌工作與人類學理論的訓練後，隻身一人來到某個異文化，尤其是非西方世界的文化，一住就是一年、兩年不等，習得當地語言、浸淫在當地社會的文化世界中、透過「收養」或其他方式而被當地人接受成為社群的一分子，逐漸懂得當地人的觀點與在地知識，最後能以專業跨文化「比較」的批判視野，描繪出一個社群的骨（社會結構、經濟基礎，與其他可用數據或圖表傳達的資訊）、肉（各種微觀社會互動的氛圍與肌理，融入政治經濟親屬宗教性別族群國族等脈絡）、靈魂（諸如神話信仰的、美學的、道德的、社群之人的理想性情與對世界的願景），以達到對社群更全貌觀的理解。田野出產的東西叫作民族誌。好的民族誌是骨肉靈魂，不好的民族誌是血肉模糊。

我們「反田野」，首先反對以上古典人類學田野範式中對於「田野」的一套「誰可以研究誰」的正典想像。這套想像預設由白人來研究非白人世界，或由前殖民國的人類學者研究內部與外部殖民地的人民。當一名第三世界的學者也想做田野時，這套想像則預設她或他的最佳選擇會是自己出身的國家、社會與文化。本書反對這種國際田野勞動的分工潛規則。我們相信，如果「田野工作」真是一種好的認識世界、迎向他者的方法，那麼任何人都該有機會學習它。（如何提供做海外田野的政治經濟與語言條件，則是胸懷「新南向」的台灣學界應該認真面對的課題。）與此同時，我們也拒絕這種身分決定論的另一種變形：認為「土著」人類學家「自己人研究自己人」就比較輕鬆。事實上，如同本書第一篇的作者佩宜所言，在地田野往往比海外田野更難抽離自己既有的階級或文化同溫層，也因此必須反覆錘鍊更高的敏感度與反思能力。

在這樣的基礎上，本書想做的是繼續拓寬、挖深古典田野範式裡既有的時空想像。在社會生活高度分化、人貨資訊高速流動、網路打造多重時空的年代，「長時間置身某處」的田野古典靜態想像，顯然很難回應當代生活多工、碎形的複雜樣貌。本書作者之一韻芳穿梭在全台各個部落與臉書之間的經驗，很明顯地就是這種碎形田野與網路時空結合的結果。同樣地，佩宜在立法院、法院，與行政院不同單位中的參與觀察，也都不屬於古典的「蹲點田野」，而是跟著開會走的多點田野。邵武在埔里與香港雙邊都研究友善新農，其田野工作模式是間歇式地兩地跑、甚至平行跑。欣怡的「綠電叢林」田野，由於聚焦風力發電機的開發問題，更使得她必須參與決策機關的會議、到西海岸考察民情，乃至參加工作坊，學習鯨豚在海水中若聽見風力發電機打樁會如何反應。無論是研究民主政治體制運作的方式、思索發展計畫如何有感推動、關注土地正義、評估再生能源的設置對居民的影響，更多的人群與課題，都要求田野工作者亦步亦趨隨之移動，也要求田野工作者穿梭於歧異的生活世界之間，學習聆聽不止一種語言，並隨時進行轉譯的工作。如何在碎形化與流動化的異質田野中累積，尋求深入同理的途徑，正是當代田野工作者最需切磋的核心技藝。

正是由於我們重視田野新的開放性所帶來的多樣時空，「反田野」也必然反對只將田野視為一組可以客觀操作、被標準化，甚至可被套餐化的、隨時可用的研究工具。有別於當前種種對於「田野工作」的普遍想像，認為田野工作是以「獲取知識」為目標的一種「研究方法」，我們想強調，其實田野工作本身，就應該是目的。我們並不否認從事田野工作必然有著工具性的考量，但是我們拒絕讓工具性的考量壟斷了對田野工作的所有思考。如果田野工作起始於對「她／他者」深刻的好奇，而且是透過田野工作者的身體力行，深入田野日常，進而成為田野的一部分來對他者展開探問，那麼，田野工作必然在每一個環節與層次都涉及了田野工作者與田野對象之間的心念交錯、言詞互動、聲色相聞，與肢體應對。在這個人我彼此「勾引」而斷續交織的過程中，「他者」無論如何不會只是讓我們獲取書寫材料的「工具」，而是田野工作者必須謙卑討教、努力建立互信、嘗試認真理解與對待的「目的」本身。「田野即目的」的背後，是「迎向她／他者、認納他／她者」的價值選擇與生命倫理實作。

在碎形世界中延續對他者之關懷，使我們相信，當代田野應該更加關注並賦予更多討論的，是人類學向來重視的「日常混亂與隙縫」。在人事物高度流動、幾乎所有田野都必然涉及多點的今日，通過參與觀察日常隙縫、身體力行成為田野一部分的「田野」，仍有其不可取代的價值。正是由於各種社群與個人都正經歷比從前更快速變動的複雜性與混合性（如欣怡親身介入台灣風力發電的多方爭議與協調、怡潔細說自己如何與中國農民工在工廠與農村之間流動、如珍在香港與菲律賓籍移工一同舉辦選美、恩潔與穆斯林科學家一同探詢伊斯蘭清真戒律如何進入自然科學實驗室），敏銳地關注所有非主流的、缺乏新聞價值而無法被報導的、只能被「哎級論文」與數據過濾掉的生命圖像與聲音，將會是未來田野工作魂得以永續的關鍵。事實上，我們相信這種「以身為度、深入隙縫、在森林中為小草見證，甚至勇於重寫整座森林歷史」的田野魂，將在演算法機器人充斥的未來變得更為重要。

返田野：跟田野一起慢慢變老

這本書的另外一個重點，是我們強調具有時間縱深、重返田野工作所帶來各種不同情感與反思的「返田野」。這裡的時間長度，長達十年、二十年，中間的關卡魔王，包含了工作、績效、台灣特殊的學官兩棲體制，乃至一位人類學者對自身使命的質疑。我們不斷反芻自己的經驗、挑戰書寫田野可能可以有的多元樣貌，是因為我們想要凸顯田野這回事並不只是按照某種嚴謹的研究計畫、在一段時間內可以有顯而易見之「可見成果」的期待下，就可以完成的一套手續。相反地，隨著身分角色從博士生轉換到學者專家，處在需要跟國家體制打交道的台灣學術環境，甚至背負著田野地人們要求回報的期望與害怕落空，使得田野更充斥著自我懷疑、徬徨躊躇，乃至怨念。這些怨念的出口在什麼地方？本書有許多篇章都針對這個問題做了自身經驗的分享。

對於田野工作的職人來說，田野不是生命中的一段插曲，不是獲得資料的工具，而是一而再、再而三遁入不同生活之道的身體練習。在截然不同的異生活競技場中，本書作者們都曾經走過學術田野工作的十八銅人巷：從摸索到擇定一個田野、進行不知道哪天才會頓悟當事人邏輯的田野工作、結束田野、書寫論文，然後等到論文出版的那一天，發現自己和田野一起變老了（於～）。那麼，當我們在第一田野之後再開展另一個出野，也就是選擇再次進入「銅人巷」的時候，什麼事情有機會變得不一樣，什麼課題卻似乎永遠不變？換言之，我們認為值得談、但是較少有機會被好好談的，是「老後的田野」、「不再夢幻但依然懵懂的二度田野」、「被迫轉大人的二度田野」，也可統稱為「田野第二春」。

這個問題的開展，與學術人的生命及志業軌跡有著密切關連。當我們在高等教育與學術體制中，從博士班學生變成了專家學者，同時也必須迎接生命中重要他者的到來與離去，這些轉變都將在我們身上加諸強大的限制。用白話文來說，因為要教書、工作與擁有生活，我們的田野再也不可能是博士生時學習的、一個人長住遠方的「古典」人類學田野。而且，當研究者從到處碰壁的菜鳥變成手握國家資源、不時被鄉民鄙夷的「學者專家」後，「被研究的社群」對我們這群田野工作者的期待與互動模式也隨之改變。不只如此，上述的限制與變化還要再加上八〇年代以降，全球大學學院越趨管理化的影響之下，學者教授被高教體制不斷要求在短時間內做出「績效」與「應用」的現實（詳見本書邵武的文章）。在這些多重限制下，我們幾乎不可能長時間遠走高飛，拋開自己的生活常軌，花一年以上，以全身五感全開的浸淫式生活，去「田野」過他人的生活。換言之，相較於博士論文田野，我們進入全職教學與研究體制以後的田野都變得零碎，參與也變得更為間斷性。這也是說，田野的「碎形化」過程，不只是時代變遷所賦予當代田野工作者的挑戰（這是「反田野」的主題），而是絕大多數學院裡的田野工作者一直必須面對的職涯挑戰。無需否認，這種「碎形田野」，其實在其他精通於訪談藝術的學科中，老早見怪不怪，甚至是常態；然而，「碎形田野」對情有獨鍾於長期浸淫在某個異文化、以「反向學習」（un-learn）自身偏見為目的、期待「終於學習到」當地觀點的人類學者來說，卻是無比地惱人。如果人類學家也開始做這種碎形田野，那古典田野對於整體田野工作的貢獻還存在嗎？

前述問題其實是「反田野」的「碎形」問題，但在我們親身體驗過的實例中，將會更進一步帶領我們到「返田野」的「公共參與」問題。本書有極高比例的田野第二春（含以上），是環繞著公共參與以及重要社會議題而發出關鍵性的提問：三權分立的民主國家機器日常是怎麼運作的（佩宜）？西岸沿海居民為什麼不喜歡理應美好的綠能風力發電（欣怡）？平平都是「友善新農」，在香港與埔里會需要面對什麼不同的問題（邵武）？如何保存當前被視為宗教禁忌的阿美儀式傳統（宜澤）？台灣的部落該如何才能「發展」起來（韻芳）？香港菲律賓移工為什麼要辦選美活動（如珍）？影響全球清真食品檢驗的科學化過程是如何在微小的實驗室發生的（恩潔）？農人與福壽螺究竟該如何相處才算和平永續（晏霖）？上述這些高度異質的議題扣緊當代各種運動與訴求，不論是社區發展、移工議題、綠能規畫，或是另類科學知識與農業實作的發展，都要求我們與其他各種專家、不同利益團體與公民團體進行相互對話。問題是，隔行如隔山，真實的（不是剪綵拍照用的）跨界對話其實是很困難的。本書除了交代為什麼我們變老後會變成公共參與「控」之外，也希望嘗試回答：人類學式的田野可以如何幫助釐清當代公共議題與社會文化的創新實踐？

在跨界常為必然的當代複雜政治經濟脈絡下，我們相信，人類學田野中最嫻熟的「反向學習」技藝，最有能耐學習不同陣營所擁護的對立願景。這套技藝要求田野工作者先放下自身所相信的種種教條，即使遇到自己想批判的對象，也試著先同理他們的關懷。這套技藝來自古典田野範式的淬煉，卻足以在多變與多方衝突的今日社會，幫助我們理解任何爭議事件中，更細緻的全貌。

辶反田野：非生產性導向的時間們

如果「反田野」裡的「碎形田野」，是以空間性語言來指認當代田野型態的遞變，而「返田野」是以時間性語言來襯托田野工作者在變老且奸巨猾（大誤）後卻仍視如珍寶的初衷；那麼從「反」到「返」的時間差，則構成本書的第三大主題「辶反田野」：田野的另類時間想像，將如何有助於深化我們對田野工作的理解？本書多位作者不約而同地從時間的角度來切入「非生產性導向」的田野經驗與技藝，重新評價那些在單一、線性的時間觀中，往往被視為是反挫的、干擾的、不具生產力的、浪費掉的，甚至是失敗的研究過程。

如珍的香港菲律賓家務移工田野中，研究者與被研究者雙方因為各自職業的需求，而有許多時間上的限制。此外，如珍似乎一直無法抓住菲律賓移工的生活節拍。為什麼約好了又被放鴿子？為什麼約會時間地點不清不楚也沒關係？從一頭霧水到後來成為移工們的最佳伙伴，如珍是如何體會出另外一種時間觀？為什麼她會說「慢」與「混日子」很重要？這跟「潮汐」與「圓滿」又有什麼關連？同樣是關於等待，晏霖在試圖「找福壽螺拍片」期間，又是如何不斷地被「報導鴨」或「報導螺」拒絕，被迫撤退與等待？但晏霖又如何因此參透出完全不同於進步與績效原則的田野觀：土時間——一種努力關照不同生命節奏，嘗試讓更多不同的人與非人相互調適與共同繁盛的時間觀與倫理觀？

恩潔的跨宗教與科學田野，則是在問另外一個「干擾生產力」的問題：如果所有工作都可能會有職業傷害，那麼田野工作的職業傷害會是什麼？在田野中受傷，是什麼樣的感覺？原本，人類學是恩潔年少時所能找到唯一足以安心收納生活中共存的多種對立宇宙觀的避風港。為什麼在出了田野後，避風港會被捲入更深層的風暴之中？同樣是關於拋開超中趕美地找回初衷或珍視回憶，韻芳在投入部落發展計畫後，雖然離「研究」越來越遠，但卻離「部落」

越來越近；而佩宜多年來在所羅門群島的累積，最後與當地知識分子們集體創作出一本關於在島上長大的書，更是一種非單向回饋、強調雙向共做的田野回返：人類學家與被研究者一同建構後者的記憶與技藝。這些共通的長時間累積、等待、意外、不以功利績效為導向的狀態，也都是某種「另類時間」：拋開績效與成果，讓主體之間慢慢探知彼此習性、熟悉彼此韻律、照顧彼此需求，以等待更好的互為主體時刻的到來。我們認為，正是這些未必學術，或非功利性的田野時間，為田野工作帶來了難以取代的神奇力量與洞見。於是，除了原本⻌反田野的問題（田野的另類時間想像，將如何有助於深化我們對田野工作的理解），我們還想追問，究竟這些非線性、非生產性的時間觀所帶來的體悟，其力量來自於何方？當今世界為什麼需要這些力量？

這是本書最具實驗性格的部分：多位作者嘗試透過生命書寫與象徵性的語言，描繪與思考那些神奇的覺曉時刻所發生的條件與情境。或許可以說，相對於古典想像裡有著清楚的起始與結束點的「剛性田野」，作者們看見的是更多以異質田野精神貫穿、在時間上卻越加彈性與柔軟的田野型態，我們稱之為軟田野，或從土時間長出來的田野。土壤之外，還有海洋與潮汐，有屬於田野自有生命的潮起潮落。這些篇章深入田野工作者生命經驗而充滿文學式地糾結自問，從而把社會科學論述、運動宣言，乃至被人文社會科學者視為「硬科學」的知識，都消化成一片拍散自然與文化界線的海洋，給予作者與讀者進入不明海域的自由。

必須說明的是，雖然我們相信田野工作是一種好的探問世界、迎向他者的方法，但我們絕不認為這是唯一或最好的方法。田野工作從來不是靈丹妙藥，它有非常特定的條件與相對應的限制。最核心的就是它必須是一個研究者以身心與研究對象在其日常生活中互動的過程，也因此深深受限於日常生活的諸般節奏與有機生命的不確定性。在此特定條件下，田野工作者只能盡力讓自己抱持開放的心態、有耐心地深入研究對象的日常生活，但幾乎無法預期什麼樣的研究作為可以換來什麼「成果」。「要怎麼收穫先那麼栽」的人生鐵律，在此必須被理解為：田野工作者只能默默耕耘。但是究竟如何收穫、收穫什麼，卻非操之在我。然而與其因此而焦慮不安，我們願意相信，是這樣的一種「應無所住，而生其心」，才是田野工作給田野工作者的最大祝福。我們求知，因為我們對世界好奇；而能夠勇於航向未知與不明的人是幸福的，即便涉險並不總是帶來幸福。田野工作允許我們認真地等待、允許我們細細品味自己與他人日常生活的艱難與小確幸，而且鼓勵我們認真地與田野中的人事物相遇，把他們都當成是田野工作的目的，而不是工具。在管理主義與績效主義已經滲入所有體制的二十一世紀，這樣的處世與工作態度永遠不會獲得「長官」的青睞，卻很可能正是每個人減少工作與生活的異化，同時更勇於面對當代生活種種災難、危機，與不確定性的人生必備技藝。而在各種民粹政治盛行，多數人遁入社群軟體的同溫層，公共對話越來越難進行的年代，田野工作鼓勵我們迎向他者的開放態度，更是一種必要的提醒：沒有人／社群／物種是一座孤島。而要與更多異質的他者共生，我們就必須練習欣賞更多日常生活中的混亂，學習與周遭的雜質與噪音共存，並且更有耐心地去聆聽彼此。我們相信，這是推廣田野科普化的當代意義。我們不需要人人都變成人類學家，但如果每個人都能嘗試更有技巧與耐心地體察他者的處境，那麼我們或許還來得及讓更多的物種與人類共同繁盛，而非因人類而滅絕。

反返工作坊：沒有最合作，只有更合作

本書從最初的提案開始到出版，除了作者們各自努力閉門寫作，中間還歷經三次比武亂鬥兼內功療傷的工作坊，籌備過程超過一年。一開始的提案是幾位勇士們某年投稿圓桌論壇至台灣人類學年會但出師不利，於是後來以番外形式擴大舉辦。（當時的論壇名稱就是「重返田野的技藝」，而我們的「返田野」，也有重返《田野的技藝》，向十三年前的首部曲致敬之意。）論壇現場氣氛熱絡，一位難求，除了如珍無法從香港前來、恩潔在高雄遠距離連線，其餘全員到齊，此外也特別感謝鄭瑋寧前來問很難的問題（誤），同時已經看到本書未來的書商編輯德齡在一旁敲碗。比較遺憾的是，這次參與的伙伴之一彭仁郁因為有更艱鉅的工作要做，不得不離開本書寫作團。我們祝福大無畏的仁郁。

首次工作坊在新竹交大客家學院開張大吉，參與者除了五位率先發難的佛心發表人（佩

宜、欣怡、邵武、韻芳、恩潔）、兩位評論人莊雅仲與林浩立，還有等待心靈救贖（咦？）的研究生們。這次的參與者都不約而同提到了台灣特有官學合作之特色、人類學家或因專長或因使命感驅使，涉入國家各種「發展」或「保存」的計畫之中，因而提高了我們嘗試描繪體制運作、不同領域專家與首當其衝的公民如何各說各話的興趣。另外兩個注目焦點，一個是「向上研究」的趨勢，也就是人類學除了研究底層、弱勢、邊緣化的群體（怡潔、韻芳、宜澤、如珍），也直搗國家機器核心（佩宜、欣怡）、深入技術官僚叢林及高教被管理化績效化的危機（邵武），乃至研究代表現代大寫知識的科學實驗（恩潔）。一切討論都讓人思索在硬體制要求中，又要修煉非古典田野技藝之時，田野工作者必須再度反躬自身的職志認同。另一個焦點則是意外地發現：這個集體討論寫稿出書的機會，似乎也可以讓彼此好好談談田野中的受傷與療傷。同時，主編人選也是在第一場之後逐漸有機浮現（＝推坑），而非由任何體制內的組織或機構指派。

第二次工作坊在高雄中山大學社會系，對話人是《田野的技藝》主編之一王宏仁，與高師大人類學者劉正元。這次，「返田野」的主題逐漸浮出，但其座落的海域越來越深。宜澤的箴言「從學會、喜歡，到想念」是一個經典田野練習題，但是想念之餘，若想要保存下來，可就得好好理解阿美族儀式禁忌的變遷了；素玫在峇里島華人圈中局外局內人的主體位置轉換，與她先前在都蘭的經驗，可說是倒著走的田野邏輯；怡潔往返於農村與工廠，發現上次的「古典」田野中她沒機會做到的某個田野功夫，這次在工廠成為她更深層認識工人之間連結的管道。同樣是返回新舊田野之間，如珍從一直碰壁無法順利與菲傭做訪談，到後來決定「混日子」後，為何竟然如魚得水？最後，這次工作坊也是晏霖的新詞彙「土時間」冒出來的時刻，如新芽般，又爆破又青脆。

第三場工作坊承續前一本《田野的技藝》的優良傳統：包棟經典民宿，把人類學家們關起來交叉駁火又相互療癒。從兩場初稿發表會，到這場閉門工作會，出版社編輯德齡都是全程參與、筆記、攝影，並以市場角度給予建議，我們戲稱她為「書商」，外人以為她事業做超大。此次閉門工作坊地點在宜蘭壯圍張宅（黃聲遠作品），強迫性親密關禁閉，分下午場、晚上場、晨間場，抽籤決定誰跟誰同房。晚餐吃超美味宜蘭菜，餐後加碼獺祭與啤酒。

閉門工作會裡有人指出本書作者群陰盛陽衰的事實。然而當絕大多數的學術圈都是陽盛陰衰，這種健康的平衡，為什麼不呢？比較有趣的是，除了怡潔在會中提到自己的「未婚」身分常被報導人提問、素玫在文中提及接納自己的阿美年齡組織有著清楚的性別區分，沒有人在文章裡直接談論田野中的性別議題。這是否是因為在「熟女的二度田野」裡，我們比當年更嫻熟於處理田野中種種顯性或隱性的性騷擾、性別歧視，乃至被正面追求等性別課題？但如此老練地安於女性田野工作者身分，是否也暗示著我們接受了性別體制？換個角度看，其實「性別」從來不只是談論特定課題（＝某些性別或性身分所帶來的限制或可能），更徹底來說是一種介入世界的姿態，而這是女性主義的禮物。當我們鬆動所有二元化的僵固範疇，細膩追究日常生活的隙縫與光影，掏心掏肺地挖掘人與非人生命的田野，集體創造實驗性的田野話語之時，我們就是在對性別體制的排除進行積極修補，就是在從剛性學術語言中奪回為世界命名的權力，就是在創造新的田野性別。如果我們真能激發更多田野新想像，那是因為我們無分生理性別為何，都共享了「迎向他／她者、認納她／他者」的世界觀。

最後，這本書的寫作與成書，本身也是「非生產性另類時間觀」的體現。這本書無法幫助我們任何一人升等，也不太可能讓我們獲得財富，然而整個成書過程，從年會外的論壇、三場工作坊，到文章修改與導論寫作，所有作者之間的坦誠交鋒與彼此療癒，本身就是最美好的共同創作與互為主體經驗。雖然這些過程在學術體制中毫無「生產力」，但思緒相互啟發與生命會心共振的暢快，恐怕不是任何「績效」可以給予的。

本書特有讀法

這本書雖然作為「一本」紙本／電子的書籍出版，必須有固定的篇章順序，但就內容而言並沒有線性的閱讀邏輯，甚至各篇之間可互相穿插跳讀、對話、吐槽；不同的田野中可能有相似的困擾，一樣的困擾又有不一樣的回應（或是用下一個困擾作為回應）。是以，我們特地在依作者、篇名的編輯方式外，另於書側下了眉標，點出不同作者共同關懷（苦惱）的主題，成為另一種「流動」並與讀者「互為主體」的閱讀線索。不論順著讀、倒著讀、輪迴讀，每篇都有各自的精采，等著讀者們去各自領悟。而在十篇精采的田野故事之後，兩位話很多的主編還提供了後記（也可以視為導論的迴旋曲），邀請讀者再重回我們的主編發酵室，持續將故事們對話、翻攪，再釀造為「繼續深入日常隙縫」、「有練過的二次田野」、「反對進步主義的單一時間」三罈好酒，等待你的品嚐。

「反做」田野

一個人類學家研究「國家」的難題

郭佩宜｜中央研究院民族學研究所

當我與一群朋友在二〇〇五年展開《田野的技藝》書寫計畫時，已經在所羅門群島做過一年多的田野工作，寫完一整本博士論文，也出版了一些單篇論文。《田野的技藝》探討的是研究者如何透過田野工作進行人類學知識建構的過程。雖然那本書意在思辨且一定程度解構田野工作，但我對什麼是田野基本上已有清晰的意象，對自己是如何進行田野工作也能夠掌握與再現。當時我把文章定名為「我不是白人：一個人類學家的難題」，在文章的結尾，難題似乎得到了解答。

然而過了十多年，我對「什麼是田野」、「如何田野」卻越來越沒把握，也越來越焦慮。會落入這般田地，很大的原因是我開始了另一個平行的田野——我的田野從百分之百的異文化，到土生土長、「熟悉」的台灣；原本在赤道附近的小島牙牙學語，身分是研究生，現在則在天龍國的會議室發言，身分是審議委員或專家顧問。同時進行兩個軸線的研究工作令人精神耗弱，前者我已經駕輕就熟，後者卻仍處於迷霧森林。況且，這回的田野並非以生產論文作為目的。

與原本的田野對照，我這幾年進行了似乎是反過來做的田野。這兩個田野在空間與時間上看似平行，實則纏結對話。我在〈我不是白人：一個人類學家的難題〉中已經刻畫過所羅門的田野，就讓我從簡短地回敘與續述開始，之後再來試著釐清這「反做」田野的嘗試。

從古典田野的典範出發

人類學教科書的主流敘事將馬凌諾斯基在南太平洋初步蘭群島的田野工作設立為古典田野的典範，人類學家研究異文化，長期居住在當地、學習當地語言、參與觀察，試圖理解當地人的觀點，透過深度田野工作以及民族誌書寫，進行社會科學的理論分析。雖然爾後人類學的田野範疇與樣貌更為多元，許多研究者在都市、家鄉、機構甚至虛擬世界做研究，充滿各種可能性，然而我在美國念人類學博士班時，仍刻意選擇了最古典的田野模式：獨自到一個遙遠的異邦，長期居住在沒水沒電沒瓦斯沒電話（當然也沒網路）的村落之中，努力學習當地語言，在日常生活中進行參與觀察，逐漸貼近在地的思維。〈我不是白人：一個人類學家的難題〉一文記錄了那段過程，包括透過吃飯洗衣農作等身體行動，以及在地命名的實踐，討論田野的技藝不是一套技術，而是研究者在田野中與當地人共同參與建構自我的主體位置，以及人類學知識的過程。

直至今日，我在所羅門群島Langalanga礁湖區的古典田野模式，在大洋洲研究中仍算是主流；許多學者在博士論文的長期田野之後，多次重返田野，進行後續的研究，關係長達數十年之久，探討的議題也隨著社會文化變遷而轉變。當然，當代社會的樣貌與百年前馬凌諾斯基做田野的時代已迥然不同，世界的複雜度、交互流動影響的速度也大異於前，我們這個世代的人類學研究即使一定程度含括長期蹲點的田野，通常也都不侷限於一個聚落，而會隨著關心的人群、議題、物等等的流動，或為了處理不同層次的現象，而進行多點、多路徑、跨地方的田野。我在博士論文田野期間雖然以某個村為主要據點，其實也為了整體性地了解Langalanga礁湖區以及鄰近空間，在不同村落居住過。之後重返田野時，也因遷居都市的人增多，而穿梭於礁湖與首都，更跟隨Langalanga人貝珠錢的跨國流動而擴大研究的地理範疇。

關於古典的研究模式中的「研究者／被研究者結構」，已經有不少批判與反思，也有許多新的合作民族誌出現。所羅門群島人類學在知名人類學者基辛（Roger Keesing）的帶領下逐漸建立了一個小傳統：人類學者與當地長期共做的伙伴關係。因此，在自己的學術書寫之外，我也與幾位在地文史工作者合作，編纂以Langalanga語及英文雙語書寫的專書《Birana i Wala: Growing up in Langalanga》[1]。這項陸續進行了超過十年的計畫，主軸是當地人以書寫自己傳統與歷史的方式，進行他們心目中文化永續的工作。我在田野中花了許多時間跟他們討論「他們」有興趣的題目，而非我的研究計畫或論文要書寫的主題——然而，這樣的過程其實是計畫外的參與觀察。

例如我們在第一版完成後決定開一個工作坊，請Langalanga耆老們閱讀初稿且進行評論，等於是先通過在地論文口試。工作坊進行到一半，我忙著拍攝記錄，只見幾位成員輪流出去講手機，神情嚴肅。之後我才知道，外面有幾個人讀到初稿的某些篇章，對裡面涉及的歷史敘述有不同意見，但又不願意來參與討論。我聽了之後有點緊張，深怕發展成糾紛或分裂，然而團隊成員們倒不擔心：「都他們在說……只說不做，有什麼用？」、「有不同故事，那就自己寫啊。」

他們的評論直指「行動」才是圭臬，這與我長期以來對Langalanga文化的分析不謀而合。〈我不是白人：一個人類學家的難題〉一文，聚焦在描述田野中的人們如何以我的行為、而非只是我的膚色來定位我的身分。我的Langalanga民族誌也是在長期的田野工作中，以不刻意的、浸淫感受的、行動實踐的持續交陪，逐步建立起越來越有自信的理解。[2]

我很慶幸能追隨前輩學者的典範，體會學術傳統中勾勒的那種田野的技藝，二十年過去了，從未後悔這樣的選擇。我認同長期田野建立起的整體觀，也喜歡在世界上有另一個家鄉的感覺。我在村中有熟悉的寄宿家庭，每次回去他們都為我保留與初次田野同樣的房間與床鋪。經常幫我忙的小朋友已經結婚生子，田野時出生、以「佩宜」命名的小女孩已經高中畢業；原本要聯繫隔壁村得麻煩剛好要划小舟過去的人幫忙帶話，現在只需打個手機。甚至我

1 Silas Waletofe & Pei-yi Guo, eds., *Birana i Wala: Growing up in Langalanga*. Taipei & Honiara: Institute of Ethnology, Academia Sinica & National Museum of Solomon Islands, 2018.

2 關於行動在Langalanga田野中的重要性，請參見郭佩宜，〈共做的「同理心」：重反／返 所羅門群島Langalanga礁湖區的田野工作〉，收錄於劉斐玟、朱瑞玲主編，《同理心、情感，與互為主體：人類學與心理學的對話》，頁十九～六七，台北：中央研究院民族學研究所，二〇一四。

也加入長輩糾正小孩文法錯誤、感嘆母語流失的行列。在這同時，與本書中如珍的情況一樣，我也發現這個田野到了要（至少暫時）退潮的時間點。

接下來，在哪裡做田野？怎麼做田野？

我在博士論文階段刻意選擇了台灣以外的南島社群作為田野地，這樣的選擇有多重理由。除了對大洋洲的學術興趣，其中一項是對全球人類學階序慣習的反抗——當人們遇到一位歐美的人類學研究者，會假設她／他是到異鄉做研究，然而遇到一位非歐美的人類學研究者，卻會以為她／他要返鄉做研究。倒不是說返鄉研究、研究自身社群有什麼不對，但在傳統以及比例上的偏斜，呈現了學科去殖民的工程還有一段很長的距離要走。人類學的發展早期與殖民、帝國主義的擴張有關，處理他者、異文化的知識是殖民現代性的一環，因此殖民背景下的人類學研究是離心式的，以研究殖民地或其他異邦為主。到了反殖民時期，在地知識分子開始關心自身文化傳統與變遷，也批判再現的權力，被殖民社群發展出的人類學是向心式的，以研究己身社會或「國內」為主流。當代研究己身社會的歐美人類學家也很多，然而學者們仍潛意識地預設田野地點選擇的分流，反映了學科發展史累積的殖民權力關係。每次我被問起在哪裡做研究，對方略顯詫異的那個moment，就是一個默默的提醒。

我就是要「反做」。

剛回台灣那幾年，學界前輩得知我博士論文是做海外田野之後，經常接著問的下一題就是：那你準備要在台灣的哪裡做研究？我對此總是感到不可思議。為何要預設我必須放棄原來的田野？誰說一定要在台灣做田野？彼時海外田野的人很少，做過的，也很少長期持續。或許有各種現實因素考量，但我抗拒這個預設模式。

我就是要「反做」。

我定位自己的研究是「比較南島」（comparative Austronesian studies）——透過海外南島的案例，提供台灣南島研究的一些思考參照，但未必要直接在台灣做另一個南島案例，進行一對一比較。幸運地，我工作的單位以及研究經費申請能支持我持續進行海外田野，而且還擴大了研究的區域，從所羅門群島延伸到以整個大洋洲作為研究範圍。

這並不表示回到國內做田野有什麼不好。相反地，有許多人類學者在海外田野論文之後，另外在國內進行相關議題的研究也頗有所成。例如史翠盛（Marilyn Strathern）在巴布亞新幾內亞Hagen的精采研究之後，以人類學親屬研究的觀點分析英國的人工生殖；奈德（Laura Nader）從墨西哥的糾紛研究改做美國的法律運動，成為跨領域的翹楚。類似案例不勝枚舉。然而學者為何做這些第二田野的選擇？我一直以「再次到海外做長期田野不容易、只好就近換田野」來理解這些轉向。直到四年多前（二〇一四）的三一八。

三一八期間，我幾乎每天都到立法院旁參與觀察「做田野」。當然不是為了生產論文，而是不斷自問：到底人類學（家）能如何參與打造台灣的未來？我原本採取的途徑依舊重要，台灣作為南島連結的一環，海外南島研究以及比較南島視野是值得持續投入的領域；作為台灣極少數的大洋洲研究者，也責無旁貸。然而看到有許多迫切危機的台灣，我想更直接地切入，至少得更了解自身社會以及癥結所在。從馬政府對服貿協定的評估與推動（包括立法院的三分鐘鬧劇）這件事出發，我問了一個有點簡單但其實很複雜的問題：這國家到底是怎麼運作的？

很明顯地，這問題無法以人類學傳統田野最擅長的社區、微觀研究來處理，不能僅選一、兩個點「深蹲」（雖然每個點都非常重要，都不可或缺，也都可以跨層次地幫助我回答這個問題）。不能做一個部落，甚至也不是一個都市、或一個機構的田野而已。我是台灣研究的菜鳥，不打算組織一個團隊申請巨型計畫來分點拼圖——我只是想實驗一下，以一個當代國家為尺度的人類學田野可以怎麼做？這可能太異想天開，但我想摸索看看。

既然是實驗，也很可能失敗，那麼越自由越好：不要寫研究計畫、不愁申請經費、不需送審，沒有結案壓力。（好個「三不一沒有」？或者算是「佛系」？）一面收網所羅門的研究、書寫民族誌，一面開始台灣的平行田野，或許是可行的？

甚且，這不是以產出學術論文或民族誌為目標的田野。如果最後有能力寫一本書當然也不錯，但那不是我為什麼要進入這個田野的想像。我有些計畫，但沒有「計畫」；我進行研究，但未必要寫論文——研究的目的是要生產論文嗎？做田野就是為了書寫民族誌嗎？拆掉這個不自覺的既定框架後，可能性忽然就增多了。沒有結案的時間壓力，也沒有轉化為學術出版的業績壓力，這個新的田野好像跳脫了學術的慣行農法。「做興趣的」、手工的——感覺有點像是在「反做」田野？嗯，這與我的個性很搭。有人建議我應該先全力拚完升等後再「玩」，何苦兩頭燒？然而，我的提問既然在三一八啟動了，也就很難擱置，姑且做個實驗吧。（當然，我在中研院的工作性質，也提供了實驗探索的空間。）

綜合時間、精力、可行性，還有害羞低調的個性，我決定兵分三路，從立法、司法、行政部門，慢慢開始探索台灣這個當代國家是如何運作的。三一八的引爆點在立法院，我在為期超過一個月的占領期間天天看著那近在咫尺的機構，卻發現裡面彷彿黑箱（這不只是運動名詞）。因此，運動結束後我決定到一個公民團體當志工，以工作夾縫的時間進入立法院旁聽，或看線上iVOD寫評鑑，以這種方式「做田野」。三一八之後許多參與者被起訴（包括三一八以及三二三行政院占領案），我到法庭旁聽一些場次，也「順道」亂入其他庭「做田野」。相對於在立法司法部門單純、有距離的旁觀身分，我在行政部門的田野近身許多，除了旁聽各類會議，抱持著「做田野」的動力，我開始（樂意）接受政府文化（尤其文資）相關單位的邀請，擔任審議訪視諮詢委員等工作。後來更加入一個子法的委託計畫案團隊，雖然較為「深入」，但角色的複雜也讓田野出現更多挑戰。

偷溜進去的立法院

一直覺得自己是偷溜進去立法院做田野的。這不是在講三一八的占領行動，而是後三一八的委員會旁聽。透過媒體，一般人多少熟悉院會的表決大戰，然而各委員會才是立法院運作的核心場域，從預算審查、監督質詢到法案初審協商，都在數個委員會中進行。相對於院會的旁聽席隔著樓層、玻璃，委員會可說是近身實彈，門禁管制也因此較為嚴格，基本上除了立委、助理、行政人員、受邀單位代表，與工作人員、媒體之外，其他人無法進入。在公民團體長期抨擊下，有些輪值召委（基本上都是民進黨籍）願意代公民監督團體申請旁聽，惟需要事先登記身分證號，於當日上午查驗證件後，領取臨時識別證才能進入。

三一八之後，我認同國會應該受到更多監督，因此參與了民間志工團體，經過培訓課程，登記參加旁聽記錄委員會，以及觀看錄影iVOD來對立委進行表現評分，此外也參與志工聚會等組織內的活動。每個月繳交的評分表（以及簡略的文字敘述）經過彙整、統計加權，成為評鑑立委的分數依據之一。參與志工活動一方面能善盡公民責任，另方面也給了我一張進

▶

入委員會的通行證，似乎一魚兩吃、相輔相成。

然而事情當然沒有那麼順利。即使事先登記旁聽，當日到了現場，櫃檯阿姨幾乎一貫都是「有這件事嗎？」的態度（但每週三天委員會，公民團體幾乎都有排班旁聽啊，而且還是好幾個不同的委員會），叫我到旁邊的會客室等候。此時需要打電話給負責國會聯絡的民團工作人員，由他去找召委的辦公室助理，助理再想辦法傳來以該委員名義背書的旁聽申請表，最後阿姨才召喚在會客室焦慮的旁聽者，一面聽她咕噥，一面完成查驗證件、簽名的手續，拿到一張臨時旁聽證，撕下背面不太黏的雙面膠帶貼在胸前識別。從走進立法院、待在開放式會客室等候，我就在心裡開啟田野模式：阿姨迅速回應的是媒體記者、唯諾是從的是各黨委員，長期旁聽的老鳥跟我說要記得叫她「姊姊」。到了委員會會議室門口又要再過警衛那關，重新登記一遍。進去之後，資深工作人員會立刻察覺，要我們坐到角落。雖然不會被趕，但明明白白自己是一個不應該出現的異物；此時要厚著臉皮去拿handout（如果有的話）（這對我這種臉皮薄的比較痛苦），然後儘量隱形（這我倒是很擅長）。

委員會的重點表面上是質詢，然而「趣味」都在iVOD沒拍到的畫面，包括進進出出的委員們和電子媒體、坐得比較久的平面媒體記者與立委助理，還有備戰的行政團隊——這是我從所羅門田野中領略到的，群體聚會中在前面講話的人固然看似主角，然而周邊人們來來去去、竊竊私語，或忙著自己的事，有時才是社會關係的重點角落。在此種情境下不能直覺地只被台前行動牽引目光，而需全景式地觀看。iVOD基本上是立委中心主義，只拍立委（及其對造）的畫面，放上網時也以立委名字作為剪接的段落依據。但如果要回答「國家是怎麼運作的」，這些可能都是次要的片段——立委在螢幕前後可能差異很大，台前台後華麗變身，真正的角力協商與決定都是在螢幕之外。有些在現場可以略窺一二，有些則根本發生在其他空間。同樣地，公民監督團體也是環繞著立委運轉，以個別立委表現評估作為工作主項目。簡單來說，從這些管道看立法院，看到的只是「立法委員院」，現場之於田野工作的重要性不言而喻。

例如，有回我特別選了教育文化委員會審查中研院預算的場次旁聽，實驗對議題較熟悉的情況下是否會看到不一樣的東西。躲在會議室的最角落，看著不少熟悉的面孔登場——由院長率隊，各所所長一字排開，陣仗頗大；然而更吸引我留意的是院本部行政單位也動員不少後勤待命，坐滿後排的椅子。攸關預算通過數字，中研院出席人士都如履薄冰。對比之下，只見立委們進進出出，多半在快輪到發言時才入場，講完就走，幾乎都沒聽其他立委發言。於是整場不斷出現雷同的問題（往往都是一早報紙上出現的有點話題性，但跟預算沒有關連性的議題），院長只好如錄音機般重複回答。有些立委忽然丟出口頭或書面的提問，行政單位人員急如熱鍋螞蟻，得趕快生出答案，以免委員們以此為由凍結或刪除預算，連午餐時間都不得閒——然而真正到了下午場的討論時分，前面提問的立委幾乎全缺席，主席宣布那些提案通通不（必）處理，行政人員們白忙一場。我發現立法院其實也是看懂行政的好場所，一天下來，對「這國家是怎麼運作的」有了新的體悟。

更有意思的是，經歷這場旁聽後，原本在院內讓我感到僚氣而排斥的某些行政人員，以及在院務會議不時意見相左的行政首長，忽然親切了許多——從先前所羅門異文化田野的經驗，我養成了在「做田野」時切換到暫時擱置自我立場，以摸索、貼近他人想法的習性，而他們剛好坐在我附近，感官全開的田野現場更接收到其緊迫情緒的波動。有趣的是當我比較能看懂他們在立法院脈絡，或預算審議情境下的主體位置，爾後在院內的場合交會甚至交鋒時，我也不時會在腦中來回移位（但針對公共事務的意見可能還是繼續相左）。[3]

甚至我對立委們在質詢台為何幾乎無例外地戴上面具、穿梭進出蜻蜓點水的習性、製造媒體曝光的操作，原本高度反感，但「做田野」時觀察到某些閃過的眼神與卸甲互動，讓我逐漸能理解他們在脈絡情境下如何經營主體位置，慢慢收攏入一個仍模糊、但逐漸有輪廓的「立法院文化」之網中。（不過身為公民的我依然不贊同上述做法。）然而即使是這樣的到場，也還是有很明顯的視野限制，旁聽距離人類學的參與觀察畢竟有一段不小的距離。很快地，

3 關於人類學田野與主體位置的討論，詳見林開世，〈什麼是「人類學的田野工作」？知識、情境與倫理立場的反省〉，《考古人類學刊》八四：七七～一一〇，二〇一六。

我也對公民志工團體的運作模式以及評鑑方式有所批判，但懷疑提出建議是否有用。長期在一個沒有歸屬感、每次都像偷溜進去的地方做田野頗為違和，我漸漸淡出團體，只針對有興趣的議題看看直播或iVOD。上次國會改選後，新院長宣布要更開放，讓一般公民可以現場登記旁聽，然而很快地院方就以空間不足、需要改建特設旁聽席為由擱置此案，白高興一場。到頭來，要進立法院，還是要先通過門口的阿姨。

這些經驗雖然無法扎實地在立法軸線上回答「國家是怎麼運作的」，中間還是有許多空白之處，但的確讓我在看到立法院時有了新的理解空間——那迴異於iVOD的影像紀錄、也無法呈現在立法院公報的文字紀錄中，「立法」的複雜層疊。不過「out of place」的異位感在這個田野中十分強烈，與我長期在所羅門熟門熟路、自然參與的工作習慣截然不同。同樣都是對研究社群有陌生感，然而難以拉近距離的「參加觀察」(非「參與觀察」)，迴異於貼近其他行動者的主體，或互為主體的理解建構等人類學田野特色。積極公民與人類學研究者之間的差異，形成了不滿足的田野。

可以隨便逛的法院

相對於立法院旁聽的諸多問題，法院的可及性高了許多。除了特殊的祕密庭，或爆滿而需事先上網登記的「矚」字案，只要遵守基本規則（例如不能使用手機或聊天吃喝），任何人都可以隨意「逛」進任何法庭，坐在那邊聆聽路人甲乙的案件，法官甚至會在一開始審訊時要他們自述全名、身分證字號、出生年月日跟戶籍聯絡地址，連螢幕都會秀出前述個資。

借用在司法案件經常聽到「證詞貴在初供」的講法，田野也貴在一切都還新鮮的階段。我剛踏入時即強烈感受到法院其實跟醫院很類似，都是充滿負能量的地方。診間／庭外都貼有本日候診／排案次序表，有電子跳號，門外坐滿了焦慮等候的人。有穿著職業袍子的專業人士，和協助他們的護理師／書記通譯，還有在各單位間送病歷／卷宗的推車。醫師／法官大部分時候盯著螢幕而非當事人，房間內不時蹦出外星語一般的專有名詞跟句型。兩者都是自成一格的空間，有自己的文化慣習、傳承制度、成員門檻等（具排他性的）社群機制。還有一點，台灣許多從政人士都來自這兩個專業社群。

只要旁聽一次，大概就會同意到法院現場做田野的必要性，許多卷宗、紀錄不會出現的活動、言語還有氣氛，才是精華所在。例如，從頭到尾嘴角下垂的法官、只會講「如起訴書所述」的檢察官、看著錄影光碟中當事人朝警察丟 whatever 卻可以臉不紅氣不喘爭執當事人沒有攻擊行為的律師、刻意以西元紀年自報生日宣稱「數學不好」無法換算成民國紀年的被告，以及想從二十年前回憶起來龍去脈的證人。即使只是一場展演，在法庭裡這些活生生的人，其敘事與「對話」經常都在經營其主體位置，與前次證詞、影像紀錄、文書卷宗交織對話，很奇妙地讓必須噤聲、完全沒有參與對話的旁聽田野工作者產生彷彿有穿透性的（暫時）理解，而能在其間穿梭換位。無論是諷刺被告不用民國紀年「爸媽怎麼教」的法官，或倒帶二十遍不斷爭執自己有停下來沒有肇事逃逸的交通案件被告，或在開庭前「好心」勸學生被告認罪以免後面麻煩的檢察官，甚至是整場一言不語面無表情的知名科學家被告，法庭彷彿具有舞台特質，會讓「做田野」的人類學家五感全開，接收到人的形影——然而同時又有個剛硬的法律框架，將專業工作者束縛在內或間隔在外，也讓只是過客的行動者（如被告、證人）不斷覺得格格不入，難以在短時間內找到在情境內的主體位置，而顯得「out of place」。我在所羅門群島的法庭做田野時也見識了類似的情形，尤其是當事人的情感經常會在古板的法官面前毫無容身之所，這也讓我在台灣法庭做田野時特別留意這種司法文書中不會出現，但對行動者而言深刻無比的伏流。

在法院旁聽席做田野，很神奇地，似無互動卻又覺得好有互動。與立法院類似，我們如果只閱讀文件或看影音紀錄，通常只會被「要角」吸引——立委與官員之間的脣槍舌戰、檢察官律師法官及被告之間的「爭點問答」，然而這兩個運作機制中還有許多不可或缺的行動者——無論是立法院的入口阿姨、議事人員、立委助理與跑攤媒體，或法院中的書記官、法警及通譯（以及隱形的法官助理）。另一方面，在這兩處行走、習以為常的人，以及「accidental passengers」之間的反差，則恰恰揭露了法院作為國家運作機制時所長出特殊的「異文化」。

一次旁聽三一八案的準備庭時，有位中年婦女中途進來坐在我旁邊，顯然是因其他案件之故來法院，在等候的空檔到隔壁看看。她看著起立義正詞嚴的某位被告，忽然忍不住張大了眼睛，低聲問我：「那是林飛帆嗎？」她赫然理解到自己意外走入了重大案件的場景中。然而就與大部分跟法院陌生、被捲入頗感無奈的各造當事人或證人一樣，這位女士不久就被法院制式程序的無趣「打敗」。很可惜，她沒有留下，錯過之後的一場小趣味。同為三一八被告的陳為廷被控「煽惑他人」，他在做無罪主張陳述時，一開口卻是：「檢察官，可不可以有點eye contact？」（檢察官們當然不配合演出。其實檢察官從頭到尾幾乎都沒有正眼看過被告和辯護律師。）

他要法官、檢察官一起「想像」，如果一年前沒有三一八行動，今天的台灣會是什麼樣子？他的主要論點是「煽惑他人」一詞的荒謬性：參與行動的是一群自主個體，而非無腦被煽惑者。講了一大堆服貿的問題後，他問檢察官：「我講完之後，你們有被我煽惑嗎？沒有嘛。」等到換下一個被告陳述，他的律師忽然小聲發言：「鈞座，陳為廷要上廁所……」

看似嚴肅的法庭有一連串的非典型亂入，陳為廷的非典型亂入甚至讓嚴肅的法院難得冒出一些笑聲，戳破了行禮如儀的慣性——他算幸運，相較之下，占領行政院案的高院法官就容不下幽默了。然而比起沒有eye contact的檢察官，或看到鏡頭就慷慨激昂的立委，在立法與司法體系中還有其他真正的「狠角色」——外星文的法律文體。在下一個田野現場中，我不但與其相遇，還正式交手。

誤入的行政場域叢林

人類學家在回憶田野地的選擇時，經常都是透過人脈、機緣滾雪球。我以文資為主要場域進入行政體系的田野也是偶然。幾年前我忽然獲聘為文化部的民俗類文化資產審議委員，當時是基於「做田野」的興趣接下聘書，開始接觸這個議題。沒想到，「誤入」之後不但受邀擔任各類諮詢、審議、訪視委員，也額外參加了許多說明會、研習、研討會、文化會議、公聽會、公民團體的倡議會等，從此走進新的領域。相對於前兩個田野中只是旁聽者的低度參與，我在行政場域的田野採取參與觀察的模式，對於「國家是怎麼運作」有了另一個層次的理解。

這個實驗田野裡的行動者主要是行政單位人員（不同層級的公務員）、專家學者，以及民俗的實踐者、公民團體等。在立法院與法院做田野觀察時，我都會依照研究方法基礎訓練的SOP，一到場就躲到方便觀察的角落，拿出筆記本，先畫空間圖，標示出不同人物的位置，而後詳細記錄他們的發言、表情、互動，以及其他人的出入。然而在行政場域的田野中，除了造訪文資活動現場時比較類似人類學傳統田野工作，其餘時間幾乎都千篇一律地在會議室、會議廳進行，我經常得坐在會議桌旁被安排好的座位，無可隱形。當我自身就是會議的一分子，而且有強烈的責任感需要提供專業建言時，田野筆記就非典型的田野筆記。有時我會釋出「分身」站在另一個視角做整體觀察，但很多時候是絞盡腦汁地投入討論，得等到會議結束，才能在腦海裡「重播」會議，以人類學的視角重新透過反思「做田野」。

在所羅門群島村落的出野中，我得不斷思索如何定位自己，在這個會議室的田野中亦然。台灣的無形文化資產場域由於發展歷程之故，以漢人民間民俗儀式與展演為主，在行政會議中有一群長期涉入的民俗專家，他們之間形成了某種特殊社群文化。我像個亂入的異邦人，既非研究漢人文化，更是民俗學的外行人；即便對原住民的文化較為熟悉，但也非跑部落的人類學家。許多的會議都讓我有進入異文化的感覺——有時甚至比到所羅門更有文化衝擊之感！（畢竟我已經在所羅門做田野超過二十年了。）

例如有次我到某地方縣市參加無形文資登錄審議。一進入會議室即發現，在場除了文資科的兩位工作人員，其餘幾乎都是男性——無論是主持會議的文化局長、負責報告此案的文資科員、出席審議的另外四名文資委員，還有大陣仗到場、身穿背心制服的宮廟代表們。這麼有趣的情境讓我不禁打開「做田野」的模式，觀察場中行動者們如何經營主體位置以及彼此的社會關係，相對於那場會議要審議的民俗活動本身，這些才是更關鍵的現象。從訪視委員的報告可看出，他們對民俗的認知有一「正確版本」的藍圖，無論是書面報告或現場的委員發言，多半以專家姿態對保存團體（宮廟）下指導棋，而保存團體也發言表示會大力配合政府、接受專家指導。相對於政府由上而下、專家權威的傳統思維模式，我則提出人類學概念試圖與各方對話——無形文化應該更尊重社群內部主體性，政府只是輔助的角色，專家的意見雖然出於善意，卻未必要採用，例如某個建議做法可能與原來的文化意義背道而馳。

我彷彿聽到現場許多人在這麼直白的發言之後倒抽了一口氣。在這樣以年長男性為主的文資審議現場，我雖以台語無礙發言，卻仍是誤入叢林。民俗專家與民間頭人，甚至政府之間，其實並非截然的階序關係，而是情境式地共構一個模糊的合作關係，只是展演時有很多表面話罷了。我一方面作為會議中的「專家學者」，有依照專業提出建言的責任；另方面又經常會同步開啟田野模式，觀照不同行動者——包括我自己——在此脈絡下的主體位置。如何建立與移動。兩者交錯，我只能慢慢摸索田野中的自身定位。我是行外人，反而沒有人情包袱；透過人類學專業知識，指出一些條文、設計、討論中不自覺的慣習，尤其有時是漢人中心本位。人類學對權力關係的敏感，讓我清楚看到文資作為一種資源的特性是如何影響各類行動者與制度之間的相互關係，也看到「文資委員」在有些場合如何作為名器與權力的展現。這是一種「in the strict sense of the term」[4]的參與觀察——由於人類學家的職業病，我不斷在做反身性以及批判性的分析，有時也把這些觀點與分析提出來供公部門參考。

參加文資審議會議時，桌上都會擺著一本相關法規的手冊，以供參考。這本手冊裡洋洋灑灑，從文化資產法的母法到各式各樣的子法，有二十個左右的行政規定。每每翻閱時我都會想起哈利波特裡描繪的魔法書籍，前面提過的「狠角色」——法律文體及其背後的一套思維邏輯，會在打開書的同時衝出來講話、咆哮。沒想到，後來我也參與了另一版的子法修訂，我寫出的文字也進到了那本手冊之中——而參與了那些文字煉成的過程，也讓我對法律文字的聲音有了不同的體悟。

二〇一六年，台灣的文資法進行了一次大翻修，其中無形文化資產的部分在類別上希望與聯合國教科文組織的代表名錄接軌，因而有了較大的變動。此案我從文化部文資局委託學者修法相關研究案即開始接觸，也在諮詢會議提出一些建議，之後收看立法院的修法公聽會轉播做筆記，並留意立法院的修法討論，包括文化部版本、不同委員版本的比較。在這些過程中經歷各方妥協，立法品質其實不盡理想，最後定調的法條尚有許多問題，業務單位也只能面對，設法在子法補強——但在母法的拘束下，如何在有限空間內施展將是下一個課題。

4 馬凌諾斯基過世之後，他在初步蘭群島經典田野時期的私密日記「被出版」，書名為《A Diary in the strict sense of the term》。

無形文化資產部分的相關子法（最重要的是項目登錄基準與保存者認定基準）須修正或訂定，文資局委託學者進行研究案，幾經思考，我決定參與研究團隊。

這是一個比預期耗費更多時間心力的工作，但也是豐收的田野。除了從諮詢顧問變成「廠商」、從審查者變成被審查者，有不同的角色體驗外，更根本的是得以思考人類學知識的轉譯如何可能？我給自己的任務之一，是糾正原來文資相關法律中的漢人文化預設，將原住民文化差異納入規則以及一般性敘述。此外，也顧及原住民歷史正義，例如文化資產母法規定文資登錄條件為「世代傳承」，然而原住民可能受到主流社會壓迫而中斷某些文化行為，近年才加以復振，樣貌也因此有些不同。如何給予肯認，使其不會被狹隘的審查條件排除？經過討論，我們以略為迂迴的方式，將條件定為「可追溯歷史脈絡……累積與發展之軌跡」來含括這樣的案例。最後的文字很簡潔，乍看沒什麼特別，讀起來理所當然，但參與其中才知道字斟句酌、推一小步改革的苦心。

另一個比較困難的地方在於，人類學研究的主流對文化資產／遺產有許多批判，例如審議標準本身就是內容與價值的判斷，然而文化可以如此比較嗎？無形文資項目的分類又是另一個可能誤導的框架。參與法律制定是否有可能繞過這樣的問題？或能在其中創出什麼樣不同的空間？我期望能把以實踐社群為中心的人類學概念（也是UNESCO現在的新典範）帶入子法當中，回歸文化實踐的主體，而非拘泥、僵化地認定母法規定的五大類——傳統工藝、傳統表演藝術與實踐、民俗、口述傳統、傳統知識與實踐。

很快地，我發現法條是集體創作，涉及各種不同的考量與概念競逐。人類學者在概念層次提出另類思考，撰寫大大有別於前的文字，然而行政單位（非常認真的公務員們）以及其他審查學者立刻提出實務面的錯綜線頭，需要在簡短的文字中處理。文資法一方面是對行政官僚的規範，督促其對文資保存有所作為；然而另一方面又涉及對人民權益的保障（畢竟經常綁補助，有時也是榮譽），等於是寫給兩群人看的。官僚也有中央地方之別，而每次都卡在這個地方——立法時若不顧及實際執行者的慣性，成效有限；然被（算是有些不良的）慣性過度牽制，則失去進步性。一次又一次的工作會議，逐漸磨合雕塑出大家有共識、有可行性的樣貌。

然而還有好幾關要過——首先是內部法務以及外部法律顧問的意見，他們在會議中非常強勢，接近裁奪者的角色。從「法條的慣例是寫『之』而非『的』」開始，文句被迫修改成「符合法律格式」的句型（反而無法精準地傳達重要考量，意義不同），他們關心行政機關如何不會被告，作風保守。此外，他們對於社會科學出乎意料地外行，在定義無形文化資產類別時所使用的詞彙（如在社會科學再平常不過的「社會關係」），得費好一番脣舌才能過關。除了說服法制人員，法律製作過程中更需要說服長官，他是工作會議討論中不斷出現的假想幽靈。最終，雖然我不斷強調無形文資綜合性、複合性的特質，然而淡化類別分野、有助跨類別登錄的子法草案被長官否決了，需要拆成五個不同的子法，得有不同的審議，我們只能試圖在表格設計上增加跨類別的選項，期待審議會能納入考量。

我們承攬草擬的施行細則經過多重審議修訂，總算交稿。之後又跑了一些行政會議，最後公布的版本似乎又有些微調。新的無形文化資產分類，儘管在定義、基準上花了很多心力，然而到了地方文化行政的承辦人員手上，又是另一回事。例如我曾在不久前的會議上，聽到幾位地方承辦的發言：「傳統知識與實踐，就是放大的民俗嘛，什麼都是人與自然的關係啊」、「人類學裡面民俗都是象徵而已，像王船祭，儀式過後都消失了，帶來心理認同的感覺，不必有東西留下」。

聽到這些個人理論，我的內心有些矛盾——作為田野工作者，我應該如獲至寶，趕快把這些folk theory筆記下來，成為分析的素材；但作為法案工作者卻有些不是滋味：我們奮力書寫思考，以便符合母法區分「民俗」與「傳統知識與實踐」兩項，但到了實踐場域卻沒有太多意義。那些印在小冊子裡的法條其實不會咆哮，只是喃喃自語。

當代國家的運作中，從行政、立法與司法都依循「依法行政」。但其真實的意涵為何？在行政、立法、司法等田野中，觀察法律的建制、理解、挪用、詮釋、競逐，所謂「依法行政」其實是複雜的纏結。而其中的一個「非人行動者」（那個「狠角色」）——法律文體所代表的一套法律知識體系，在不同尺度變形、如爬藤般拓展，與其他行動主體共同參與協商。

▶

「反做」田野

如果人類學田野的一個特色是透過「去熟悉化」(defamiliarize)而有反身批判性思考，海外或異文化田野似乎最能直觀提供文化五感撞擊的情境，我在所羅門的田野經驗即是典型的例子。那麼我們也可以對「人類學田野」這回事去熟悉化嗎？在人類學田野做田野（如果這句話成立的話），去熟悉化的確有助於我（們）重新探討這個領域。如同我們成長過程的慣習是我們帶去異文化田野中的文化包袱，需要不斷被認知與反思；學科中長期的田野典範或自身過去的田野，也隱然成為新田野無形的文化包袱（如果不是背後幽靈的話），也需要透過重返田野的技藝，甚至「反做」田野，在過程中反身地鬆動主體位置。我原透過跨入海外田野、堅持海外田野來「反做」、挑戰人類學界的潛意識地理階序；回首過去幾年，我的台灣國家田野嘗試則進一步從幾個層次來面對田野與自我。

首先是對古典田野典範的反省。長期異邦單點的田野固然有許多好處，樹立了人類學知識建構的基礎範式，然而其工作模式有很多限制。例如田野中許多重要事件的發生時間無法預料，卻不能無限制地在田野地居住等待；或得知時距離遙遠來不及參與，每每扼腕不已。

例如我研究當地層出不窮的土地糾紛，有些案件出現新發展時無法在場，透過他人口述總不如親身參與。對照之下，近身的田野地在研究的實證面上即便利許多。

除此之外，我們也需要反思此種田野典範在人類學圈內無形中形成一種價值框架。我曾在臉書上看到某個外國研究者抱怨他在台灣的部落居住一整年做田野，但研究同部落的台灣人類學家卻來來去去，每次都只停留幾天，田野只是蜻蜓點水。然而從研究的品質來看，台灣學者採取的長年、多次短期田野真的比較弱嗎？似乎也不盡然。這個比較讓我意識到其實他是以異邦田野的模式作為典範——亦即外國研究者由於長距離交通、經費之故，以一、兩次長期海外田野的方式做研究。此種模式多年來主導了人類學田野典範的想像，基本上那也是我自己在Langalanga的田野模式。雖有單次長期浸淫的優點，但卻未嚴肅面對中間的長時段空白造成視角限制，彷彿只是不得不然、研究者不在場就不存在般（或下次可以快轉補上），有時一去不復返，卻還繼續書寫彷如「民族誌當下」（ethnographic present）的描述，其實當地社會早就昨日黃花。此種以研究者為中心的切片，在研究方法上因為現實因素而合理化。我們從教科書習得的古典田野，恐非做當代、自身社會文化研究的最合適方法。人類學界其實早就發展出許多新的田野型態，然而許多時候我們仍不知不覺地以這種模式為圭臬，用以判斷其他類型田野的優劣。甚至，我也曾簡化地以為許多原本在海外做田野的學者改做自身社會田野只是方便考量不得不然，直到這次受到對台灣社會責任感的召喚，「反做」田野，才反思到自己過去如何受古典典範所框架。

人類學朋友們總喜歡開玩笑說自己隨時都在做田野，什麼都可以是田野，「如果不是在做田野，就是在往田野的路上」。田野好像是一種職業病，可以隨時「上身」。然而另一方面，人類學家又要能從田野中抽離——未必是身體、物理空間的抽離，而是心智情感甚至主體位置的挪動，如此頻繁in-and-out的過程，即是人類學知識建構的特性。

「in-and-out of the field」切換的，有時間空間、身體心理、角色觀點。在我的所羅門群島田野中，這樣的切換相對清晰，從買機票、整理行囊，到返國unpack，與個人日常生活還有學術工作在時間與空間上區隔很明顯，「出田野」與否切換的頻率不是很高。長期以來，我熟悉此種工作節奏，也知道怎麼調適身心，包括在田野中適時躲入自己的房間，暫時「離開」田野。然而實驗中的國家田野完全是另一回事。同一週內需要頻繁地進出不同場域，有時甚至是臨時獲知，如此迅速地移動乍看地理距離不長，甚或搭個捷運即可，卻需要調適——田野是種高耗能的學術勞動，頂著烈陽在島嶼間划船與坐在會議桌前吹冷氣相較，雖然肢體力度不同（前者有益身體健康），但CPU燒腦程度無分二致（甚至後者還激烈一些）。此外，日常不斷被一個個短時田野打斷、切割，無法把做田野這種必要之惡（誤）高強度學術勞動適度隔離，在快速切換mind set、缺乏緩衝的狀態下，對我是很大的挑戰。有時前一回田野都還來不及沉澱消化，後一回又即將登場。

就以寫這篇文章初稿的某一天為例。我搭乘七點多的公車，轉捷運、捷運、ubike到士林地方法院旁聽一場受矚目的刑事庭，之後轉公車、捷運、捷運、公車到中研院參加午餐時間演講，緊接著下午研究群的演講討論會，結束後透過iVOD轉播觀看立法院司法委員會人事審查。此時收到某單位找我去參與文資會議的通知，又想去做田野又覺得時間不夠，許多場次與我的所羅門田野（對，還在平行進行中）撞檔。回覆完可出席場次，晚上設法切換到文稿書寫，壓榨活力所剩不多的腦細胞（結果榨不太出什麼）。

這種隨時在田野、彷彿踩著一輛無終點的單車的疲憊感覺，與玩笑中「無處不田野」的人類學家威能形象大相逕庭。前面提過的美國人類學家評論起台灣學者沒有一直待在部落，暗示他們很懶惰，我雖然不做部落研究，倒覺得他的說法對其他認真的台灣人類學家並不公允。一次、兩次性長期田野固然很累，但沒有結束、資料隨時又一直進來的田野完全是另一種積沙成塔的負荷。

而前述兩種田野的時間感或時間性（temporality），同時又與田野中的不同軸線的時間節奏纏結。例如前面提及所羅門田野的土地糾紛似無止境，對研究者而言，同一塊土地（也是我最熟悉的村落周邊）在法庭歷史檔案中間隔一段時間經常以置換部分訴訟參與者的面貌現身。二十年來我陸續記錄了糾紛春風吹又生，去年有次機會旁聽一場開庭。對當地人而言，十幾代的遷徙歷史、親屬系譜，與朗朗上口的多次爭訟年份，兩種時間性共築了他們與日常地景社會關係的一個切面。在台灣的法庭田野中，司法體系從檢察署到各級法院有庭期排定、結案時程的節奏，但那經常面臨多重行動者（法官、檢察官、律師、當事人、證人等）的行事曆衝突協調。司法從業人員同時處理眾多案件，彼此競逐，他們的時間感與個案當事人的時間感大相逕庭。立法院的運作有一套歲時節奏——每週二、五院會，一、三、四委員會；每年有兩個會期，為期三、四個月；每一屆又是法案生命的起始與終止（該屆未通過之法案將回歸原點）。同時間還有行政團隊的上台下台、年度預算的編列執行、補助案的公告與審議，在不同層級的政府單位間，自有另一套時間軸的運行。即使是最具體的法案，都歷經了業務單位更動或接獲指示、發包學者研議初稿、多次內部會議審議協商、多層會議排案修訂公布，有時更需進入另一套時間運作邏輯的立法院——法案的生命史不止步於此，還會繼續在執行單位、各式行動者之間以另外的樣貌實踐，甚至進入司法體系的軸線。田野工作就在這些場域時空穿梭。

田野的 in-and-out 除了前述空間與時間的思考之外，個人身處田野中的位置則是另一個課題。我在所羅門的田野中十分謹慎而節制，深怕自己貿然的行動會造成當地人的困擾或意想不到的後遺症，參與共做編書計畫也是被動受邀。然而在台灣的國家田野中，由於自我定位不同——我是台灣人，有公民參與的責任，也會留下來一起承擔——我對於自己在田野中的參與角色有不同的倫理考量。

這些近身田野自然也涉及了角色（甚至是主體）的多線纏結。在許多田野現場中，無法切割的多重認同與責任可能是衝突的，也可能是並容的。在實驗過程中，我只能確立優先順位——先是人、是台灣的公民，然後才是人類學家——作為基本原則，然而不免有許多界線模糊重疊的時候，得快速思索何時要以哪種身分登入登出。而當我們不知（不確知、不預知）田野從何時開始，根本不可能通過倫理審查申請，研究倫理回歸到根本精神——仰賴長期的人類學約定俗成與自我規範，而非制式的表格與假想的情境。

既然反做田野的重點不是生產民族誌，那麼我要不要就乾脆當個諮詢委員、顧問，甚至接案的學者就好，而不要以田野工作來定位這樣的參與，整個跳開倫理問題？透過人類學知識的轉譯來參與政策以及行政運作，為何是「田野」而非只是顧問？我暫時的答案是：當我意識到自己在「做田野」，就比較容易啟動in-and-out，反身思考，從而得到更全貌、接近多重主體切換的人類學知識性質，而更有助於反饋到政策討論之中，找到施力點、說服他人。作為一個人類學者，我無法不在田野。

這篇文章的標題「反做」田野點出了我近年開展的田野彷彿是對自己先前田野的倒反，然而閱讀至此，兩者很明顯地有著相當高的延續性，過去的田野經驗並非只是負面的包袱。

前一個田野形塑了我成為人類學家的形影，然而這個形影也不斷自我對話蛻變。我受惠於古典田野的訓練，例如自然而然地「去熟悉化」；不過度仰賴訪談，而是全景式、感官全開式的浸淫；人類學田野具有的開放性與內在移動性，in-and-out過程中持續來回的主體位置；還有觀照細微波動、權力關係，以及其中潛藏的文化慣習。

我在古典田野模式中，磨練出了一種安然的耐心——只要持續地做田野，對一個地方、人群與文化的fu會慢慢打開，也唯有慢慢浸泡才有可能感知。如同晏霖在本書中提出的「土時間」，不急於生產，而是透過田野創造出機會，等待互相產生有機的化學反應。此外也學習到了坦然面對不穩定——自我主體在田野中的徬徨迷惑是再自然不過的了，只能坦然接受。如果不能忍受，離去也無妨（沒有什麼非得做的田野啊）；如果還能忍受，就將混亂游移視為重新檢視自我的契機，也是接近不同主體位置的途徑。

於是反做田野——不以生產為目的、四年多來摸索實驗、耐心等候未知的收穫——成為可能，其實是有前一個田野打下的基礎。先前寫下的田野故事〈我不是白人：一個人類學家的難題〉有清楚的結構敘事與勵志故事，這篇文章呈現較多摸索、游移、片段與困惑，既是倒反，然也是延續。

▶

反做田野仍然是做田野，而且看似鬆散的田野，其實並非完全沒有理論訓練或問題意識支撐。在過程中，我開始對與「國家是怎麼運作」有關的研究產生興趣。人類學的國家研究特色在於著重從日常生活經驗來看國家，包括地方官僚體系的日常實踐及其意義，[5]近年著重在國家意象與再現的文化建構，尤其是儀式、象徵與隱喻的論述層次。[6]不過我在這個實驗田野中比較不走後者文化論述的取徑，而偏向從國家運作的幾個場域中做微觀的分析。透過田野與人類學理論閱讀，我在田野中思索「國家是怎麼運作」時逐漸找到一個暫時的立場：不把國家當成一個固定的實體存在，而是（具有不等的權力關係的）行動者們在場域中協商的實踐過程所參與形構，[7]而這些場域之間透過某些機制跨越連結，形成一個變動但有相當程度一致性（coherent）的「國家」。當然，這距離一篇學術論文或研究成果還很遙遠，但相較於三一八那時，我腦海中的圖像更為清晰了。這有助於我作為一個公民，以及作為學術工作者如何面對、參與自身國家的思考。

我原本在所羅門與大洋洲研究處理的法律人類學課題，也無可避免地影響了新田野的視角。行政、立法、司法這三者都涉及了法律作為核心機制。我從在所羅門與大洋洲的研究到對台灣社會的觀察發現，法律景觀（legalscape）越來越是全球社會變遷中急速擴張的現象，在不同尺度以及脈絡下，以流動、不規則的面貌衍生、流竄，如爬藤般深入各層面，儼然成為當代國家賴以運作的理據，也經常是不同行動者都需使用的共同語彙或「原則」。[8]雖然我的研究問題「國家是怎麼運作的」並不侷限於此，但法律景觀的確貫穿了幾個探索的田野場域。我在今年（二〇一八）正式掛牌的「研究計畫」即以「大洋洲的文化資產與文化治理」為主題；台灣的田野也反過來影響了我的大洋洲研究。

反做田野之後，我又開啟了一個田野。不過那是另一個故事了。

5 Gupta, Akhil & Aradhana Sharma, 'Globalization and Postcolonial States', *Current Anthropology* 47(2): 277-293, 2006; Gupta, Akhil, 'Blurred Boundaries: the Discourse of Corruption, the Culture of Politics, and the Imagined State'. *American Ethnologist* 22(3): 375-402, 1995.

6 參見Christian Krohn-Hansen & Knut G. Nustad, eds., *State Formation: Anthropological Perspectives*. London: Pluto Press, 2003; Hansen, Thomas & Finn Stepputat eds, 'States of Imagination: Ethnographic Explorations of the Postcolonial State'. *Durham*, NC: Duke University Press, 2001.

7 參見Thelen等對國家的暫時性定義。Thelen, Tatjana, Larissa Vetters & Keebet von Benda-Beckmann, Introduction: Stategraphy: Relational Modes, Boundary Work, and Embeddedness. In *Stategraphy: Toward a Relational Anthropology of the State*. Edited by Thelen et al. p.7. New York: Berghahn, 2018.

8 Appadurai使用「-scape」字尾來指涉全球文化流動地景的民族、媒體、技術、金融、義理，我認為法律也很類似，因此使用legal-scape（法律景觀）來稱之。此段敘述以及更詳細的討論，請見郭佩宜，〈大洋洲法律景觀的啟示：比較南島視野〉，收入胡台麗、余舜德、周玉慧主編，《跨・文化：人類學與心理學的視野》論文集，頁五三七～五七八，台北：中央研究院民族學研究所，二〇一七。

郭佩宜
Pei-yi Guo

人類學家。原本念化工系，但對人的興趣大於計算流體熱力與成本，在火車上閱讀李維史陀《憂鬱的熱帶》一書深受震撼，轉以人類學為志願。受大洋洲民族誌吸引，循著南島文化的足跡，至南緯五度的所羅門群島進行長期田野工作 。

目前任職於中央研究院民族學研究所，除持續深耕所羅門群島民族誌，並延伸以大洋洲為研究範疇，透過比較南島的視野，作為台灣原住民在當代情境下的參照，主要關懷議題為歷史與地景、地方貨幣、法律與治理、文化資產等。此外也幸運地與伙伴們共同合作，以多重形式實踐人類學知識的公共參與，包括在地社群的知識回饋計畫「Birana i Wala: Growing up in Langalanga」、「人類學家的錢包：貨幣的社會生活」展覽策畫，參與《田野的技藝》、《芭樂人類學》、《辶反田野》等大眾人類學的書寫，以及翻譯重要南島著作《依海之人》、《以海為身，以洋為度：浩鷗法著作選》(合譯)。

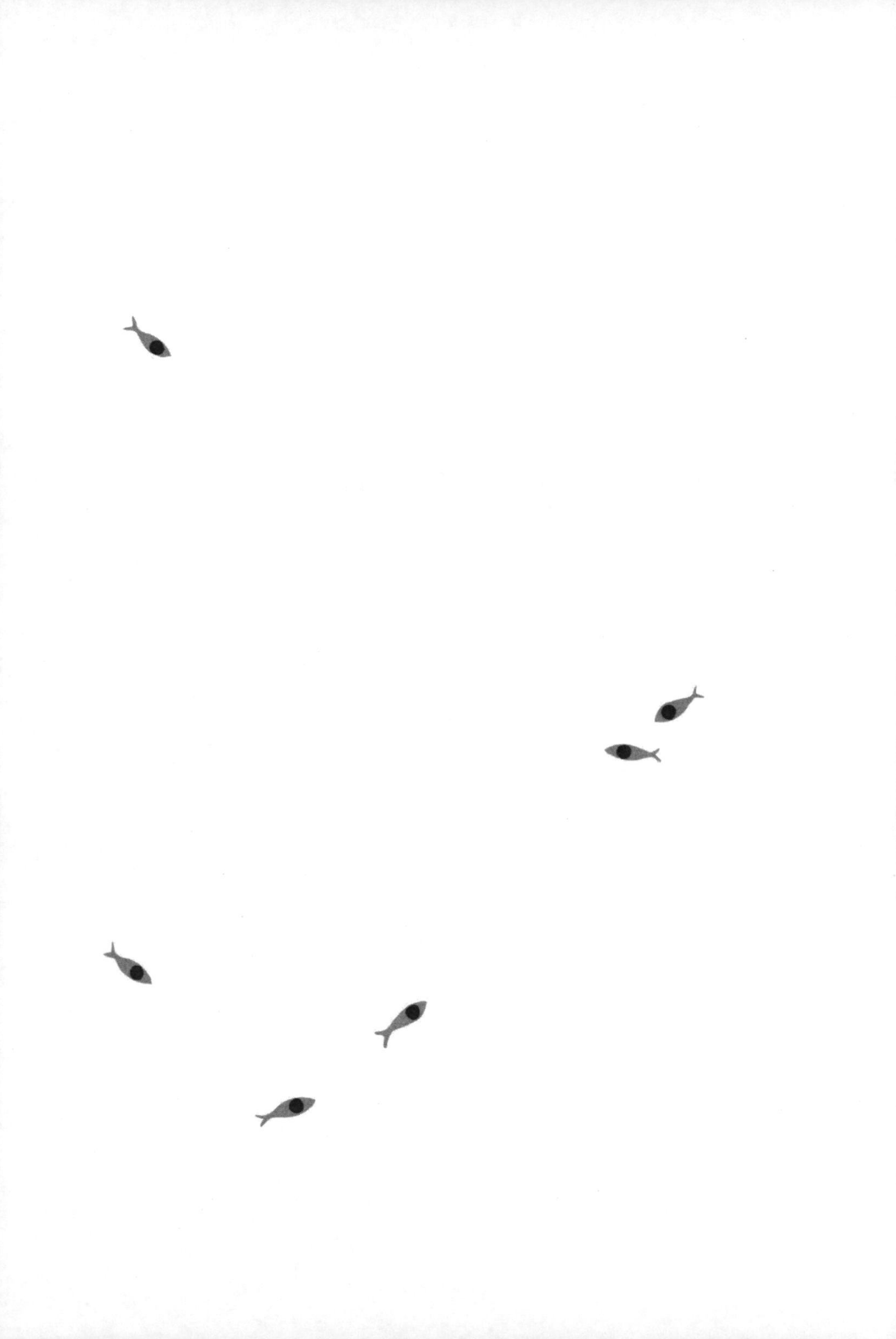

多重倫理交織下的能源困局
穿梭於綠電叢林的田野經驗

呂欣怡｜台灣大學人類學系

我的第一個田野——近三十年前的碩士論文研究——考察草根民眾的反汙染自力救濟行動。那是一群捍衛生存權的小人物起身對抗國營汙染工廠的典型社運故事，[1]其中的是非黑白似乎非常清晰，雞蛋與高牆很容易辨識，帶著參與熱誠的田野工作者應當踩上的正確位置也毫無疑義。時至今日，環境、經濟、科技、政治不斷地重組協商、相互糾纏，環境議題的田野場域不再只是單純的「環境保護」對抗「環境掠奪」、「公益」對抗「私利」、「社會」對抗「資本」的正邪之戰，而是不同尺度的環境價值相互扞格、競奪優位階序的混沌局面。在全球氣候變遷日益嚴峻的考驗下，許多新興的環境科技因應而生。它們雖具緩解全球氣候危機的功效，但其中部分科技的施為力道已對地方環境與地方社會帶來前所未有的衝擊，因而引發新的公民爭議與倫理難題。以下我將講述自己穿梭於一個這樣的叢林中的經驗，人類學者的身分標籤賦予我「文化轉譯」的專業職責，必須努力釐清各種對綠能的不同視角與主張，並協助橋接對話；在此同時，田野中陸續相遇的責任對象彼此矛盾的訴求與期許，則令我困惑。曾在十年前的短文中寫道：「介入各種社會正義議題的人類學者經常得踩在一條非常敏感脆弱的線上，在各種權力關係之間尋求幾乎不可能的平衡。」[2]十年之後的我並沒有變得更睿智機巧，「該站哪一邊？」仍是田野巡航（迷航）路徑中，時時面臨的倫理難題。

「你們怎麼不早點來？」——第一次的田野接觸

二〇一四年八月，一個炎熱晴朗的下午，我跟一群學生助理為了研究所需，來到西海岸某個著名的觀光漁港。這個漁港外海正有公司在規畫示範性質的離岸風力發電場（我們姑且稱之為Ａ風場、Ａ公司吧），我們此行目的就是想探訪當地漁民對這項風力發電計畫的意見。我們並沒有按照一般的田野ＳＯＰ，先聯絡漁港的代表人物（也就是教科書所謂的「守門人」），再請他們引介受訪者，因為擔心議題敏感，守門人只開特定方向的門。我們決定直赴漁港現場，試試看街頭隨訪的效果。

夏季一向是沿近海漁業的淡季，這天漁港的魚貨市場只擺了一攤，而我們是唯一一群遊客，對話很自然地展開。魚販是母子二人組，熟年母親客氣但謹慎地配合我們刻意營造的閒聊氛圍，雖然有問必答，但是數次提醒，如果要調查漁業營收，漁會辦公室那邊有每日漁獲量的完整數據。幾分鐘後，我忍不住跳出「破冰」階段，直接表明來意，告訴她我們想調查離岸風場的社會接受度。（我的助理在她的田野筆記寫道，「此時我愣了一下，不是都說要先暖場，跟對方建立關係之後再問正題嗎？」）此時，原本失焦的對談突然有了亮點，媽媽魚

1 這篇論文後來改寫為〈橘色夜空下的社運記事〉，參見《芭樂人類學》，頁二三四～二四四。

2 見〈社運式研究的挑戰〉，收於《人類學視界》第二期。

販提高聲調說：「啊你們怎麼不早點來，去年漁港大家就知道這個案子了，我們都反對啊。廠商在這邊辦了三次說明會，都沒有邀請漁民參與，環評委員雖然有來現勘，但他們只看陸上環境，這些風機是要蓋在海上，從陸地當然看不出什麼影響，就讓環評過了。『上面的人』隨後告訴我們，環評都過了，風機一定會蓋。你們現在來有什麼用呢？」我問她，能否介紹反對的漁民給我們認識。她指著旁邊一位六十多歲、因為沒什麼存在感以致我現在才注意到的大叔說：「他弟弟就是最反對的人。」在我們的請求下，大叔call了弟弟，後者立即趕到，並帶著我們到「漁民的據點」，也就是漁會駐港辦事處樓上的客廳，一邊擺開泡茶道具，一邊娓娓陳述漁民的心聲。當天早上，在這個空間中才剛召開了第一次的漁民自救會會議，擬好了該會第一份陳情書，激昂的情緒還殘留於空氣中仍未散去。

我們到來的消息很快傳開，陸續有其他漁民進來旁聽，情緒激動的幾位一直插話，由大叔弟弟帶起的話頭無限衍伸，從解釋流刺網的種類、白海豚真的會轉彎，到漁會代表哪天又跟風機業者出去吃飯喝酒等等；還有一位帶著醉意的先生大聲嚷嚷：「妳們這群『查某囝仔』，真的能為我們做什麼嗎？」整個房間就像排演前的樂團練習室，樂手們各自吹奏、調整各自的樂器，我努力辨認眾多音頻之間的旋律，心中暗自煩惱：該如何梳理這麼多不同的聲音？這道浮現於第一次田野接觸的難題，在往後三年多的研究歷程中，一直縈繞不去。

述說這段風電行旅之前，我必須先解釋自己參與的研究計畫：二〇一四年年初，我接到一位僅有一信之緣的學界同仁訊息，詢問是否可以緊急遞補「能源國家型科技計畫第二期——橋接與溝通小組」突然出現的共同主持人空缺。那是我第一次聽到這個計畫，這項由經濟部與科技部於二〇〇七年推動的跨部會計畫，宗旨是希望透過再生能源技術的研究與推廣，培育國內綠色產業、提高能源自給率，並且回應國際減碳要求。[3] 原先的計畫內容是以能源技術的研發為主，但在執行過程中「每每面臨如離岸風力、海流發電等多項方案受到社會或居民抗爭的困境，故將能源政策中較容易引起民眾爭議的部分，納入（「第二期能源國家型科技計畫」的）橋接與溝通分項」。[4] 換言之，民眾對特定類型再生能源建設的疑慮與抗爭，成為官僚與技術專家認定的政策推動障礙。他們視「社會爭議」為社會科學家的專長領域，於是有了招募我的團隊——由政治學、經濟學、社會學、人類學領域的研究者共同組成的「橋接與溝通小組」[5]——期待我們扮演政策與民意、科技知識與常民知識之間的溝通橋樑。

「國家能源型科技計畫」是當代常見的跨領域科際整合計畫，目的是為了回應當代諸多超出單一學科視野的複雜議題，氣候危機即是其中最具代表性的科際挑戰，吸引了各種專業才

3 可參考能源國家型科技計畫網站：http://www.nepii.tw/language/zh/home/。

4 參見《第二期能源國家型科技計畫構想書》。

5 第一年的橋接與溝通小組包括三個團隊，分別負責政府、法律，以及民眾的橋接溝通，我參與的團隊全名為「台灣地區民眾對再生能源現存與潛在抗爭問題與其處理機制之研究」，為了行文方便，以下一律簡稱「橋接小組」。

智，以及龐大的研究資源。人類學者摩爾指出，國際間對氣候變遷的關切，轉化為眾多政策導向的跨領域合作計畫，而這些計畫的研究方法都強調社會文化系統與自然系統的連結，她自己也以人類學專業參與了一個在巴哈馬執行的海洋調查計畫，利用問卷調查的方式了解在氣候變遷造成的海洋生態環境變化下，漁業社群經歷了什麼樣的社會經濟衝擊。但是她從這次經驗發現，跨領域的合作有可能銜接，但也有可能加劇學科之間的差異。身為巴哈馬海洋文化專家的她，在跨領域計畫中雖名為合作計畫成員，但從來沒有機會與同計畫的自然科學家互動。[6]同樣地，由社會科學家組成的本溝通小組，也甚少有機會與計畫內的能源專家及主持計畫的政府官員交流。我們每三個月必須繳交進度報告，但從不確知這些季報與年報中呈現的民眾意見，是否真能沿著研究團隊的階序架構逆流而上，最終上達天聽。似乎正如摩爾所言，許多的跨領域合作計畫，反而強化了原本的學科分工與知識／權力階序。

展開風電之旅

在進入田野之前，我從未想過風力發電可以引發這麼多爭議。風力發電釋出給大眾的意象一直都是與藍天綠地相襯的白色風機，相較於火力發電的灰黑煙霾、核能發電的核災末日，以及水力發電廠突兀的水泥大壩，號稱「無碳排、無空汙」的風力發電機，看起來是那麼健康朝氣、充滿希望。雖然曾耳聞苑裡反風機運動，但我一直以為苑裡只是特定廠商在特定地區選址不當的失敗個案，並不確定該如何理解這個「反乾淨能源」抗爭的更廣泛意涵，反而對某資深環保人士批評環保署因應苑裡抗爭而制定的風機距離規範「比核電廠更嚴格」感到印象深刻。而放眼國際，以風力發電為領頭技術的再生能源產業，堪稱是工業資本主義自我救贖的盡力一搏。我國政府於二〇一一年十一月三日公布新能源政策，承諾在「不限電」與「維持合理電價」的前提下，達成「國際減碳」目標。這三項不易共存的原則之所以有可能同時具現，主要就是仰賴技術發展成熟、已能大量生產平價電力的風力發電機組。如此「三贏」的潔淨能源，怎麼可能會是民眾抗爭的對象？

但我們很快發現，西部海線居民對於風力發電場其實普遍存在著不滿的情緒。以苗栗縣為例，最早在後龍設置的大鵬風力發電廠是外國企業來台投資再生能源首例，主流媒體將其視為台灣能源轉型的重要指標，樂觀預測風力發電將成為帶動千億產值的「明星產業」。[7] 但大鵬風場於二〇〇六年二月竣工啟用之後即遭民眾抗議，其後幾座風場[8]的規畫過程也不

6 Amelia Moore, "Anthropocene Anthropology: Reconceptualizing Contemporary Global Change." *Journal of the Royal Anthropological Institute* 22(1): 27-46, 2016.

7 翁永全，〈風力發電前途光明〉，《經濟日報》，二〇〇六年七月二十三日。

8 依照完工時間，依次是竹南鎮二期風力發電廠、後龍鎮風力發電廠、通苑風力發電廠。

順利，「每設十座風機，就有近三座遭到抗議」，[9] 苑裡反風機運動只是更清楚地展現了累積多年的民怨。

回到二〇一四年夏日的那個小客廳，我們從漁民的談話中聽到各種反對離岸風機的理由，首先是分配正義的問題。自救會認為離岸風機侵占漁場、干擾沿岸漁民的捕撈權；漁民並未享用更多的綠電效益，卻得承擔綠電建設需付出的大部分環境成本。其次是程序正義的問題。A公司循著正常的協商路徑，一開始先找漁會，漁會則選出九人小組作為談判代表。這九人包括俗稱的「漁會三巨頭」（理事長、常務監事、總幹事），以及六位來自各產銷班的漁民。看似合乎代議民主精神，但這九位談判代表並非全為專業漁民，有些早已不捕魚了，怎能為辛勤在海上討生活的漁民代言？第三是肯認正義的問題。漁民認為自己傳統的維生方式不但未能得到政府與保育團體的肯認，甚至還被指認為破壞海洋生態的元凶。例如當天一位漁民看到我們的訪員身分，立即半戲謔地說，「是要替政府來談消滅流刺網的事嗎？」

A離岸風場原本規畫設置在水深五米到三十米處，但水深十五米之內是保育類動物中華白海豚的活動熱區，因此在環評過程中將場址改為三十五到五十米水深，避開了白海豚的保育範圍，卻與流刺網漁船最活躍的捕魚區域重疊。從漁民立場來看，這七十隻白海豚比漁民的生命值錢，業者為了保護白海豚，可以把風場從原訂場址移開，但漁民的生計卻不在風場選址的考量因素內，業者不願為了避開流刺網漁場再做場址調整。漁民還說，先前來此地設廠的某家陸上風電業者甚至為了保護紫斑蝶遷移路徑而改變了幾支風機的位址。新舊事例相加，讓漁民感嘆傳統捕撈漁業的生計權利比不上海豚與蝴蝶的生命權。除了爭取環境正義的宣稱之外，漁民還對國家綠能政策提出質疑。他們指出，離岸風電既然是政府欽定的重要能源，如此茲關國家能源未來及民眾生計的產業，應當交由國營企業台電而非私人公司來開發。顯然「綠電是一場騙局」，只是「私人營利，並非國家建設」，證據在於，綠電一直都只能靠政府以高價收購，等於是用納稅人的錢扶植私人財團。

與漁民初次見面之後的盛夏至秋初，我們跑遍漁港周邊各個社區，繼續收集民眾對風力發電的意見。我們聽到了許多類似的反對理由，包括切身相關的噪音、景觀破壞、農作物及養殖魚類減產、風水問題等，以及涉及生態、綠能政策、科技民主等等更寬廣的政治生態議題。每當問到反風機的緣由時，這些在地朋友都會強調：「我支持綠電……風機本身沒有問題，有問題的是人與制度。」他們指責政府在發展綠能的過程中過度偏向財團，漠視風機對周邊環境與生活方式所造成的衝擊。我開始覺得，一九七〇年代倡議再生能源取代核電的綠色前驅者相信再生能源具有分散權力的民主化特性，實是過於樂觀且天真了。各種能源科技都可能有集中化、集權化的傾向，再生能源也不例外。於生產的社會關係上，再生能源可能

9 范玫芳，〈風險管理與程序正義：風力發電機設置爭議〉，《民主與治理》一（二）：五九～八一，二〇一四，頁六一。

打破、但也可能持續傳統石化能源的生產關係，而台灣基於能源後進國的焦慮，至目前為止的綠能發展方向比較接近吳浩然於其論文所觀察的：「本是再生能源，卻又能轉化成『擬石化能源』的現象。」也就是，在規模經濟的要求下，現代風電絕大多數是以風場形式生產，「集中布置多部風力機組……把原本分散式的小型風力發電技術，轉變成如同核電廠般的大型技術物聚合體」。[10] 當然，台灣絕非特例，人類學者也在德國觀察到類似的現象。德國北海的離岸風場是由能源供應者及石油公司所提供，私人或社區所有權不可能負擔其成本。[11] 總而言之，從台灣與德國的例子看來，離岸風能並非如溫納（Langdon Winner）於一九七〇年代反核運動初始所夢想的另類能源，[12] 相反地，它已變成高資本高利潤的大生意，是挽救奠基於廉價能源之上的現代化生活不致崩解的最新嘗試。

隨行監控的業者、兩面受敵的人類學家

離岸風電開發涉及龐大利益，這讓業者必須深入了解、全盤掌控漁民的意見動向。A公司從二〇一三年起就派了兩位員工長期駐守漁港，與漁民及漁會搏感情。這兩位員工應該沒聽過馬凌諾斯基，但他們的工作方式完全遵守馬式田野「像土著一樣生活」的首要準則：原本上船就暈的員工，花了幾個月時間考取船員證，只為了隨漁民出海；不出海的日子他們

每天都去漁港，陪著漁民泡茶飲酒談天說地，只為了掌握「土著的觀點」。一年多的 rapport building 終有成果，漁會轄下大多數漁船船主對他們的態度漸趨友善，甚至還有漁民聯名向漁會幹部說情，表示願意接受廠商提出的補償條件。兩位員工最怕的是漁民被「有心人」煽動，漫天喊價，我們這個外來團隊在漁港的現身，自然逃不過他們的雷達。二〇一四年秋季，我收到 A 公司員工來信，希望了解我們的研究內容。

我在一個下午隻身前往 A 公司的駐地辦公室，兩位員工則帶了兩位身著黑衣的青壯漁民前來。我先解釋了能源國家型科技計畫的架構及各個團隊的主題與成員，他們對研究主題的說明沒什麼興趣，但一一記下每位成員的姓名及所屬單位。他們最想知道的包括，為何我會挑選離岸風機計畫作為研究主題、我到目前為止訪問過哪些漁民、問了什麼樣的問題、為何我們在漁港從未打過照面、我們的田野調查還要做多久等等。兩位黑衣漁民一開始並不說話，只是直盯著我打量，我連忙解釋自己的專長並非能源或漁業，而是地方文史。文史調查顯然是相當無害的議題，漁民的表情放鬆許多，開始聊起當地尚存的傳統漁法。黑衣漁民

10 吳浩然，〈小風機與大風機：風力技術的二元性〉，《科技、醫療與社會》七：一五七～一九六，二〇〇八，頁一五九。

11 Dorle Drackle & Werner Krauss. "Ethnographies of wind and power". *Anthropology News*: 9, 2011.

12 朗頓．溫納著，方俊育、林宗熙譯，〈技術物有政治性嗎？〉，《科技渴望社會》，頁一二三～一五〇，新北市：群學，二〇〇四。

說，離岸風機一定要蓋，而且蓋越多越好，最好台電也來這邊蓋，但前提是必須充分補償漁民在施工期間的損失，因為施工鑽探造成的海床振動及噪音會嚇跑魚群。至於補償方式，他認為必須讓漁會登記的三百多艘漁船平均分配補償款，不能依照漁法不同而有差別款項。他用「假漁民」來批評自救會，指稱自救會兩位主要領導人的漁船都已閒置十多年，出來組織自救會只是為了個人私利。對於那些堅決反對補償方案的「少數漁民」，他們會繼續溝通，如果溝通不成，「我們也有其他的處理方式」。

第一次的互動和諧收場，A公司員工與黑衣漁民送我上車，熱情友善地表示研究上有任何問題都可以找他們，一定鼎力相助。過了幾天，A公司員工帶了家鄉特產「順路經過」我學校辦公室，閒聊之中又分享了許多漁港見聞，我們還約好下次在漁港見面，請A公司員工約一群漁民，在同一個漁港的另一個漁民據點接受我們訪談；也請這位員工幫忙跟漁港海巡說情，安排我們跟著一支釣漁民出海，短暫體驗海象。A公司員工安排的漁民都屬一支釣漁法，對離岸風機的說法都差不多，其中有位漁會前理事長就表示綠能是國家政策，當然要支持。他還帶我去看漁港每天下午的現撈魚貨拍賣，指著當天被捕上岸的零星小魚說，漁民越來越捕不到魚了，還在出海的漁民大部分都靠其他的工作來填補收入，他很期待離岸風機的設置可以再造漁場。未來風機的基座就如人工魚礁，周邊會形成新的生物鏈，而且流刺網因顧慮纏網不會進入風場作業，更有助於魚類的復育。

這幾次的拜訪讓我們了解綠電議題會與在地特殊的脈絡扣連，進而激發或強化種種既存或潛在的差異。A區域漁會是由兩個鄉鎮漁會合併而成，轄下包括分屬兩個鄉鎮的派系網絡、兩個一級漁港、兩種相互競爭漁場資源的漁法，以及一群熟悉海事工程補償程序的漁民代表。這樣的組合，完美體現了葛拉克曼指稱的「內含矛盾的社會系統」，維繫這個團體得以不墜的，是暫時的、脆弱的、一觸即破的動態平衡。[13]不同漁法之間的資源競爭其來有自，漁港主要有兩種漁法——流刺網（又稱網具漁業）與一支釣。對於流刺網漁民而言，一支釣漁民喜歡的魚礁是纏住他們網子的障礙物；而對於一支釣漁民而言，廢棄置底的流刺網具，除了纏住他們的釣線，也會汙染海域、破壞魚類覓食的底棲生態。另外，一支釣漁民多以高價魚為主要漁獲，他們指責流刺網大小均撈、竭澤而漁的圍網方式，是造成台灣近海魚類枯竭的重要因素。隨著開發進程積極推展，兩群漁民之間的關係越來越緊張，前理事長抱怨：「本來大家都好好的，弄到現在我們都不敢去那邊（我們第一次去的二樓小客廳）泡茶。」我們在漁港隨一支釣出海那天，龍鳳港的紅色拱橋上掛滿了白布條，批判漁會黑箱作業，漁港中的一艘刺網船上也掛了抗議布條，這些布條都是這幾天掛上去的，這對於漁會幹部來說，面子上顯然不好看。常務監事就說這些布條近乎誹謗，其實他們身為九人小組，從未徇私，

13 Max Gluckman, "Analysis of a Social Situation in Modern Zululand." *Bantu studies* 14(1): 1-30, 1940.

都是站在漁民立場。他們也知道「不能斷人生計」，所以會顧及流刺網的權益，但「少數人為反對而反對」，目前雙方已無法平心靜氣地溝通。

我們很快地發現，漁民之間緊綳的關係，讓研究者沒有不表態的模糊空間，我們與廠商短暫的和諧關係，很快地在一次事件中被撕破。

二〇一四年年底，主要基於計畫的績效考量，我們必須在漁港舉辦焦點團體座談，一方面收集意見，另方面也希望能更積極扮演「橋接溝通」角色，成為爭議雙方的對話平台。因此理想上，這場座談會將邀請漁會代表以及質疑他們代表性的自救會漁民，讓雙方可以對談；同時也邀請工研院綠能所的能源專家，回答漁民可能有的技術問題。但我們的設計立即被漁會否決，漁會總幹事認為，自救會是未立案的「非法組織」，怎麼能與漁會站在對等地位會談？如此設計，豈不是承認了非法組織的合法性？我們只好將兩方隔開，上午先與漁會代表會談，下午再找自救會漁民。然而，漁會連這樣的設計也無法接受。在上午與漁會代表的會議中，我的開場致詞被幾位代表打斷（都是六十至七十歲之間，體格健壯聲音洪亮的熟年福佬男性），他們直接拍桌質問：「你們下午是不是要到自救會那邊？如果要去，那早上的會議不用辦了，往後漁會也不會配合你們團隊的任何研究要求。」我心裡想，現在取消，豈不是連自救會也得罪了，只好訴諸學術的純潔意涵，低聲下氣解釋說，我們是學術單位，必須完整收集各方意見才能寫出好的研究報告，但我們不會偏袒任何一種立場，工研院專家也幫著緩頰。協調了很久，終於談出漁會代表能夠接受的方式，也就是上午會議繼續，下午則不用正式會議的名義，而改為「純學術研究」式的個別漁民訪談，如此才撐過了上午的會議。孰料，下午自救會找來了廿、卅位漁民，大家談得欲罷不能。漁民最在意的是漁會九人小組「黑箱作業」，雖身為代理人，但在協商過程中並沒有充分與各種不同立場的漁民討論，反而一再壓制、漠視反對聲音。

夏季初次見面時，我們得知漁民並不清楚A風場的規畫內容，漁會也沒盡到資訊告知之責，於是送給自救會一本已定稿的A離岸風場環境影響說明書，其中有詳盡的風場位址、施工內容、環境衝擊評估和減輕對策，以及施工與營運期間的環境維護承諾。由於環說書篇幅接近五百頁，內容涉及工程、生態、法規等各方知識，我並未期待漁民能仔細閱讀，但這次看到那本環說書多了各色標籤及滿滿的手寫註記。漁民不但讀了，還讀得非常仔細，從中找到許多足以提出行政訴訟的疑點。後來他們也真的以環說書內容為據，向兩黨立委及縣政府陳情。這些陳情函並沒有阻擋A風場的開發，但公部門接到陳情書之後的例行調查，延緩了漁會與A公司的協商速度。

第二天，A公司員工氣沖沖地打電話給我，他說，原本氣氛低迷的自救會，因為我們的來訪而士氣大振，甚至有一、兩位漁民揚揚得意地在漁港四處炫耀有科技部教授來訪問自己。A公司員工怒聲指控：「我到底有哪裡對不起你？先前你們來，我們難道不是盡力幫你？為何你要這樣對我？你們的研究目的難道不是要幫助我們推展綠電嗎？」他的說法雖然明顯偏頗，但我無法直接要他閉嘴，別干涉我們的學術研究。並非畏於語言暴力，而是經過這幾個月的互動，我已把A公司員工視為「報導人」，也就是說，我過於同理（empathize）他的處境，很清楚他承受的壓力源：A公司投入了極高的資金與時間，但與漁會的協商在那個時間點剛好陷入僵局，漁會表面上跟自救會水火不容，實際上卻是利用「仍有漁民反對」為籌碼，要求廠商提高補償金額，「這樣我們才好說服漁民」。同一時期，在另一個漁港外規畫類似開發案的B風電公司，不但從未遇過檯面上的漁民抗爭，而且能以低於A公司一半的金額就得到漁會的首肯，因此A公司高層不免質問駐地員工，是否辦事能力不足。[14] 過了幾天，A公司的董事長特助親自聯絡，要求與我及我的「上層」們會談。會談中，董事長特助一直強調A公司目前與漁會的關係非常敏感易碎，希望我們在漁會正式同意補償條件之前，不要再去漁港訪談漁民。這個事件之後的一、兩年間，我們與A公司員工還是發生了一、兩次小衝突，原因都是我們在漁港與他們認定「不好」的漁民談話而被干涉，過程中，我的「上層」也曾數次婉轉表達不要跟環團及自救會走得太近，如果為了研究目的要做訪談，請低調行事。

這次事件讓我看到，離岸風電雖然號稱國家重大能源建設，但能源相關部會在規畫之初完全沒有整體戰略，連最應負擔能源轉型之責的國營單位台電，也是消極以對。國家並未先就離岸風場預定設置的近沿海海域進行基礎調查，也沒有做好政策溝通，就冒然開放市場，放任私人企業與地方漁會自行協商。而在國家退位的情境下，原應屬於全民資產的海域空間及漁業資源，淪為特殊利益團體用來交換私人補償的籌碼。再加上延續自戒嚴軍管時期背海、禁海的（無）海洋政策，讓一般民眾對海洋生態與海洋事務極其陌生，難以參與離岸風電議題的相關討論，更讓特殊團體能夠壟斷資訊與資源管道，盡情所為。於是似乎出現了一個田野研究者可以介入的隙縫，即是與更多人分享我們調查累積的知識，以改變離岸風電的政策討論中，公民與政府／業者資訊不對等的情境。

破除無知之學？——工作坊的舉辦

二〇一四年年末，我們已經在海線做了三個多月的訪談，主要對象是當地關心環境的團體代表，以及各個社區領袖。我們發現，受訪者對於何為離岸風機其實沒有概念，也無法想像，要詢問他們的意見，必須先做「培力」：先解釋說明離岸風機的設計、理念、對環境的可能影響等，提供充分的基礎資訊，民眾才可能提出有意義的意見。於是，接下來的三年，我們每年在地方及台北舉辦各種工作坊，邀請關心地方環境的人士及熟知政府風電計畫的再

14 事情的發展總是出人意料，一開始看似順利的B公司，後來卻與漁會關係破裂，最終沒有取得開發許可，但這是另一個故事了。

生能源專家，共同研討離岸風機涉及的各項議題。

這一系列的工作坊各有不同的經驗及收穫，參與者隨著其身分及與我們熟識程度的不同，對我們的動機也有不同的詮釋。我們曾被視為風機業者的遊說者，工作坊只是用來收集簽名、讓業者通過開發許可審核的工具，因此那一場的聽眾拒絕簽名，而且從一開始就不斷質疑我們的動機；這是我第一次親身體驗身為「無良學者、國家與資本家打手」的滋味。不過隨著熟識程度加深，這些工作坊似乎慢慢擾動了一些事。在第一場工作坊中質疑我們最深的地方長老，成為能夠共事的伙伴。還有一位原本謙稱「不懂離岸風機」的返鄉青年里長，在幾次座談之後開始認真研究離岸風機的環境影響，在後來的相關環評會議上，變成發言擲地有聲的公民團體代表。

到了二〇一七年，離岸風場的環評如火如荼進行，有二十二個離岸風場開發案進入環評程序，我自己前半年身為環評委員，也碰到研究室堆滿了環說書的窘境。[15]由於審查案數量眾多而且內容大同小異（二十二件開發案中，有二十一件的環說書是由同一家顧問公司撰寫），會議室裡的攻防一再重複，漸漸地竟然也讓離岸風機最主要的幾項環境疑慮清楚浮現。但環評會議上發問與回答的時間均有限制，短短三分鐘難以充分討論這些環境疑慮涉及的專業知識，於是我們在二〇一七年冬季又辦了一場工作坊，以環評過程最常出現的疑慮——施工噪音對保育類鯨豚的影響——作為工作坊主題，邀請鯨豚及水下工程專家主講，經常在環評會議發言的環境團體代表為聽眾，演講重點是介紹國外最新的風機施工技法與環境保護規範。讓我印象最深的是鯨豚專家上台時，播放了荷蘭北海實際做風力發電機組打樁的時候，從水下麥克風所錄到的噪音，音頻經過調整（人類與鯨豚的音域範圍不同），讓觀眾親身體驗海豚聽到這個聲音的感覺。聲音是單調重複的「咚、咚、咚」，一開始對習慣吵雜都市環境的我來說，沒有特別感覺，但持續數分鐘之後，的確造成些微不適（或不耐）的感覺。講者解釋，這正是鯨豚的感受，它會造成血壓上升、心跳加快、免疫系統些微抑制，以白話文說，這樣的音量不至於傷害聽力，但會「影響心情」。講者接著解釋，通常鯨豚碰到這樣的音量，會選擇暫時游離原棲地，等到平靜之後再回來，但也只有生存空間寬廣的海洋動物才能自由來去，台灣西海岸的白海豚就沒有這種選擇權，牠們的生存空間貼近船舶密集往來的航道，而且覓食範圍有限，「沒有（別的）地方可以去，大部分都會選擇留下來。」由此，講者提到，在台灣近海施工的風場，其噪音規範必須比空間寬廣的歐洲北海更嚴格。目前台灣是參照德國過往的標準，規定在施工點七百五十公尺範圍內，聲曝值不能超過一百六十分貝，但講者說，德國在二〇一二到二〇一三年訂下這個標準，是依據港灣鼠海豚暫時性聽力

15 光是二〇一七年就有二十二個離岸風場開發案進入環評程序。能源局要求廠商必須在二〇一七年底通過環評，才能取得遴選資格，可以想見二〇一七年下半年環保署處理離岸風機開發案的行政業務盛況。

損傷的閾值，因此後來有學者提倡標準加嚴，以「行為騷擾」為標準，也就是會讓鯨豚「心情不好」的噪音底限。如此，一百六十分貝的閾值還不夠低，必須降到一百四十分貝，這個數字正是德國保育團體目前正在爭取的水下噪音標準。

這場工作坊結束時，在場旁聽的幾位風電業者紛紛趨前與講者交換名片，台電代表還邀請鯨豚專家改日再赴公司替員工上課。直到議程結束後一小時，還有業者留在現場與我們聊天。整體而言，似乎是個達到「橋接」功能的工作坊——直到幾天之後。

工作坊結束後三天，助理傳來緊急簡訊，說她正在旁聽一場環評審查會議，已經有兩位環團代表以我們工作坊的資料為據，指責風機廠商及撰寫環說書的顧問公司隱瞞資訊。一位鯨豚保育人士引用工作坊聽眾發言：「上個禮拜五的NEPII有辦工作坊，……彰化縣漁會的施先生有提到，在現在的王功外海的氣象觀測塔已經發現淘刷的現象，所以我不知道這樣的情況發生你們會怎麼處理？不拋石又發生淘刷，風機要倒嗎？」另外一位長期投入西海岸環境保護的環團代表說：「一樣上禮拜參加NEPII的工作坊，鯨豚協會理事長有提到說，最新的標準對於海豚的行為干擾就是設在一百四十分貝，因為你們的風場貼著白海豚的部分，因此建議以這個標準……針對白海豚的衝擊最新的調查應該以此為作為預警值，而且牠（白海豚）要絕種（瀕臨絕種動物），不排除於哺乳期時敏感度更高。」由於會場有兩位發言者連續引用工作坊資料來反駁業者「我們使用的技術及規範都與國際最新潮流同步」的說詞，環保署及能源局立刻找上我的助理，要求提供工作坊紀錄。能源局負責人尤其強勢，電話連環催逼我的助理立即交出資料。最後，在大家分頭加班趕工之下，快速整理出演講與對談的逐字稿，寄給兩個部會。能源局收到之後完全沒有感謝之詞，彷彿我們的工作坊已對能源局的離岸風電業務造成干擾，交出資料是我們彌補過失應盡的義務。

其實，這並不是我們團隊受到的首次質疑，三年多來，從不同管道傳來類似謠言，指稱我們針對反風機團體的田野調查不但無助於消除民眾對風機的疑慮，還一直提供材料製造更多紛爭。這樣的說法顯然我的「上層」也有所聞，到了二〇一七年，在例行月會、計畫提案、成果報告等會議中，上層持續傳達同樣的意見，就是不要再辦工作坊，不要一直挖掘新問題，而應以「問題解決方案」作為最後兩年的主要執行方向。在這些時刻，很難不聯想到紀爾茲的名言：「我們（人類學者）有意地讓這個世界保持失衡，拆穿被誤認為理所當然的概念……讓（人）安心是其他學科的事，我們的任務在於擾亂。」[16]但「擾亂」不等於破壞一切的搗蛋，而是要直入平靜無波的表象，攪動深藏底層的營養源，重新活化停滯的政治生態。

16 Clifford Geertz, "Anti Anti-Relativism." *American Anthropologist* 86:263-278, p.275, 1984.

人類學者（不）能做什麼？

再生能源是近年最熱門的環境科技議題，各個學科從不同的視角與意圖，探討綠色能源的設計、技術，與設置，但，什麼是人類學介入能源研究所能提供的獨特視角？科技研究學者加薩諾夫提供了有用的線索。她主張，「大尺度的科學知識與小尺度的社會意義，必須重新整合。」[17]從本文敘說的風電旅程，我們看到最根本的，是要先了解「綠能」、「風電」在地方社會文化脈絡中的具體意涵，以及氣候變遷緩解政策（或再生能源政策）如何與在地的環境關懷銜接，才能找到橋接與溝通的切入點。

然而，具體而言，人類學者能著力的工作會是什麼？近年來，engagement、study-up等呼聲，在逆轉人類學生存危機的脈絡中常有聽聞，我自己也於數年前受本書另一位作者容邵武之邀，參與了一個「公共人類學」的專題製作，提出過類似主張。但經過這幾年的風電洗禮，我現在對這個問題的看法，反而比較接近比斯特曼的主張。比斯特曼是研究索馬利亞難民的人類學者，曾被美國國防部聘為顧問，提供人類學擅長的文化知識，協助軍方擬定更貼近索馬利亞社會的發展計畫。然而，她漸漸發現，雖然個別的軍方人員很同情在地思維與文化，但整體戰略而言，軍方想了解在地文化的真正動機，只是要確保其在索馬利亞的軍事基地不受挑戰。因此比斯特曼的結論是，人類學者在政策參與中能扮演的角色有限，軍方僱用人類學者，只是為了一張進入當地政治複雜性的導覽圖（road map）。[18]

人類學者最能使力的參與方式，還是與我們的「老朋友」——在地社區及社運團體——合作，藉由公眾教育及串聯，增強在地社區及社運團體提出具社會影響力之主張的能力。這並不是因為人類學者能力不足，無法將複雜的文化知識轉譯為政策制定者聽得懂的簡潔語彙；這是因為，政策決策與執行過程涉及的知識／權力階序與利益競逐，讓人類學者的意見、洞見與證據，難以發聲。反而在另一個層次，我們可以將從田野複雜政治與交錯人脈中培養出來的「穿梭」本領，應用於分斷化（segmented）的官僚系統之導航，與我們接近的公民團體共同穿梭，串接起那些在科層制度中各司其職各執其所的破碎治理，讓環境議題原應具有的整體圖象重新浮現。[19]

▶

17 Sheila Jasanoff, "A New Climate for Society." *Theory, Culture & Society* 27(2-3): 233-253, p.238, 2010.

18 Catherine Besteman, "In and Out of the Academy: Policy and the Case for a Strategic Anthropology". *Human Organization* 69(4): 407-417, 2010.

19 此處深受切克（Melissa Checker, "But I Know It's True" in *Human Organization* 66(2): 112-124, 2007）的啟發。

呂欣怡
Hsin-yi Lu

從動物系轉來的人類學家，目前任教於國立台灣大學人類學系。近三十年前因為受到街頭運動強大能量的感召，也因困惑於媒體報導與草根實境的落差，而一頭栽進田野調查的世界。這些年來身分從研究生到老師，轉換過不同的研究計畫與理論興趣，但田野地點一直是以台灣國內的基層鄉鎮為主，追蹤這些或有名、或無名的地方興衰與環境變遷，以及人在其中的處遇與因應。

田野於我始終未減的吸引，還是在「人」：因為生性內向不擅交際但又對他人生活好奇，披著田野調查的外衣，探尋、聆聽、感受各種人物故事，並透過田野工作者的名號，與狹隘的學界生活之中絕不可能相遇的眾多生命相會、熟識、交流。也因為這股源於三十年前的感動，至今仍努力做田野、教田野，希望能把田野讓我們逾越體制分斷的能量繼續傳遞下去。

平行的田野，交錯的技藝

我在香港與埔里發現農田的故事

容邵武｜中央研究院民族學研究所

楔子

我討厭蚊子，我外號捕蚊燈，總是會莫名招來許多蚊子；我懼怕蛇，如果可以的話，就連這個字都不要說，儘量避開。但是接下來我要說一個我在農田的故事，一個可以常常碰到牠們的地方；或說是二個農田二個故事，我在這二個農田裡看到二個如何的田野工作。當我現在好整以暇要說這些故事，並且順便反省我的田野經驗時，它們聽起來彷彿都像環環相扣般的情節，陸續登場，有前傳有續集，照著故事合情合理的發展逐漸開展。然而隨著田野工作持續進行，田野裡出現的隨機事件不斷地考驗與測試我的田野技藝和策略，我卻同時感覺到我的田野技藝和策略受到另一個巨大而清楚的結構力量的考驗與測試——我暫時稱之為「審查的技術」。簡單來說就是我的田野深深受到當代國家資助的學術計畫所要求的審查標準影響。於是以下的田野故事便不只是按照人類學慣常的田野道理進行而已，它們的情節交織著被決定、偶然的元素，其中有妥協權宜所形成的枝幹，更有自行長出的花葉。如同農夫總是把修剪整齊後的農作物端出檯面，我嘗試把我二個田野工作裁剪成整齊的故事說出來，但是也許它們可以有截然不同的故事架構與情節。

經典人類學總說要去遠方觀察，從發掘他者的差異，最後發現自我，以至於逼近人類所具有的共同特質。然而我的故事會是從非常靠近我但卻陌生的農田，以及我日常而熟悉的工作場域——大學——開始。我的田野工作可以發掘出哪種差異和自我呢？

平行

我的研究重點一直以來聚焦在法律人類學、政治人類學、文化政治。我自從二〇〇四年進入高等教育體系到國立暨南國際大學人類學研究所服務後，即按照大部分此行業中從業人的軌跡，申請一系列國科會（現在已改為科技部）補助的專題研究計畫，將政治、法律的脈絡關連到文化要素的複雜結合裡。我應該沒什麼機會接觸到農田吧，即使法律人類學的研究多半集中在鄉村。然而，世界不斷變化。正好就在我剛入行時，社會學者顧忠華提到了國內大學面臨的處境，也就是新式的學院管理主義漸漸侵入大學校園。我們在二〇一八年的今天習以為常的大學運作模式，在二十一世紀初早已初見端倪。顧忠華指出從作為大學評鑑指標，到各種計畫的補助，暴露出功利取向的資源分配模式，將無法達到大學「開放性」的意涵，反而加劇了爭取預算資源的無休止鬥爭。[1] 另一方面，大學也越來越不是只有被認定為

1 顧忠華，〈論社會科學的開放性與公共性〉，《台灣社會學刊》三五，頁八，二〇〇五。

獲取知識而從事研究的象牙塔，大學被期待要創立、分析或修正政策，或是透過直接行動，實際促進社會、經濟或政治改變。相應而來的知識公共化的呼聲也在各學科內產生。同樣地，越來越多人類學者倡導實踐應用，甚至有學者直接表示應用人類學是人類學繼文化、考古、語言和體質四大分支後的第五個分支。似乎像是順應這股潮流般，二〇〇七學年度起，暨南人類所的課程也大幅調整，特別強調人類學知識的實踐與應用性格。我在《田野的技藝》裡〈「危險」的人類學家〉一文中，寫到我在博士論文田野工作所面臨的許多「危險」，因為遭遇到九二一大地震對身心的震撼，以及因為此一突如其來的震撼對我原有知識準備帶來的危險。當前此一時刻，大學體制的變化由外、人類學學科典範由內而來的「危險」，或是學科典範轉換時常用的字眼「危機」(crisis)，都不斷導致我在高等教育體系內作為一個人類學者自我焦慮的認知。我因而陸續設計了將人類學知識的生產、教學、傳播、實踐如何可以聯合、介入其他的領域的課程，就近在學校附近的埔里、國姓幾個社區裡和當地團體合作，主要是聚焦在社區組織、NGOs、NPOs，摸索人類學特別的行動參與方式如何可以為許多社會領域帶來新的收穫。

我除了善盡教學研究之責外，另外一個因應自我焦慮認知之法，乃是找一個海外田野，簡單來說，遠離台灣，遠離教學場域，或許可以重拾對人類學的初衷。我提出的第一個到香港田野的國科會專題研究計畫仍是謹守法律人類學的問題意識，同時我也習慣地以村落作為理所當然的研究場域，但是以我在大學教書的工作型態，只能於寒暑假去香港進行密集的田野工作。然而，香港還有村莊嗎？這是很多人知道我到香港做村落法律研究時的第一個疑惑。香港每每被標榜為亞洲國際都會、東方明珠，忙碌的都會生活、櫛比鱗次的摩天大樓泰半是香港予人的主要印象。當然只要人們多花點時間就可以知道香港一一〇八平方公里的土地裡，仍有約四分之三的面積是郊野。但是「香港地小人多」的論述從來沒有停止過。我們看到自從一九七〇年代人口與經濟快速發展之後就不斷移山填海，創造土地以滿足城市擴張，因此鄉村面臨被開發的壓力從來也沒有停止過，鄉村的風貌也從來沒有固定不變過，不會只是質樸宜人的田園風光。

因此我有好一陣子就如同多數在學術機構的人類學同仁般同時進行二個地點的田野研究，回想起來我當學生所接受的田野訓練大半強調人類學長期扎根一地的必要性和特殊性，卻鮮少提到同時進行二個地點的田野研究時該要如何改變或因應，大部分提到時反而像是同一種長期扎根的方法可以同時應用在二個地方。無論如何，學術勞動者在常時需要與時間賽跑的工作節奏裡一開始所必須面臨的難題，不是同時進行二個地點的田野研究的困難，反而是我們要力行田野工作參與觀察的首要準則：長期生活、變成當地的一員，並在自然情境中近距離觀察當地人行為的困難。高等教育體系的學術勞動者除了寒暑假之外，如何能夠參與當地人所有活動，觀察記錄該社會全貌的每一個細節？甚至寒暑假這種短則數週最長二個月的工作狀況，符合傳統對深度田野工作的想像嗎？我在埔里與香港新界二個地點的田野研究就像是二條平行線，雖然一開始想要處理的是相似的法律人類學研究議題，進而實行人類學的另一個準則：文化比較。但是時間空間一轉換，我就切到另一個平行的工作場域，我的所謂研究「五感」也似乎自動跟著所處的工作場域開啟或關閉。

直到二〇一三年。我自該年開始參與科技部人文司「人文創新與社會實踐」補助暨南大學三年期研究計畫（二〇一三～二〇一六年為第一期），並且擔任因此成立的「人文學院水沙連人文創新與社會實踐研究中心」執行長一職。此計畫的目標是為了解決台灣的某些「症狀」：當前台灣內部的社會局勢正面臨著經濟發展動力不足、財富分配不均、環境保護效能不彰、日常生活民主化不深、教育制度改革不當等多元複雜的問題。它提出的方法主要是強調大學或研究機構社會實踐的面向，同時也是重新界定知識的類型與生產。而大學在這個問題導向的治理結構中被期待成為主要的行動參與者和知識提供者。由此暨南大學相應地提出「宜居城鎮（埔里）的轉型與治理」行動計畫，試圖以長期在地的培力跨域社區總體營造模式，針對各個社區內部的生態城鎮、社會關懷、綠色經濟、文化振興、公民參與等課題，進行在地探討與行動設計。

我負責推動社區經濟、建立社區自主生產系統的面向。我和助理與同學專注在一個點——籃城社區，推動社會經濟，希望讓社區有經濟的自主權，進而在社區運作上更有自主性。這個工作位置讓我不但必須更深入了解人類學行動參與的來龍去脈，同時也得接觸社會經濟的相關論述，我於是逐漸了解各種類型或範疇被使用來稱呼這些創新異類的模式，比方說社會經濟（social economy）、共同經濟（common economy）、合作經濟（cooperative economy）、團結經濟（solidarity economy）、另類經濟（alternative economy）、創新經濟（innovative economy）、綠色經濟（green economy）、共有財（commons）等等。這些名稱不僅反映了不同的國家傳統，更反映出這些名稱下的政治關懷和企圖。儘管有著這些繁複的名稱和概念，無論它們著重在獲得安全食物、提高社群收入、減少浪費與永續發展，這些創新異類的模式大都指向創造一個場域，更公平地分配收入和支出。

這個經驗讓我注意到香港的狀況。香港的某些「症狀」：作為全世界最為放任自由的經濟體，香港這十年來卻成為全球貧富差距最大最劇烈的地區。而且全球籠罩在所謂最有錢的百分之一人口對抗其餘中下階層的百分之九十九，香港也不例外。但是比較特別的是，那些最有錢的百分之一被看成是中國和香港不斷加深的經貿關係的特定群體。也因此，當財富持續集中在特定少數人手上，過程中的社會成本卻被認為由一般香港老百姓來承擔，例如交通擁擠、日用品（奶粉、衛生紙等中國居民最會搶購的物資）物價上漲、生活空間窘迫等等。[2] 然而即使因為新經濟或稱新自由主義的席捲，各式各樣創新異類的模式仍然得以發明實踐，以重新安頓國家、經濟、民間社會、公民社會的力量。社會各階層在各個角落自發性形成的社會性保護，以對抗市場社會導致的災難。而其中當以城鄉共生為出發點，規畫城市發展和農業社區配合的方式最為活躍，原因一方面在於近年來食物安全的憂慮加深了市民關注周遭僅存的農業。另一方面，社區支持型農業有具體的農田為生產工具，比較容易發展出具有規模的另類經濟。如此繁複的現象加上我在埔里最新的經驗讓我留意到這些組織和操作方式，因而得以跨出了「固守」鄉村的方式，從而觀察香港城鄉共生相關的狀況，這點反而和我在埔里大致上只專注在鄉村的狀況不同。於是，我又得多一些對都市人類學相關論述的準備，以了解城市生活的一般狀況。

雙鄉記

自從二〇一四年秋天開始，我和一群暨南大學人類學研究所的學生進入到埔里籃城社區，一方面結合連續幾個學期的幾堂應用人類學課程，同時搭配上述「人文創新與社會實踐」的經費、研究助理的挹注。經過一段摸索的時間，我們了解到籃城一如其他農村，老人關懷與社會福利是籃城社區主要發展重點。但是以往公部門所提供的社區照護相關計畫，大多是建立在無酬志工的自我剝削，團隊成員不禁要問社區照顧也是一種勞動的形式，勞動者應獲得相應酬勞。只是酬勞要從那裡來呢？社區一直被假定為弱勢、在經濟上處於邊緣的地方。一個事事都被認為要向政府伸手要錢的地方，要如何找錢支付社區照顧的勞動力？然而弔詭的是，這個被假定為弱勢、在經濟上處於邊緣的社區，幾十年下來卻有著各種源源不斷的政府計畫補助；若是政府計畫有效，為什麼到了今天這些社區依然被問題化，需要特別予以處理？我們認為社區的弱勢、經濟上邊緣，其實是政治經濟結構的結果，卻不是其內在的本質。如果我們能夠建造一個互助合作的機制，建立起某種社區自主生產系統，一旦它開始有產值，就可供應社區資源並且能穩定運作在地照護漸漸老化的人口，進而讓社區減少對政府計畫的依賴。假使互助合作的機制真的運作良好，那才真的能夠落實社區照顧，而不是只像政府在社區幫忙人們照顧老弱族群。

我們開始一系列的行動，先是於社區活動中心旁的閒置空間設置「行動辦公室」的學習據點，作為行動團隊出現的定點，漸漸朝著維繫生命的根本產業——農業出發，積極協助籃城開展社區經濟議題。我們先是參與和開拓社區廚房運作，同時認真面對生產，著眼於具體

2 參見鄒崇銘、王慧麟、周嘉慧主編，《墟．冚城市：在地自主經濟與良心消費》，香港：在地生活出版社，二〇一二。

落實社區公共財例如「社區公田」與「社區菜園」的實踐。首先，我們先規畫了一個社區菜園，開放給社區老人家和我們一起耕作。除自食之外，也希望可將多餘的蔬菜，提供給旁邊由南投縣政府社會福利體系關懷據點設立的社區廚房，所需食材力行最短的食物里程，最直接的從農田到餐桌。這個看似平常的生活運作模式，其實隱含在地食材、食品安全、社會互助等多元概念。此外，對於社區而言，因為有了這個菜園的設置，讓社區有新的發展議題，同時也讓社區內的居民們有另一個新的互動機會。二〇一五年，我們開始種植稻米，公田的規模是一點三分，分兩個田區（分屬不同地主），由年輕人組成的「學習穀東」群排班看著、顧著，協助田間記錄稻米生長期的變化，以及相關的在地農業知識。同時社區理監事會決議以社區名義加入，在資金方面分擔一半的農事成本（另一半由學習穀東群分擔），勞動力方面，社區也推派了七個人力支援並協助學習穀東進行耕作。如此一來，社區發展協會、在地老農、新進的在地生活者與暨大師生有所連結與合作。至於收穫的部分，社區與學習穀東群依總收成量對半分，而社區獲得的白米就算是自產品，可經由銷售讓社區有生產收益，最後社區以「籃城好米」為名，將收成的稻米標示為社區的招牌產物之一。我們之前設置的行動辦公室也成為學習穀東們研討、開會、產品包裝、蹲點的基地。

回頭來看，二〇一五年第一期（三月～七月）及第二期（八月～十二月）的運作，我們企圖透過無毒稻米的栽種，逐步開展出埔里長期以慣行農業栽種方式外的另類可能性；同時更藉由社區公田模式，與居民共同探索有機栽種的概念，接著透過自給產出以及包裝稻米，開發稻米、想食譜，嘗試建構社區自主產銷系統的可能性。最後是結合國中小教育單位，提供教育及體驗意涵，看看是否能夠重建埔里的稻作產業與文化，並進而衍生社區的導覽旅遊業。

從這個面向來看，應該可以說一開始是由外來團隊設定議題，社區後來跟上，但在之後的過程中，所謂初始的議題越來越模糊，或說是擴大；同時作為外來團隊的我們尚缺乏必要的專業與資源的連結，畢竟我們最初是吸收別的地方成功的模式而受到啟發，但是仍需要諸如農業、行銷、觀光等專業資源，才能有效開展。表面上，應用人類學強調必須了解當地人的變遷、需求，與當地人共同設計出合乎當地文化需要的方式，因此外來團隊需建立一連串的評估與轉譯，但是我將在下文討論其中的困難。無論如何，對我自己而言，我也必須捲起袖子下到我陌生甚至害怕蚊子、蛇類的農田裡，倒不是由於身為計畫主持人的身體力行可以起著領頭的效果，比較是所謂「體」認當地人的需求，雖然我參與的力道尚遠，只是在「學習」學習穀東的力行。然而，這個在當下顯得理所當然的舉動，我一直到後來才認識到它的延展性，因為這不但深化我對行動人類學、合作人類學的另類了解，不應該只限於計畫理念的合作，所謂當地人需求的真實掌握恐怕不能只有說了算，或許還要加上共同實作。同時它讓我在香港觀察新型的社區農業有了不同的體會，也讓我最新的香港研究不再如同以往的法律人類學研究一般，只是將其作為和台灣平行比較的個案。

▶

我在香港新界參與觀察了幾個新興自主以社會經濟為訴求的場域，例如其中一個實驗性組織「鄉土學社」。香港農業近乎式微，據政府統計香港目前約有三千多公頃無耕作活動的農地，集中於新界西北及東北部。這些荒廢農地大多由發展商持有，發展商收購農地後，希望游說政府改劃用途以發展私人住宅。另一方面，香港本地農業的的蔬菜自給率由一九七三年的百分之四十，一路下降至二〇一二年的百分之一點九；稻米的自給率更由一九五三年的百分之十下跌至現在的百分之零，即九成八的蔬菜和十成十的食米均靠進口，形成過度依賴境外糧食生產的現象。[3]但是，近年不時出現有毒食物事件，本地新鮮有機蔬果越來越受歡迎，農墟越開越多，反映本地蔬果具有市場價值，而且本地種菜既可減少糧食運輸的碳排放，又可接收本地大量廚餘耕種，一舉兩得。

鄉土學社就是出現在這樣的農業環境裡，它強調共同耕作可以為社群內部帶來新的刺激，透過共同耕作讓大家重新審視經濟自主的意義，創造協力者的共同勞動價值。鄉土學社成立於二〇一二年盛夏，位於新界北部靠近深圳邊界的上水梧桐河畔。此處還留有香港難得一見的水田區。但因水源被截流，而使水田漸漸萎縮。他們努力在這一塊地學習，尋找在地的理解，弄清來龍去脈。透過蹲點與對話，鄉土學社與當地老農建立信任關係，年輕農夫有體驗和學習的機會，而讓社區老農有傳承的使命感。鄉土學社在空地、荒地的空隙中以在地耕作的生活方式，努力學習永續農法，種植蔬菜與稻米。在學習的過程中，不同成員開始從農務中發掘出更多相關的研究與學習面向，如，發酵與微生物、本地農業發展史、使用設計；並逐步發展不同類型的工作坊及研習班，深化關於食物主權、小農及食物文化等論述與實踐。[4]

雖然大家對生態、農業的概念還是莫衷一是，不過不同背景的農夫開始探索各種方式，卻反而造成了實踐和論述的契機。生態保育是保農地的主要訴求，農田孕育了不同品種的雀鳥、昆蟲，而這些珍貴天然資源是無價的。讓我引一位報導人的話：「香港需要綠化地方，老掉牙的話，但城市人未必會明，當綠地消失，才發覺長遠失去後果嚴重。好似種野（種東西），你要等一段時間，對城市人來說，樣樣都要快！但人始終需要停。人生其實咁長，就不需要樣樣都急速，那些都是環境迫成。」換句話說，保留農地不單只是保育鄉郊而已，不只是要保留美麗田園生活的鄉愁而已。整個運動策略最終還在於提出社會經濟作為香港長遠

3 參見前註。

4 林自立，〈生活館〉，《青芽兒》六六，頁九，二〇一四。

整體可持續發展的福祉的方向。套句鄉土學社的成員所說，永續農業「為資本主義企業全球化的危機後的生活，做準備」[5]。

在以上的二個例子裡，籃城和香港新界的農村與農夫，在各自的農田裡所開展出的作為是如此地類似，都強調本土、在地的友善農法，似乎也都在回應類似不利的經濟環境，我們甚至可以說它們呈現出一個農業與一個故事，一個權力與抗爭的故事。然而我在這二個平行的空間中，由於田野技藝的交錯，讓我得以觀察到不同的剖面，或許沒有如此交錯的田野技藝，我可能只能敘述出一個在類似結構下的一個文化比較的故事。但是我得先澄清，此處我的說法並不蘊含多元必定比單一好，不論是多元的技藝或因此而觀察到的多元面向；我要說的是，當我們越正視田野技藝、方法對田野工作方向的影響，甚至形塑了我們的主題、田野[6]（我籃城的例子最為明顯），我們才更能好好地討論田野工作這個對人類學而言既是神聖的入門儀式，卻又不常討論的神祕藝術。下文將敘述之。

交錯

我在埔里和香港都參與了年輕農夫下鄉耕作，單從我在其中觀察到的異同就可看到許多議題。例如，台灣香港的經濟現況所導致的雙鄉運作方式的差別、耕作作為增權（empowerment）的實踐或新的抵抗之旅、社會經濟實質內涵的差異等等。但是我從這組雙鄉耕作方式的平行田野場域「心領神會」的技藝裡，討論的將是其中三個面向。

第一，這組平行田野最直接的差別是我之所以進入埔里籃城起源於科技部補助的計畫，同時我是帶領以及跟隨助理、同學一起參與；而在香港新界農田的活動則是依循著傳統的田野參與觀察方式。雖然鄉土學社以及香港類似的青年農耕基地也多多少少有接受公私基金會計畫的補助，例如開辦鄉土文化體驗課程，提供中學生參加，以三年為期，走入農地，觀察四時，觸摸泥土，學習永續的耕作方式，但他們的計畫與操作反而成為我了解某種傳播社會經濟成果的實踐管道。埔里計畫的主要目標是在強調大學或研究機構社會實踐的面向，同時也重新界定知識的類型與生產，有別於一般只是在課堂上授課、準備教材，最後考試的傳統上課方式。我們企圖找到參與在校園之外的密集課程，企圖找到一個更真實的方法，一方面讓學習者覺得所學的知識有用處、甚至改變社會；另一方面開拓自己更多的能力，其中包括和眾多關係者（stakeholder）協調溝通的能力。這樣的出發點和應用人類學晚近強調的方法，所謂的「合作人類學」（collaborative anthropology）若合符節，也就是回應八〇年代以來人類學

5 同前註。

6 此時的田野趨近於認識論的用法，不只是方法或技藝而已。有興趣的讀者可參看郭佩宜、王宏仁主編的《田野的技藝》一書裡討論田野技藝與知識建構的關係。

界對民族誌寫作的反省，包括傳統民族誌裡隱藏的種種不平等的權力關係，以及此一方法和人類學知識建構的關係。因此，合作人類學特別強調平等的伙伴關係，同時更著眼於各方一起動員、合作創造資訊、知識，最後並應用這些知識嘗試改變。它強調一個重點，以日常用語向沒有社會科學基礎知識的社區民眾解釋某些行動的意義。大家記錄觀察社區概況、分組討論、分工合作；更重要的是商討當下出現的問題，以及針對狀況想出一些不同的解決方式，在下個步驟做出修正，企圖讓行動發揮最大的效果。

很顯然地，我作為一個人類學家之於埔里和香港雙鄉農村的關係因為初始角色有所不同，之後一系列的行動便有所不同。在埔里我總是和一群人一起出現，除了和學生、助理收集並且了解當地社區的網絡、文化資訊等傳統田野工作必要的過程，我還與其他學科的老師和學生合作，畢竟研究和實際運作上遇到的問題，很少能靠單一的方法解決。於是我們從田野的劃定、設計出實際有效的方案，讓社區動起來，或舉辦共學工作坊等。但在香港我都是獨自出現，且仍在勉力地學習廣東話，因此很容易被辨識出是個勤於記錄、照相的研究者，而非一起耕作的專兼職農夫或學生。我不須負責任何培養學生參與本土農業興趣的規畫。也正因為如此，我在雙鄉的田野有著不同的倫理處境。在香港，我謹守人類學慣行的田野倫理，例如知情同意、保護報導人等等。同時由於香港的城鄉關係異常緊張，農鄉面臨巨大而迫切的開發壓力，所以香港的新農業大致上總以現存的政治經濟結構為參照點，施以相當力道的批判，某種程度有點類似傳統人類學研究中較為弱勢的群體。他們當然不是非能動的、非參與性的、從屬的客體，不需要人類學的研究來彰顯其主體性，但我卻能夠像傳統人類學般，站在弱勢群體的一方，解析批評霸權的政治經濟結構。

我在埔里的行動比較曖昧。一方面，我們的行動雖然以合作人類學為主軸，但卻是在國家計畫下開始參與和介入，我不可能只將其認知為單純的人類學研究從理論擴展到實踐的過程。所以當我們要開展所謂的新農業時，我能夠客觀科學地解析批評霸權的政治經濟結構嗎？當然，首先要澄清的是，台灣新農業批判現存政治經濟結構的力道絕不微小，且台灣的國家補助型計畫本質上並沒有排除客觀科學的自我解析批評，即便出錢單位和執行者權力不平等的結構相當明顯。我要說的是，當我們反省自身行動的各種面向，必須同時兼及對於學科方法論以及國家治理的反省；也就是說，內在的反省和外在的批判將同時匯聚在我們的行動上。國家治理讓很多計畫最後執行的結果看起來都很類似，箇中原因可能是國家治理所採用的效標、評量內容太過單一和樣板，這些缺點在社區營造的反省中早已不是新鮮事。但更可能的原因是我們的行動團隊並沒有認真對待複雜的權力關係，我們很少真實了解政府、大學和社區的權力不平等位置可能的影響，社區網絡的權力不平等可能的影響。

以致，打個比方，當我們的行動認真面對生產，我們似乎沒有認真面對生產關係。也就是說，我們以社區的共同財或社區自主生產系統為努力目標，我們卻鮮少真實分析社區原有的不平等，也沒有深入探討社區原有的不平等是否因為我們的行動有所轉變？是減弱還是加強？我們是否太快和社區既有的組織合作，以致國家計畫公部門的資源反而強化或弱化了社區原本的私人網絡？當合作行動面臨瓶頸，到底是因為行動團隊採取的方法有問題、了解社會的歷史不夠深入（犯了傳統人類學的大忌）；或是因為政府計畫的評量內容早已決定了行動方向？傳統人類學講究的浸淫、沒入（immersion），研究者的自我在長時間的浸入之後漸漸地和他者互為主體，你泥中有我，我泥中有你，極端的甚至可以「變成當地人」（becoming native）。在計畫這種有時間壓力、講求客觀產出的限制下，人類學的田野工作一方面被計畫主持人珍視為最能掌握當地人想法的貼地方式，但因為計畫效標的壓力，最後常流於表面宣稱要田野調查，卻無法深刻、慢慢地發揮出人類學田野工作的特色。此時，一般的人類學者總能指出，人類學真正田野所需的力道，和只是把田野當成親近社區的一種態度，兩者間巨大的差異，但對於身處當代台灣此種計畫下的田野工作者要如何平衡二者呢？同時，當代此種計畫下的田野成果不在少數，我們可以如何將其整理，並且進一步系統化，讓它的面貌更為清楚？甚至讓它的模式也能夠豐富、刺激傳統田野工作的討論呢？本書裡邱韻芳、呂欣怡的文章，或也可以放在這樣的脈絡裡閱讀。

第二，人類學開始時是以他者作為研究客體，以民族誌的產出作為研究的成果。但我在埔里籃城工作的「他者」早就擺脫研究客體的角色，變成一個與人類學家別無兩樣的認識主體，這個主體開始具有能動地創造自身文化以及表述自己的權利。這樣的結果本來也就含括在合作人類學等所謂反思人類學、應用人類學的初衷和其所追求的目標。人類學家的自我與他者身處這種新環境所形成的關係之中，這讓人類學家的自我在相互主體的形成裡，得時時面對方法論上的難題。一方面，單就我們採取的合作人類學所帶來的反省就可有如下的思考面向：傳統人類學強調經由了解他者進而了解自我，但此時他者在哪裡？合作方的當地人可以把研究團隊當成他者，進而了解其自我嗎？只有人類學家可以經由了解他者進而了解自我嗎？或許合作人類學一開始就摒棄了人類學中人／我的假設，那麼它的方法論要如何重新定位？

另一方面，若就二方共同合作開展的工作而言，也有種種障礙。比如多方單位溝通複雜、窗口的確認不知誰說了算、主導角色屬於何方（社區由於動員困難，常提出只要單純地配合參與，卻又不時表達欠缺事前意見徵詢的尊重）、協調人力與時間安排常有難度、隱性成本過高（人力和材料成本其實是由計畫經費吸收）、公田所在地的租期不穩定等等。初期，眾多關係者還是抱持著懷疑、本位主義、抗拒的態度，因為新點子對他們原來的做事方式造成不便，但漸漸地，各關係者開始轉變態度，樂意和研究團隊合作。因為大家一起構思並動手創造，透過這種公共的過程，參與者自然形成了熟悉和信任的網絡。但如同大多政府推動的計畫，我們一起打造各種有形無形的平台，最難的不是種植跟建造，而是後續的維護。當社區菜園、公田缺乏人手時，曾有人提議以地方法院派來的社區服務人員替代，但這樣的結果並不是我們想要的，畢竟社區的一切應該由居民親自維護，才能讓社區凝聚力更為穩固。過程中出現的種種問題不再是「他們」的問題，而是「我們」的問題，是研究團隊和社區要一起解決的困難。有趣的是，當團隊（團隊的規模也時時在變動）內部在討論、溝通時，「我們」指的是傳統外來者的自我認知；但是當計畫面對外界詢問時，「我們」就包括了團隊和社區。這個計畫同時也讓社區的居民起了信心，生產出籃城米作為社區代表！

正因為如此，「我們」就出現了如同赫茲菲爾德所提的「文化親密性」（Cultural Intimacy）[7]般的共同情感，一種只有自己人才了解並分享的文化驕傲與難堪。讓我舉個例子，有一次暨南大學整個計畫團隊要向科技部報告一季的成果，當次選擇召開會議的地點是在地的暨南大學校區，而不是台北的科技部辦公室。因為暨南大學團隊和三個社區駐點合作（籃城、桃米、眉溪），所以邀請三個社區人士出席分享報告會，而我則代表籃城駐點辦公室，簡報籃城行動計畫成果。當時我分配到最後一個出場報告，輪到我時表定時間已經所剩不多，於是我採取的報告策略側重在青年下鄉農作的困難與前景，簡明地以二個年輕人返鄉的狀況為例子，可能我的潛意識裡想回應科技部當時審查的重點之一，也就是大學行動計畫如何可以幫助青年返鄉和製造就業等效標！但我更多的是以「我們」團隊的角度來陳述行動過程的起起伏伏。學術圈審查會議中所習慣扼要明確的簡報文化裡，我清楚明快的陳述倒是頗讓審查委員了解滿意，至少沒有太多的批評。接下來的茶敘休息人來人往，而我像是完成一件任務般地放空閒坐，此時籃城助理跑過來告訴我，籃城社區人士聽完我的簡報後非常不高興，在角落抱怨為什麼我作為籃城駐點辦公室的領導人，竟然只簡單講述幾位年輕農夫的經驗，而沒有詳細介紹「我們」社區的各項活動紀錄，抱怨完連茶點都沒多享用就拂袖而去！彷彿我只有呈現社區的暗淡面而沒有報佳音般地呈現社區的光明燦爛面，尤其還是發生在其他社區面前，讓他們失了面子。我頓時四足發冷，難以回應。

事後想來，當我在報告「我們」社區種種面貌時，其實反而是以「我」自己的角度觀看，因而落入傳統研究者和被研究者的區別，於是「他們」的界線就被劃定出來了。這個結果不是一般傳統所說人類學者無論如何心領神會（empathy）終究無法成為他者，而是我（們）已經參與並製造了一個更大的「我們」，只是我（們）還沒有體會到這個更大的「我們」共同情感的界線。那麼我（們）的書寫、記錄、報告，是呈現了哪一個「我們」？這次事件之後，我（們）在社區先是避談，然後繼續在原來設計的活動中重新和社區人士建立新的互動，我（們）花了比最初更多的時間再把雙方拉在一塊合作行動。

我在埔里投入「主觀」自我的行動，特別是投入農耕實作的經驗，為我在香港新界農田

7 Michael Herzfeld, *Cultural Intimacy: Social Poetics in the Nation-State*, New York: Routledge, 1997.

的「客觀」參與觀察帶來非常大的幫助。如果沒有這番實作的經驗，我不會了解香港農夫向中學生解說一系列（無毒）農耕動作有多細膩。舉凡播種、堆肥、除草和收成，觀察地景、水流、日光、泥土和動植物的相互作用，植物如何捕捉大自然中看不見的能量，進而體會廢物和資源之間細薄的界線——收集廚餘，放一層乾草，乾草可以從附近荒地拾來，或是將上一批作物剩下的部分打碎、曬乾，然後一層夾一層地堆起，放在田中，有時用釘耙，有時以人的重量擠壓，最後將之蓋好，等它發酵，就是自然的肥料了。同時，我在埔里農田的行動往往將農田視為一個提供社會福利、休憩或教育等功能的輳合場域，而香港的年輕農夫倒是真實的想以農為業，認真對待農業最基本的功能，例如生計產出、保育環境減低碳排放、改變土地用途保留綠地對抗發展等。我對農田陌生，懼怕在其中的生物，若是沒有埔里投入的經驗，我應該無法對人和作物、人和環境、作物和環境的互動有比較深入的「體」認。我們常說田野工作要運用五感，但大致上研究者還是以觀察行為、記錄語言為主，或許在大部分的主題上，包括我處理的政治、法律人類學範圍，參與觀察還是「夠用」。然而，如果要探討為何農田裡的物事可以連結、組裝許多不同的事物，那麼我得要和農夫一般的，以身體去接觸環境和物件。

第三，我在埔里籃城的工作還是以一個局部、明確的空間為前提，並以我們可以接觸的範圍來劃定中心與周邊，這是一個確定被研究對象（即使是合作研究）所必要的劃定範圍的行動嗎？在合作行動的過程中，即使完全依據當地人來劃定範圍，這樣的界定是否已經消除了話語霸權的痕跡？即便這種界定具有一定的效用，那麼，他者的主體性又將如何彰顯？社區概念在一九九〇年代中期社區總體營造風潮後受到特別的重視，但是各界總將「社區」描繪成相對封閉、強調面對面關係的同質空間，社區也因而變成了資本主義同質化力量威脅下的鄉愁對象。雖然我們的研究團隊認為社區不只是防衛式的反射動作，而應將其看作是一個未來的藍圖，包含了動態、開放與衝突的過程，而在這個層次裡，社區的公共文化也交織著對國家、族群、家庭的想像，既具保守性質也帶有衝突的張力。但是我們仍將其限定在國家治理、地方文化理所當然的範疇裡，即使我們主張在這樣的想像範疇裡發生複雜、難以預測的活動，而且主要還是透過我們的擾動和協助。矛盾的是，當我們採取合作人類學的方式打破傳統人／我區別（代之以另種人／我關係），我們想像的「社區」儘管已經擴展出各種異質元素，但是我們還是很自然地將「社區」當成同質的行動體。如果不同質，它該如何行動？它的不同質只是暫時等待進一步的整合？無論是實作的成果、或是跨社區的連接，以至於涵蓋全埔里鎮的行動，社區都不斷地被自然化成為一個實存的個體。說到底，我們研究團隊的行動計畫仍缺少田野工作對於研究場域劃定的反省。

反觀在連續蟬聯全球首位最難負擔住屋城市的香港，其新（無毒、自然）農業受限於農地的細碎和不穩定，運作的模式似乎注定是遊牧的、拼裝的。它的遊牧、拼裝性質顯現在農夫的組合和農田的耕作上。一方面，年輕農夫大多是兼業，或倒過來，是有兼職工作的人在時間或力道上兼及農事，這種半農半X的農夫組成絕不是個浪漫的耕讀美學生活，它反映了香港新農業的市場太小難以支持農夫家庭生計，同時也呈現出香港農業前景被看淡，難以讓年輕人在沒有試驗的情況一下子就全力投入。另一方面，即使一小塊農地也是分割成一小片一小片園地栽種不同的作物，並由不同的專／兼業農夫照顧。所以香港的新農業自始就是個協力、共做的組裝體。有個叫作「HK Farm」的組織在占領中環時創造出的藝術計畫，其內容便很貼切地形容了香港新農業的游擊個性：「我們多位處境不同的農夫合作打理占領區的農場；他們有些是無家可歸、被迫遷或進行游擊務農行動。在每個占領區上的農地活像被一個『蟲洞』網絡連接起來，為大家提供互相呼應支援的渠道。『蟲洞』在物理學的推論中是一種可在宇宙時空中連接二個相距極遙遠地點的推論性捷徑。」[8] 那麼，研究這樣遊牧、拼裝的現象需要迥然不同的田野方法。一方面，多點民族誌（multi-sited ethnography）的方法不可或缺；另一方面，我們得先打開對當代社會型態的想像，琢磨出相應的田野技藝，才能抓住這些游移、極端個人化的特性。總之，一塊農田，在埔里似乎被圈定是由一群固定的人耕作的堅實土地，在香港卻似乎是隨著它的游移耕作者被帶到城市的不同角落，有時候是柔軟的泥土，有時候是堅硬的天台，甚至是無土生長在溫室的水耕。

＊＊＊

在當今這個全球化與大移居的時代，空間與時間以及整個社會生活都時時刻刻發生著變化，自我與他者、此處與彼處、我們與他們、局部空間與社會等觀點也逐漸開始動搖。民族誌常被視為是對一個地區的深入描述，在彰顯地區特殊性的同時，卻往往缺少其與較大社會的連接。新社會現象的出現使得人類學必須回答一個地方的民族誌能否關連到公共旨趣的問題。但我相信人類學的傳統任務——跨文化比較——仍然十分必要，它不但使得民族誌的深描在一開始就有了更廣的切入點，跨文化比較的關懷也同時讓人類學對當代世界以及相關的理論帶來更大的貢獻，而不僅止於某個地區的經驗性描述。

同時，不論是傳統上以民族誌呈現的田野工作成果，或是近年來的學術成規、知識的效度以及研究者的責任（accountability）只著重在「社會科學引文索引」（SSCI, Social Science Citation Index）的表現，基本上都以發表和出版作為「效標」，可以說是將研究者的責任放置在可以引用其成果的學術社群之中。但是，為什麼不可以是「社會引用報告」（SCR, Social Citation Report）或「社會關連度索引」（SRI, Social Relevance Index）來作為知識以及研究者責任的指標？也

8 Leung, Michael（梁志剛）, *Solidarity Street*, HK: Black Book Press, 2017, p.75.

就是說，引進一套對整個社會衝擊和影響為參數的系統，或許將是知識創新的來源。當我們從事社會經濟時，無論它最後的功能是作為替代市場資本主義的模式，或是作為微型經濟以擔當市場經濟無法完成的社會安全、社會整合效果，社會經濟必須要產出客觀的證據以說服政府官員、企業界、社會大眾；同時社會經濟也必須要產出客觀的證據分析和評估自己的優缺點，才能達到永續經營的長遠目標。然而，所謂的客觀證據不僅限於數字，研究上的評估還包括研究活動的可行性、行動研究、田野的劃定、反省性的研討會、學生的參與、大學課程規畫的改良等等，都是評估研究成果的方法。於是，合作人類學式的行動方案就不是以產出民族誌為主要的目標。當然，所謂符合當地人對變遷的需求也是一種政治與倫理的、不停的探問，而也就是在這層意義上，合作行動研究的產出必定永遠處於進行式，必定會不斷地來回與行動相互審視，不同於民族誌比較像是最終的研究成品。

我在本文藉由我在埔里和香港研究的經驗，當然還談不上跨文化比較，不過由於二個平行交錯的田野場域和主題反倒是讓我有機會先對我在二地的田野技藝做了個比較，在其中，我看到了當代大學、國家、NGOs對社區治理和田野工作的影響；田野主體、客體不斷地互換，以及田野範疇、場域的挑戰。這些議題都不是新的，但是我從這個過程對這些老議題有了新的了解。回到本文一開頭，我一直以來都是「吃米不知米價」、對農田極度陌生、甚至懼怕的人，同時自我踏入人類學之後，一直都是以主題的旨趣來設定、開展我的研究，以議題來選定我的田野地、出野對象。農業不曾進入我的研究範圍。如今我對農業有些初步認識，對農田沒那麼排斥，雖然也還不到悠遊自在的地步。

這麼一趟走來，表面上我似乎可以追隨某些人類學家的說法，回返到傳統人類學的志業，也就是從最遙遠的地方、最陌生的經驗來發現自我。但是，我反而比較接近李維史陀在《憂鬱的熱帶》一開始的描述：我討厭旅行，但我要告訴大家一個關於旅行的故事。他這趟旅行不是自主的安排，不是一開始就有意如此的設定，李維史陀反而是在旅行中發現旅行意義，當然更多的是異文化的發現。於是《憂鬱的熱帶》可說是一半旅行誌，一半自傳。而我，則是在大學實踐計畫的推力下接觸到農業。一開始時我們比較像是進入農村，卻不必然會碰觸到農田，也就是說我們可以如同一般的農村社區營造計畫只專注在文化和歷史上。不過我在偶然的農業旅行中漸漸看到不同的面向，也看到更多「自我」在計畫、教學、二個田野、人類學田野精神的平行與交錯中的多層次面貌；在這個過程中的發現，有些新的、有些舊的，有些值得讚賞、有些難以解釋。最近我竟然在研究室旁開始種植起植物，彷彿將對農業研究的初步心得帶入自己的生活（另類的「變成當地人」？），在植物興衰榮枯裡進一步體會人類學技藝。如果我剛剛說了一個我發現農業的故事，我也說了一個我發現「新」田野技藝的故事。如果我說了雙鄉平行的故事，我也說了自我和田野技藝互相交錯的故事。

容邵武
Shaw-wu Jung

從小開始就有無數次的自我介紹、寫自傳、編排履歷表等的場合。以前就用很簡單的方式，介紹我的名字三個字都可以當姓，以加深別人的印象（這一套到美國就不管用了）；現在則必須用許多外在化的經驗來幫助別人了解自己；未來可能就得依靠（自己或別人）記憶了。所幸目前有這個機會寫了萬餘字的自傳，或是稱作田野工作的記錄與反省，寫下了到現在為止人類學和我的許多因緣，以及我如何在田野工作中介紹與書寫自己。茲不再重複，請仔細閱讀，或是跳過。是的。

2018年的我任職於中央研究院民族學研究所。寫完〈「危險」的人類學家〉（參見《田野的技藝》）之後，工作場域更換了，田野地點也更換了幾次。從九二一地震災區東勢換到另一個地震災區埔里和國姓，也就是任職學校暨南大學所在地周遭。田野主題從一開始圍繞著地震所帶來的創傷、記憶，到稍後強調快樂、希望的社區營造。近年來我也在香港田野工作，也觀察到香港一部分的民主奮鬥時所帶來的創傷，以及近來在政治挫折中強調希望的重要。

田野工作讓我近距離感受到人們不同的困境，也看到人們尋求出路的堅持。田野工作同時帶給我對人類學以及人類處境的了解與反省。也許正因為如此，我不斷地琢磨著田野的技藝。

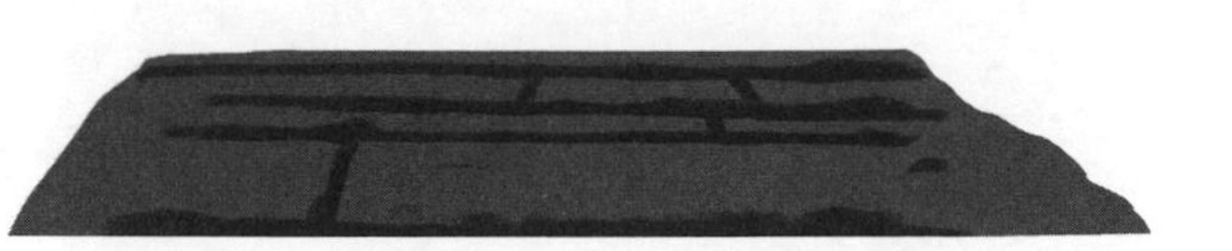

從村莊到工廠

田野中的魔幻與隙縫

方怡潔｜清華大學人類學研究所

我曾經待過兩個較長期的田野，一個是村莊，一個是工廠。我將從這兩個性質完全不同田野的轉換過程，來談談田野地點的轉變與田野技藝之間的關係。轉換田野原因有很多，但不管什麼樣的田野，人類學家進入田野後，似乎都很難透過標準化的規範來進行。我們得仰賴偵探般的直覺，靠著對他者的好奇心，即興開展我們的工作。田野是一種敏感度、一種嗅覺、一種自由式，我們像隻獵犬般嗅聞辨識著某些氣味，憑直覺朝他們前進。到底有沒有所謂的田野基本功呢？親屬系譜圖？村落地圖？長期蹲點？當人類學開始面向當代社會，從村落走向各種機構，在多大程度上田野技藝也隨之改變？又，這種改變是性質上的轉變，還是策略性的轉變？

藉著寫這篇文章的機會，我重新思考了我所經歷的兩個田野。田野一直被當成人類學家的「通過儀式」，可見它在學科中被重視的程度，到底人類學田野的重量在哪裡，它的不可承受之輕又是什麼？我試圖以魔幻（亦即非理性，irrational）與「隙縫」（亦即非正式的，informal）來歸結我的田野經歷並開啟討論。我發現一直驅策我前進的，竟然都是田野中那幾個「魔幻」的面向與錯落在結構間的「隙縫」。

走進那道光束：一個有點魔幻的過程

人類學的田野工作總是有點玄妙。記得在學習人類學的不同階段，常常被不同的老師告知很相似的事情。他們會說「你不能選擇題目，是題日在選擇你」，又說「你的報導人會告訴你，你的題目是什麼」。人類學的田野原則是不強迫報導人談我們感興趣的、想要了解的事情。為什麼？因為那樣很「粗暴」，那樣「很假」，除了這種倫理判斷，更重要的是，這可能會讓你的田野失敗。這種說法就像一個江湖上流傳許久的古老傳說一樣，我們一直傳唱，從當學生開始我們就被老師告誡，當了老師之後，我們也這樣告誡著學生。你從其他人類學者的著作中也會讀到類似的段落，比方項飆在《全球獵身》的序言中提到，他發揮想像力編撰的「流散經歷與感受」的研究題目讓他百受挫折，但到了田野地之後靈光一閃浮現的「獵身過程」卻讓他豁然開朗。他是這樣形容這個過程的：「……一個下午，我疲憊至極，到悉尼港灣邊散步，我的腦子已經是糨糊一桶，無力思考遣詞造字來描述『流散在國外的空間』是多麼多面的、多層的、多彩的……我任由被採訪者的故事在腦海中回放，放手讓感覺帶著我走，我忽然在眼前看到一束光芒！」，待他把研究焦點轉向ＩＴ從業人員的流動之後，原來「既費勁又無趣，我不知道問題在哪，更不知道怎麼去找出路」（頁三九）的田野突然變得流暢如行雲流水，項飆說「我甚至都用不著問，他們自己會跑來跟我講故事」(頁四十)。[1]

做一個人類學家，我們在養成過程中聽過無數多類似的故事。進田野總是費勁又迷茫，但某一刻，救贖就會來臨：你會走過一道光束，整個改變你的心態與存在狀態；你突然領悟，一個脫離菜鳥的人類學家必定會有那個時刻，百般求索卻只經歷終極的困惑、挫折，疲累到讓你不得不放下所有的條條框框、放下看待事情的主觀見解與任何強握著的理論執著。但這個「放下」(甚至接近放棄)，卻意外地讓一切開敞、流蕩。突然間，靈光一閃，就接到了那個你在那個田野地點的使命，讓你如瞎子突然張開了眼睛，讓你如聾人突然聽到了天籟，自此之後，一切了然於心，心如明鏡。田野裡的你不再悽悽惶惶，不再拚了命用你的小腦袋去想像一個你以為的、卻永遠不是的世界，你終於知道這一切終將徒勞無功，你只能勇敢坦然地走進未知，以一個幾乎裸露(我指智性上的)的狀態走近他們。

田野方法課教我們去聆聽、去觀察、去學習、去做筆記，去無意圖地記錄，然後再回頭找出那些當地人一而再、再而三提及的議題，找出在田野筆記裡面反覆出現的那些字眼，然後我們會說，喔，原來這才應該是我要做的議題，而不是我原本以為的那個。從當地「長出來」的題目，「讓你的田野報導人自己說」向來是田野的最高指導原則，因此進入一個田野的我們，某種程度像是在等待天啓一般地等待我們的題目從天而降，也準備好隨時拋棄我們寫在計畫書裡面的那些研究構想。

我們都在等待這個過程的發生，而這關鍵似乎就在「放下」。這個通過儀式的了悟，與其說是明白了他們，不如說是放下了自己。這放下就似頓悟。放下了，腦子空了，那眾裡尋他千百度的答案竟然就從這「空」裡面浮現。這種說法聽起來真的像有某種宗教情懷在裡面。困頓、放下、頓悟、重生，這是一個怎麼樣的隱喻！田野不是追尋，而是「等待」。等待報導人來反覆跟我們訴說某事，等待各種資料積累到一定程度以後開敞流蕩出一幅有意義的圖像，等待那道光讓我們開竅。「等待」在田野裡不是浪費時間，「等待」更像是田野的基本功，我們無法預知「等待」的結果，但我們相信「等待」。

從村莊到工廠：不可知、順流而去與即興

田野地點的轉變在很大程度上是與個人學術身分，以及年齡、經驗、家庭關係的改變糾纏在一起，也跟那時所置身機構的各種法規、政策、願景、方向勾連相關。我的第一個田野是雲南的農村，在一九四九年之前，該鄉一直有從事跨境商業活動的傳統，在雲南與緬甸之

1 項飆，《全球獵身：世界信息產業與印度的技術勞工》，北京：北京大學出版社，二〇一二。

間移動頻繁，叫「走夷方」。後來政治經濟局勢改變，人不再能頻繁流動，該村就成了重點宣傳的僑鄉。整個鄉分成幾個自然村。主村落以土主廟（後來改成圖書館和文昌宮）為中心依山而建，村落人口有幾個大姓，想找族譜有族譜，想找宗祠有宗祠，雖然曾為移民村落，但社群的疆界穩定清晰，變遷的步調緩慢，可以說是傳統上人類學所認定的標準田野地。

但我的博士論文研究卻沒能跟著第一個田野一起走下去，這是種種個人與機構原因糾纏在一起的結果。第一個田野的村莊因為「發展邊地文化強縣」的關係，整個村莊被旅遊公司代管，在村門口設立了一道收費閘門，進出都要給錢（觀光客）或給證（當地居民）。那時候我對人類學的了解還比較傳統，沒有想到這正是做田野的好時機：這種做法多麼有「地方特色」啊。我反而認為這樣一來，我的田野地就消失了，必須要找另一個田野來研究才行。

那時候我所就讀的學校也剛好特別強調選擇研究議題時要有「效益主義」（utilitarian）的意識，研究需要能對社會整體做出貢獻，雖然不至於要求研究一定要能產出可以改變社會或政策的貢獻，但也要求至少要能夠清楚說明為什麼要在此時此刻做這樣或那樣的研究，它的重要性在哪裡（亦即除了個人喜好的原因之外，對社會整體的重要性）。學校強調研究議題要能跟當代社會扣連，也讓我開始重新思考我的研究議題與取向。那時候學校裡不分科系，都在關心後社會主義國家經濟改革開放後的變遷方向，加上「全球化」的理論正盛行，也算是受某種時代性影響吧，我對變遷、移民、經濟決定等等議題變得相當感興趣。在選題時輒轉了幾回，我的眼光就從中國西南轉向了當代中國，從認同研究轉向了經濟人類學，從關心地景轉向了關心移民。當我決定另尋田野之後，心裡想的仍然是找個農村。我試圖去找一個因為人口移動，只剩下婦女的農村。我的假設是村民往外流動之後，留守的人要面對破碎的社會關係，繼續存活下去，此時農村很多常模與習慣可能都必須因應新的狀態而鬆動改變，為社會結構與性別關係帶來變遷的契機。在我還在寫proposal時期，從報導與文獻判斷，這樣的村落似乎還很多，因為太多，當地政府甚至還設立了所謂「巾幗示範村」。於是我就抱著這樣的假設進到了田野。

殊不知，我進田野的時機讓我的田野找點過程非常地不順利，也一直被告知我對農村的假設都是幻覺，農村已經不是我想像的農村了。「農村沒有人啦，女人也跟著男人外出打工啦」、「沒有這種村子啦」。不管這些話語意味著什麼，實際因素為何，我很快覺知到在那個時間點我在農村長期蹲點的可能性幾乎沒有，於是決定跟著移民的腳步進入工廠。

在田野受挫困頓，想著下一步之時，我花了幾天時間修改了我的研究計畫，提出新的題目。跟我的指導老師討論過後，他覺得可行，於是我就開始搜尋可能的管道，走進了一家一家門禁森嚴的工廠。在這樣的脈絡下，我離開了雲南的農村，來到了東南沿海的經濟特區；離開了開滿油菜花放眼滿是飛簷照壁的僑鄉，來到了廠房、超市、酒店和小吃攤穿雜的城市邊緣。

從鄉村進入工廠之後，即使住到員工宿舍，也進行某種人類學會要求的長時間蹲點的田野，但因為整個田野的性質非常不一樣，一開始還真的不知道怎麼下手，只知道盡可能地收集資料，盡可能地與人互動，參加各種車間與工餘時的休閒活動。所謂休閒活動，在經濟特區的工廠區中也就不外只是去逛超市、吃宵夜、週末去爬山等等。既沒有婚喪喜慶，也沒有「儀式」（後來拜金融風暴之賜，神奇地被我遇上一回，這也是「等待」出來的結果吧）。一直到後來，我才終於摸索出一些門道。

在工廠田野期間剛好遇到農曆新年，我跟著農民工報導人離開工廠，來到了湖北的小村莊，和報導人一起經歷久聞其名的春運。我從工廠前去湖北農村時，剛好是中國南方經歷幾十年來前所未有的大雪，在我終於抵達農村之後，在網路不通的情況下費盡千辛萬苦給我英國的指導老師發了幾封電子郵件，他回信說，他感覺我進到農村以後「整個活了起來」，從我的敘述中可以感覺到我突然五感全開，心情雀躍，很快地觀察捕捉到許多有趣現象。因此他堅稱我很適合在農村做田野，並以「很少人能在農村做田野」為由試圖說服我在農村多待一些時間。我在看到信的當下，直覺不相信老師所說的話！這其中一定有什麼誤會。在停電又下大雪、隨便去一個地方都要走上一到兩個小時的村落，我這個熱帶島嶼來的人類學學徒並沒有覺得「整個活了過來」，相反地，卻是「每天冷得半死」，已經穿上我帶來最厚的羽絨衣仍然覺得不夠保暖，完全不能理解老師到底從哪個句子看出我的雀躍。現在回想起這件事，我想或許這跟我第一個田野的交互參照有關。我已經有過經驗，知道在農村做田野可以做什麼、看什麼，很自然地會走家串巷，跟人家攀談聊天，興致勃勃地去參加婚禮儀式，坐在那裡樂此不疲地聽大家聊親戚關係跟家族故事。我也會自然地關注過年時誰去拜訪誰，誰給誰送禮物；關注村裡有沒有廟、有沒有族譜、家屋的空間安排、神龕上的神明是誰，本來應該是神明的地方沒有神明的話又擺上了什麼？廚房在哪裡、女人在哪裡，哪些是村子裡的神聖空間，學校、鄉公所這些政府單位在哪裡，小孩子上學嗎？上學講普通話嗎？單姓村啊，那村子裡的人都是親戚嗎？有族譜嗎？這些在工廠裡想問也沒地方問的問題，突然都湧上心頭，迫不及待地想要找到答案。漢人人類學就是以研究鄉民社會起家的，一走進鄉村，就好像一本本民族誌攤在你眼前一樣，這個原來是華琛（James Watson）和華若璧（Rubie Watson）說的狀態，那個原來就是沃爾夫說的現象：浮現心頭的「田野技藝」不是方法論課堂上學的那些「技術」，反而會是你讀過的經典民族誌！但換一個田野，比如說到工廠，喚醒你田野直覺的，可能就會是人類學與工業生活的民族誌了，而田野方法論中的一些經典的方法，就算你想照用，在特定的田野脈絡下，也實在用不上。

所以我從村莊、進到工廠，又離開工廠、進到村莊，然後再次回到工廠，我的田野就在工廠的圍牆內外穿梭。雲南僑鄉、昆山和深圳工廠、湖北農村，這些田野雖然廣義來說都是在同一個脈絡下（都是後社會主義中國），但在中國的農村進行田野，跟在中國的城市工廠中進行田野可以說是兩個概念。此外，中國正在高速發展中，進入田野時間點的不同，看到的不只是發展的速度而已，還有當地人對外界世界、對台灣的想像也都在發生明顯的變化。我感覺得到田野很快速地在「流動」，而我會很急切地想要用我的觀察、參與和文字，去捕捉這種「流動性」的脈絡，並去思考到底該如何去「脈絡化」這種快速的流動。

除了田野地點的城鄉差距與田野類型（村落或是工廠）的差別，兩個田野地點也因為我自己關注題目的不同，而產生差異。田野的技藝很大程度上會受到貫穿於研究背後題目的影響。我在雲南僑鄉做地景研究，在中國沿海城市工業區做青年農民工的研究。前者關注的是「物」，是固著的、承載許多歷史、銘刻記憶、塑造認同。後者關注的是流動的人，他們不管是在地理空間、生命歷程或是經濟狀態上都在流動。如果我去雲南僑鄉追索那些流動的人，做一個「人」的研究，去沿海工業區做一個比方說工廠廠房的「物」的研究，可能就會發展出跟現在完全不一樣版本的田野技藝。

再回頭看，兩個田野地點也不無相似或可以比較之處。第一個田野地點是村莊與農村，是移民移動的出發端，第二個田野地點是工廠與城市，是移民移動的去處。即使我問了完全不一樣的問題，關注完全不一樣的面向，但收集回來的材料卻還有很多可以相互比較的地方。比方說雲南僑鄉裡流傳的許多馬幫在茶馬古道上移動的故事，與後毛時期農民工進城打工的移動故事，雖然版本不同，但似乎都是關乎年輕人透過移動取得原社群認同的手段。匯款、循環移動或是家鄉留守的旋律，也似乎是僑鄉普遍流傳的故事。但當然，也會有很多的不同。比較雲南的「走夷方」與農民工的「進城打工」，更會凸顯兩邊脈絡上的差異性，讓移動所處的政治經濟結構的不同被看得更清楚。

以上說的田野「技藝」似乎都是後見之明。在田野當下，總是有無數的因素在「干擾」田野的進行。或許，「干擾」才是真正田野的本質，是在為田野揭開序幕的報馬仔。或許，我們非但不應該稱之為「干擾」，反而應該正視其就是田野的一部分，是發現田野第一手資料的開端：在不停修正預期狀況與實際狀況的落差之際，我們終於展開田野。田野是環繞著研究議題而發生的一連串即興式的隨機應變，是彈性的、修補匠式的，或用句比較「在地化」的說法，就是「黑貓白貓，能抓老鼠的就是好貓」的。我們要學會歡迎、擁抱不可能移除的不確定性，這些不確定性都在教我們一些東西，都在引領我們看到那個我們試圖找到的答案。我們終要展開田野，進田野之前，大概很難說有任何一種放諸四海皆準的田野法則。從第一次出田野極端努力想排除各種不確定因素，到後來終於知道這只是水中撈月船過撈針的徒勞無功，於是就直接一頭栽進去田野「去了再說」，到底哪一個階段的我比較容易說出一串「田野的技藝」呢？我都不太確定了。

有些東西確實是田野方法課堂中可以教的，比方說田野倫理，或是田野的觀看角度與分析方法，但談到如何跟人熟悉、如何建立信任關係、如何問一個不會太給人壓力的問題、如何平等相待、如何不被欺負、如何不落入地方的政治權力鬥爭之中變成棋子，這些與其說是技藝，似乎更像是人如何存活於世的一套哲學。那到底要如何學會或明白這些呢？我想大家會逐漸發展出各自的巧妙，可能來自於人生歷練，可能需要靠「實作」，也可能從經驗分享中學會，而這些也終將會返照出銘刻在人類學家身上各自的個性與性格。

我想，每次進入一個新的田野，都是一次新的「相遇」，要讓彼此能夠靠近、能夠信任，就要給自己與報導人都預留一些未知的空間。一次又一次的田野，不管是美好的或是讓人崩潰的，不管是預期中的或是出乎意料的，不管是被熱烈歡迎或是難堪尷尬的，某一天我們都會學會順著流走，去敞開與接受每一次、每一刻的「相遇」。一次次的田野，教會我們的，可能更多是如何坦然與未知共處，如何耐下心來相信等待。

經典的田野技藝？從「畫親屬圖」到「旁聽旁看」

雖說人類學田野強調的是浸淫、全貌觀、默會、同理，但田野中要收集什麼資料，總還是會有一個期望值。同樣地，因為學科訓練的引導，也會自然對於某些資料特別「趨之若鶩」，我在念研究所的時代，親屬圖大概就是在這樣的脈絡下被賦予了極高的價值。它某種程度就像是人類學出野的馬步，是一個不管以後要使出什麼拳法，都要練上一練的基本功。除了親屬圖，當時同儕之間還流傳著一本小冊子，上面羅列了一大堆問題，教你要在田野裡收集這些問題的答案，下田野時一人帶一份，像是葵花寶典般準備好好下到村子去練功。

但我一到田野，卻發覺要坐下來跟村民做親屬圖實在是一件很奇怪的事。他們通常想拉著我去看他家的房子，講他們家房子怎麼蓋起來的故事，而這故事通常牽涉到一個年輕時就跟隨馬幫到緬甸經商，歷經各種戰亂、生意上的波折，之後終於成功的先輩（通常是祖父）發跡的故事。接著會給我看他們在緬甸經商的照片，從境外帶回來的各種具異國風味的珍奇異寶。再下來就是帶著我去看劍川木匠在設計房屋時特別的工法，強調屋架的大小、寬度等等。那時候的我第一次做田野，聽了一堆學長姊出田野的故事，對於田野工作有一種「田野應該是什麼樣子」的想像，每天聽著村民跟我講這些故事，一方面覺得有趣，但一方面卻也擔心，時時記掛著田野基本功「親屬圖」沒有著落，心裡很是焦急。

這個村落剛好有許多研究者來來去去，與我同時，有個研究者剛好也帶著他的研究助理在這裡做田野。不知道出於什麼考量，我猜可能是怕太過打擾村民，也可能只是因為村子很小，只要他也在村子裡，都會約我一起做田野。我後來發現，跟著他做田野，學到很多。他直接給了我四個字「旁聽旁看」，作為田野的最高指導原則。若一直拿各種問題，包括畫親屬圖，去干擾與村民間閒聊、談話的節奏，簡直就是在親手「摧毀」田野。要做田野，就要進入常民的生活節奏當中。若田野中有什麼一定要「問」的問題，也最好不要靠「問」去問出來，在日常生活的韻律中去感受、去觀察，在參與中旁聽旁看，讓這些問題的答案自然地被知曉，再拿幾個簡單的問法加以驗證就好。

我就跟著他，看一個有經驗的人類學家怎麼跟田野的報導人互動，怎麼問問題、怎麼回應答案，從這種類似「師徒制」的方式中學習怎麼做田野。我發覺用他的方式做田野，村民態度好像也改變了，他們不再急切地拉著我去看房子的雕刻、數屋架和階梯的數目（象徵著祖先地位的高低）、看匾額上的名人、解釋各種雕刻的典故，他們開始閒話家常，聊聊他們的家人、聊聊村子裡的狀況，也會開始問我們問題，英國怎麼樣？台灣怎麼樣？有時候，一整天我都只看到他和村民之間非常日常的對話而已，而一天就這樣過去了。我不禁又焦急了起來，這些東西到底如何可以作為田野材料啊？這時候，這位人類學家就老神在在地跟我說：「這是正常。」並接著說：「你若是要在田野裡待十二個月，前十一個月都在無所事事，但不知道何故，最後一個月，所有的資料都會跑出來。」好吧，就只好繼續話家常、「過日子」吧。

後來我又在田野裡待了好幾個月，果然，如他所說，一開始的田野像是鴨子划水，日子悠長到有點無聊了，後來節奏卻越來越快、越來越快，好像每天都有什麼事情發生，資料越來越多。到要離開時甚至還會覺得有點捨不得走了。我參與了幾場婚喪喜慶，參與了過年過節的親戚走訪，還看到有人剛好要「豎新房子」、看到劍川木匠領個工班在雕花，舉行儀式念吉利、走訪了當年茶馬古道的遺跡。我開始對村落前文昌後財神的結構有點掌握，我開始看到了超越旅遊書與新聞報導的東西，開始看到活生生的人。他們也開始越來越習慣我，會約我去走親戚、約我去爬山、約我去吃飯，甚至鄰里吵架時，還會來找我評評理。我們會開玩笑，一起圍著火爐烤粑粑吃。等到他們不再把我當成「記者」與「研究生」，跟我講的話也就開始不一樣了。

幾個月後，我逐漸在這些看似「根本沒在做田野的田野方法」中，得到了許多我之前想都沒想過的材料，也逐漸開始養成對「脈絡」敏感的習慣，會去觀察注意村民間的互動，知道他們將會在哪些時刻說出對研究而言很關鍵的話。我必須一方面等待那些時刻的來臨，另一方面又在那個時刻來臨時知曉「就要來了」並全神貫注。終於，我把那本葵花寶典放下，塞到箱底。

最後，當我離開田野時，我還是沒有完成親屬稱謂圖。在村莊裡沒有完成的親屬圖，沒想到卻以另一種形式，出現在我的下一個田野——工廠中。

隙縫中的「在地人觀點」：「不理性」但有「意義」

工廠裡的田野首先要面對的，是工廠內部通常會有一個清楚、正式、機構化的區分與階層。這種區分與階層往往是因為管理的目的而存在，它讓田野中的研究對象被清楚區分開來，各自從屬於不同的部門，如行政部、生產部、工程部、品保部；以及層級，如經理、廠長、品保員、組長、班長、副班長、普工。但人類學家關心的人群區隔的指標可能是另外一種，與這種為了管理而區分人群的方式並不見得一樣。我們更關心的是社會性的因素如何區隔人群，如性別、年紀、族群、城鄉差距、家庭背景、世代等等。相較於管理上的區分，我們的訓練讓我們相信還有一種更深層的人群分類與結群（grouping）的機制，這些管理上的區隔就像社會工程，可能會有些效果，但不太能持久，社會行動者仍然會持續地、頑強地，用他們自己真正相信的、從下而上的結群與認同的方式，或對抗、或利用、或適應、或「在地化」、或透過「文化生產」的過程，去重新意義化這個從上而下強加在他們身上的區隔與分類。因為相信這樣的「真實」，因此在工廠的田野過程中，這些管理上的區隔好像會一直遮蔽了人類學家真正想關心的、那種從下而上的、草根的、對社會行動者真正能產生意義的區隔與分類。在工廠的田野過程中，總覺得若想看清楚人類學家真正關心的，就不能只是停留在管理部門規定的分工與管理層次上，必須看穿或看透這些「遮蔽物」。因此，我的田野自然望向了管理結構間的「隙縫」，看進工作與生活的介面、工作安排之外的日常生活以及那些還沒有被管理制度給殖民的非正式領域。

非正式領域因此成為田野當中我更關心的部分。人類學家向來擅長研究非正式領域（informal sphere），因為這個學科打從一開始就面對與處於無國家社會。在國家、法律存在之前，人類學家發現支撐起部落社會的規則、制度與法律的，可能是來自於親屬系統與宗教體系；在契約發明之前，我們從牟斯那裡學到，古代最原始的契約形式可能是禮物交換。國家法律契約都建立起來之後，人類學家仍然相信這些親屬、宗教，與禮物交換等等形式並沒有隨之消失。相反地，它與現代社會的機構並存，一起發展。正式與非正式之間的關係也因脈絡而異，有時候是拉扯與張力，但更多時候是相輔相成的關係，甚至幫助正式結構得以運行。比方就有人類學家主張工廠裡的偷竊與貪汙必須存在，讓工人們偷一些物料、偷描一些版型，如果全部對之進行嚴格的取締，工廠可能會運作不下去。人類學的訓練能讓人從最非正式的領域中看出一套結構與法則。一直到晚近，人類學家研究當代社會時仍然會看向非正式領域，並認為非正式領域是在所有正式結構逐漸趨同的時代，「文化」滋長、安置的所在。

如果僅看工廠內正式的工作安排，我們很容易（甚至可能可以跳過長期田野），就得出一個非常接近馬克思預言的研究成果：因為透過工作安排，剝削、社會不平等必然會發生，這是資本主義所揭示的工業化過程中的宿命。工業人類學的民族誌研究似乎從來沒有發現違背馬克思預言的情況，世界各地工廠所做的田野調查，都不會也不能否認社會不平等的發生，不會也不能否認在資本主義的工作邏輯中，就必然會出現一群受益者與一群人在「正式的」、「體制的」、「機構的」、「合法的」結構中被逐漸邊緣化。

但人類學家總是不滿足僅止於此。除了揭示客觀存在的剝削關係，人類學家總想著還有什麼會在這樣的工業化過程中發生；文化在哪裡，文化在剝削關係中扮演何種角色，而我們的報導人又是如何感知、經驗這整個過程，透過他們的主觀經驗，我們有沒有可能重新概念化整個工作現場？這讓打算長期蹲點的人類學家想看的，不只是正式領域中工作安排如何造成不平等，還想看到並破解非正式領域的規則與機制。另一方面來說，因為長期蹲點的關係，工業人類學家更容易看到理論上可以切得乾淨清楚的正式與非正式二分、公與私二分，在日常生活中其實沒有那麼容易區分。兩者可能有非常曖昧複雜的關係，甚至互相穿透，或是相輔相成，這引領我們去問非正式領域到底如何影響正式領域，正式領域的邊界與極限又到底在哪裡，非正式領域的非正式中是否還是有些什麼近乎正式的規則與原則，是否可以抓出一個規則。

我想這種孜孜矻矻的探尋來自於我們真的不想忽略、或是低估、或是輕描淡寫、或是一語帶過那些人類學家一直執著地想要探討跟發現的在地觀點（或說是報導人的主觀認知）以及意義象徵體系，這打從人類學學科成立以來就一直是人類學招牌。在工廠中，不管是不是別無選擇，工人們總會對你說他如何主觀認定這份工作，他們對於打工有他們自己的分類，並賦予工作不同的價值。他們常會替自己正在從事的工作說出一些意義，或是對於正在進行的工作有一種屬於他們自己群體內部的說法與認知。在這種意義的主觀認定上，他們又發展出屬於他們自己的經濟理性，並影響他們之後的決定。

從外部研究者的角度來看，這些主觀看法可能不理性，可能來自於剝削關係被遮蔽，可能來自於相信幻覺。但從人類學家的分析角度來看，這些「幻覺」沒有那麼簡單，背後可能反映的是當事人的「象徵意義體系」，這套「象徵意義體系」為什麼值得重視？因為社會行動者的行為模式與決定，其發生基礎可能不是理性的，而更常是受這套「象徵意義體系」的指引。馬克思理論的強項在於可以很好地幫助我們看清楚客觀的、物質世界正在發生的事情，但對於主觀的認知與意義秩序卻往往用「錯覺」、「幻覺」之類的說法一語帶過。人類學家常常不能感到滿意於這種說法。就算是幻覺，人類學家也想要正視這個幻覺，想研究看看它到底是什麼，又如何結構了社會。許多經濟人類學家已經開始研究 fantasy、anticipation、希望、夢想……試圖捕捉被人的「幻覺」「結構」出來的社會結構。

為了捕捉人類學家覺得重要的「非正式性」，在工廠的田野中，我於是看向了結構間的隙縫。我在工廠裡的田野不免要關心這些工人的家庭背景、親屬關係、禮物交換對象、關係網絡等等，好奇他們如何對眼前的客觀現實賦予自身的意義。那麼，在工廠這樣一個相對管理嚴格的環境中到底要如何捕捉到這些呢？就變成下一個問題。

首先，與工人們朝夕相處就變得很重要了，上班下班，都要觀察到。但朝夕相處也要看工廠的狀況，有些工廠會提供宿舍，宿舍是免費的，這樣的話幾乎全部員工都會住在一起。有些工廠就不提供住宿，員工要自己去外面租房子。在宿舍制的工廠，只要能夠得到住在員工宿舍的機會，就會對於田野工作起到很大的助益，除了上班時間，下班時間也可以參與觀察，而且下班後的研究往往更容易做田野，員工們可以自由跟你交談、約你去吃飯、逛超市；或是加入他們的聊天團體，跟你談家人、談男女朋友，也可以在這時候觀察到他們彼此間的社交互動。其次，就是看工廠主願意給人類學家多少的自由，是否提供在工廠中自由行動訪談的機會。扣掉數個參訪的工廠，有兩個工廠是我待得較久的，這兩個工廠的管理方對待研究者的方式就不太一樣。即使都是長期蹲點，一個工廠安排我與幹部們住在一起，平常在管理部門等待安排訪談；另一個則可以自由地在車間、廠區行動，並安排與產線員工住在一起。後者就比較可以進行人類學意義上的田野。

因不能僅僅只是了解工廠管理上的組織結構與SOP所規定的工作安排，也使我逐漸帶入人類學家所謂「傳統上」的那套田野方法。當年在雲南田野中一直沒有做的「親屬圖」

這時就派上用場了。只要有空檔，我就找員工在工廠的某個角落裡談話，靠著畫出他們家族三代親屬圖來收集在工廠中沒有辦法讓我直接看到的各種背景資料。這份親屬圖滿好用的。當然，親屬稱謂仍然不是我收集的重點，但我試圖從這張圖中看出他們的人口狀態、手足關係、教育程度、職業狀態、地理分布、性別分布，以及chain migration的親屬連結狀態。我更關心的是透過畫這張圖，把這個員工在工廠圍牆外的資訊補滿。此外，許多因缺乏脈絡而難以談及的話題，也因為收集親屬圖的這個過程，而得以展開。

這過程有時可以持續很久，有時也會溢出收集親屬圖的範圍之外。親屬圖變成一個談話的開頭，過程中常會岔出去聊天，有時候可以講得很深。在收集完親屬圖之後，彼此就彷彿熟識了一樣，交換了很多內心的想法。下次再見，就不再是陌生人。

但在搜尋意義體系與看到一個完整的人（而不只是工人）的過程中，幫助更多的還是一起住宿。我那時與其他三個員工分享一間寢室，因為住在一起，我自然地被納入他們的生活圈子當中，看到了他們工人之外的各種社會互動。下班後，他們在工廠裡的親戚、朋友會來拜訪他們，聊天時也會約著我一起聊，誰回家去帶了什麼土特產，也會拿來我們寢室一起分享。有時候約著一起煮飯、一起去超市買東西，或是誰在哭、誰心情不好了，也總是自然地就會看到。事情就在空間中「不停發生」，田野資料也就這麼一直流進來。

博士畢業開始工作之後，很快地可以明白為何博士論文田野可能會是你一生中最長的田野。現在除了只能在寒暑假出田野之外，寒暑假也常比想像中短很多。「留時間幫我做田野」變成我的田野策略之一。因為我研究的對象主要是青年農民工，隨著時間過去，他們的生命與工作狀態也都會慢慢改變，即使我沒有辦法再去做長期的田野，他們也都離開工廠各奔東西，但每年有幾個時間，我都還是會跟他們聯繫、通話一下，一方面敘敘舊，另方面也追蹤他們的人生發展。「留時間幫我做田野」這個方法，讓我看到了他們的生命變化，在人類學擅長的共時性分析的軸線上又拉出了一條歷時性的時間軸，我也因此看到他們作為人更全面的面向，他們不只是工人，還是父親、母親、人子、人女……

▶ **那些民族誌教我們的事**

人類學是一個會不停自己拆解自己的分析概念的學科。我們總是對那些西方科學與知識傳統視之為理所當然的概念抱持著懷疑的態度。我們帶著一個概念進去，但卻預期我們的報導人可能會解構它。這種態度幫助我們去捕捉許多滑溜的社會範疇背後的文化建構過程，也讓我們得以擺脫許多僵化的概念而獲得洞見。比方說，我們研究親屬，但我們隨時準備要放棄我們所定義的親屬概念，我們預期田野報導人會用他們自己的方式告訴我們一個有別於西方觀點的、超乎我們想像的「親屬」是什麼。

但另一方面，人類學又相信所有最不可能有結構的地方，也總是暗藏著某個隱性的結構在組織著這些看似隨性、雜亂、無道理可言的領域。就是因為這樣的傾向，所以我們似乎特別想去研究別的學科都覺得不需要研究的題目，例如骯髒、噁心、做夢、開玩笑、鬼故事、謠言、左手右手，而神奇的是人類學家也確實都能看出一套道理來。人類學家最感興趣的是「在地人觀點」，而「在地人觀點」往往就發生在那些瑣碎的、不經意的、即興發生的、日常的、八卦的、個人自我合理化敘述的非正式社會互動當中。

或許也因為如此，不讓人驚訝但常讓人驚喜的是，人類學從來不吝於對人類社會中的「魔幻」面向賦予某種很高的價值，也一直想去看向結構的「隙縫」。田野做完，材料收集回來之後寫成論文，如果分析的模型太清楚太乾淨，我們也很容易會被質疑「太乾淨」（too neat）而不被相信：是否暗中「刪減」了什麼材料，以符合建構出的分析模型。因為我們知道，非理性更接近真實人生啊。我們不一開始就假設巫術、做夢、靈力、鬼魂這些都是妖言惑眾、無知迷信，而是先肯定它們可能在文化、宇宙觀、象徵意義體系中有一個位置，並試圖理解。這是人類學田野的另一個魔幻之處：在進入田野之前，因為我們甚至不敢說我們到底要找什麼、研究什麼，所以我們也更開放，更不評判任何事情。

這也使得人類學研究議題的產生常是一個「倒過來生產」的過程：先有了研究材料，才有研究議題，那個很明確如水晶般透明的研究議題通常都是寫完了整本民族誌之後才出現的。有個從我念研究所開始就一直流傳在江湖上的傳說：「研究計畫（proposal）只是一個練習，你進田野之後，題目隨時都還會換。」撰寫博士論文時，我的老師也再三提醒我：「把民族誌寫清楚，你就知道你要跟什麼理論對話，你就自然明白你論文的原創性在哪裡。總之，好好寫民族誌。」或許可以說，人類學知識生產的過程本身，似乎就不是「理性」的產物。這裡指的理性是我們先有一個從理論框架提煉出來的假設，然後再帶著它進入田野，收集相關材料，一步步推敲論證，做出結論。我們的田野經驗與民族誌書寫總是且戰且走，好似有一個東西，我們說不出，也不知為何，在冥冥之中帶領我們前進，在等待我們去發現。我們總是希望能以「報導人為師」，進田野之前，我們不知道他們要教我們什麼。如果知道了，做田野似乎就失去了價值，也沒有必要。

人類學的田野，可說是一個在自己與他人的「魔幻」與「隙縫」間交逢的過程。參與其中的，除了自己、除了田野，還有那些經典民族誌。民族誌裡告訴我們亞桑地的巫術[2]，告訴我們有庫拉圈[3]，這些精采絕倫的民族誌為我們設下研究典範，引領著我們也想去看那些魔幻行為背後的結構與意義。亞桑地人用巫術來解釋因果關係並不是因為迷信，而是要解釋「why me?」的機率問題。這是在物質秩序之外，在地人「意義秩序」的化現。因為這些經典民族誌，我們了解為什麼去探究在地人觀點是重要的，因為我們可能就可以找到一個全新的方式，來重新概念化整個「真實」(reality)。在加入在地人觀點之前，許多行為實在難以理解，但加入了在地人觀點之後，就帶給了你「一個全新的看待世界的方式」。

同樣地，看向隙縫也不是什麼獨特的癖好，而是許多經典民族誌歷歷在目的提醒。窺進日常生活的隙縫、看向分類之間隙縫、看向結構間的隙縫，或許能看出一片全新天地。卡森民族誌中提到的「煮錢」，[4] 讓我們知道生產領域與再生產領域可能沒有辦法切分開來解釋，叟辛格對充滿調情遊戲但績效不良的工廠的描寫，讓我們學到調情遊戲原來不只是調情遊戲，它還是工廠內的男工在低薪條件下用以昭告重建他們性別認同的性別化過程，勞動關係因而不可能與工廠外的社會割裂開來處理。[5] 沃爾夫則提醒我們要注意現代社會正式機構中

2 E. E. Evans-Pritchard, *Witchcraft, Oracles and Magic Among the Azande*, Oxford University Press, 1937.

3 B. Malinowski, *Argonauts of the western Pacific : an account of native enterprise and adventure in the archipelagoes of Melanesian New Guinea*, London : Routledge & Sons, ltd, 1922.

4 J. Carsten, 'Cooking money: gender and the symbolic transformation of means of exchange in a Malay fishing community' in Parry, J.P and Bloch, M. (eds.) *Money and the Morality of Exchange*, (Cambridge: Cambridge University Press), 1989.

5 L. Salzinger, 'Gendered meanings in contention', Chapter 7 of Salzinger's book *Genders in Production*. University of California Press, 2003.

的親屬關係、朋友關係與恩庇關係。[6] 塔齊格告訴我們資本主義社會中不能忽略「魔鬼」的象徵意義。[7] 這些經典民族誌的閱讀、討論、反思，使得我們進田野時總是在搜尋這類的可能性，就算研究最正經八百的領域也要看向其中的魔幻，就算在最正式的場合也會把目光飄向隙縫。也正是這些「民族誌錦囊」，讓人類學田野保有了一些共同性，不管是走在村落中或是待在機構裡，不管是長期、或是短期，或是留時間幫我們做田野。

6 E. Wolf, 'Kinship, Friendship, and Patron-Client Relations in Complex Societies.' in *The Social Anthropology of Complex Societies*, M. Banton, ed, pp. 1-22. London Tavistock Publications, 1996.

7 M. Taussig, 'The genesis of capitalism amongst a South American peasantry: Devil's labour and the baptism of money' *Comparative Studies in Society and History* 19 (2) pp.130-55, 1977.

方怡潔
I-chieh Fang

日前在新竹風城擔任人類所助理教授。在入人類學門之前，曾拿過鋤頭種過蘿蔔，也曾背圖筒熬夜趕模型畫設計圖。在滇緬邊界的僑鄉做田野時愛上了辣椒，從此餐飯無辣不歡。之後田野轉移到昆山與深圳工廠，跟青年農民工一起思索未來與人生方向。對於那些漂泊、居無定所、不停流動、自甘邊緣或被迫邊緣的人群似乎有天生的親近性。
做田野時總會被人存活於世時經歷的種種起伏跌宕給震撼，又被他們過家常日子時海納一切的雲淡風輕給撫慰。這幾年來跟著我的報導人一起變老，看著他們的孩子出生、長大，常問自己學術工作給出的理解與意義，是否能如實反應出那些慷慨與我分享人生故事與日常生活的人們的世界。僅以此文獻給當年在雲南待我如女兒般，現在已經在天上的張孝仲先生。

擺盪於異己之間

來自都蘭和峇里島的田野反思

羅素玫｜台灣大學人類學系

每一個田野都會長出自己的樣子。

人類學的田野不會只有一種，每個田野工作者，都是在參與觀察中經歷各種不斷變動的、被挑戰的、被教導的、被觀察的、被定位的、被影響的、學習的、反思的狀態，醞釀對「他者」研究的理解，也衝擊其對人類學和對所處世界的認識。當我們因為參與觀察進入田野的世界之際，報導人的觀念與思維也已悄悄融入到我們自己的人生中，存在於異己之間的邊界開始進行挪移。

人類學的教科書上告訴我們，文化是後天習得的、文化是實踐而來的、文化也是一種預期的行為。但身在其中的我們更能體驗到，文化不僅只是我們在觀察他者文化時的一套定義而已，文化也是我們自己身處異文化的脈絡之中，透過我們的身體，真實地從生命、情感的交會與生活細節的互動中學習而來；也是我們在與他者互動的過程中，由他們實踐出來與我們相互對待的。因此，在我們認為人類學的參與觀察帶有一種局內人的預設的同時，我們既成了潛在的局內局外人，也成了不可避免的局外局內人。這是經常研究他者的人類學的異己建構，進行參與觀察的實踐時具有的一種獨特的學科之眼，也可以說是一種同時兼具局內人與局外人視角的疊合。布洛赫就認為這是因為長期的共同生活和學習而產生一種雙方關係的默契，也是我們可以從當地人的行為舉動或言語中，藉由文化來推敲出行動者背後的深層意涵的原因。[1]

而我在自己兩個長期進行的田野裡，正好經歷了從不同的情境，過渡到一樣是經過不斷試煉的田野過程後，才有機會理解到局內局外人、局外局內人觀點的異己經驗反思。

從局外人到資深局內人的都蘭經驗

二〇一八年剛好是我到都蘭部落的第二十年。一九九七年年底，我因為尋找博士論文的田野，來到位於台灣東部海岸、距離台東市區二十公里的阿美族都蘭部落，很幸運地認識了兩位部落年齡組織拉贛駿的朋友Siki和小花。隔年我就跟著他們一起加入年齡組織並參與了豐年祭，組友（*kaput*）的媽媽為我製作了全套阿美族服，還特別替我在檳榔袋內側繡上「八十七」（民國八十七年），標示了這個我生命中值得紀念的時間。剛到部落時，前頭目沈新永Faki在捏著我的耳朵進行的命名禮中，幫我取了阿美族的名字，Alik。老人家對我解釋，Alik的意思是從*tatalikan*（搗〔米的〕臼）來的，表示我是個勤勞的女孩，像以前的人辛勤地舂米那樣，一直很認真地在請教和學習阿美族文化。我的部落哥哥Siki的女兒在我進行田野期間出生，也用了我的名字命名，現在小Alik已經高中快畢業了！

1 Maurice Bloch , Debate: Anthropology is an Odd Subject: Studying from the Outside and from the Inside. *HAU: Journal of Ethnographic Theory* 7(1):33-43, 2017.

這一年的豐年祭我試著要求自己別再拿著錄影機做記錄，因為記錄的焦慮往往會讓我侷限在自己思考的問題；我想試著更專注地聆聽和感受身旁伙伴們最在意的事情是什麼。於是我跟著大家見著了許多一年未見的組友，開心地互相擁抱並閒聊近況；跟著女性組友們一起切菜煮飯共同工作，聽著聚集在一起的男人們邊開玩笑，邊完成製作傳統美食競賽使用的檳榔葉鞘和竹製餐具。這是真正的豐年祭感受呀～這是一年裡年齡組織能夠全部聚集在一起的難得時刻，大家一起經歷了青春的時光，經歷過家人的生老病死，現在也要一起準備慢慢變老。每一個階層的責任都是重要的承擔，每一年也都要共同經歷些許的挫折或艱困的挑戰。我常覺得這是一種機緣，也是一種被接納為自己人的幸運。因為田野，讓我能有機會近距離地貼近這群二十年來隨著生命成長、相互陪伴的阿美族伙伴。在加入都蘭的年齡組織後，雖然不是像男生一樣被認可的組員，但組友們把我當作和其他的「小姐成員」一樣，這是我在都蘭阿美族社會裡文化界定的位置，如同好幾位同為都蘭部落的未婚女生組友一樣。

都蘭的年齡組織大約在一九八〇年左右才開始接受部分年齡組，尤其是青年階層，可接受未婚的女性成為該組的小姐成員，否則傳統上只有結了婚、跟著先生加入年齡組的方式可受到認可。在我參加的拉贛駿組，若是因為未婚或先生未參與的小姐身分，拿的隊服和吃飯就只有一人份，也可因此少交五百元的費用。過去，在豐年祭期間，我的工作就是以參與被分配到的任務和觀察記錄為主。豐年祭三天的公開活動結束後，隔天會舉行漁撈祭（*pa-*

klang）。漁撈祭的重要工作就是要為全組的成員點名，並獎勵工作人員，而被介紹的人得出列向各方向的組友鞠躬，並喝完一杯米酒向大家致意。組友一直為我保留了一個點名的位置。有一年，負責主持的會計在點名結束時突然特別要我站出來，要我向大家報告當年的觀察心得。

第一次站在組友面前公開說出自己參與年齡組活動與對豐年祭的感想，而且還是在完全沒準備的情況下，我很緊張自己口才不好表達不周，記得那時我只是很單純地把當下的想法向大家報告：「從民國八十七年開始參加拉贛駿的組織，已經過了十多年了。我還記得大家當時年輕英俊又美麗的模樣，還有我們大合照的紀念。今天我們都變胖了，臉上的線條多了，肚子也變寬了，但是我真的很榮幸能夠被各位接受成為拉贛駿的一員。而且我也覺得很驕傲，因為我的同組組員成功地完成了今年第二次擔任部落中堅分子總管組（*mikomoday*）的工作，未來我們也將一起跟著年齡的增長，繼續往上一個階層晉升上去，直到我們都走不動了的那天。謝謝大家！」事後，一位資深組員坐到我的身邊，說他真的也覺得，從加入的開始一路相伴、相互扶持，就是年齡組織很重要的精神。

作為一個外來的觀察者，我們因為學習的過程與加入年齡組織，很榮幸地被給予了一個部落中的位置，而且不可避免在某些時間之後，悄悄地成了外來的局內人（insider）。但這個位移並不是永久的，也不是固定的，而且可能只有在內外界線交接之處，會鬆動並影響我們如何參與、感受，與理解一些現象的方式。就像石堆裡的人類學家蛋蛋博士蔡政良，有一次在開部落耆老閉門會議的時候被支出去關在門外，他想進去，頭目也搖頭不准。因為當時他還是青年階層拉中橋階層的副組長，幹部耶，明顯有違耆老會議的原則。不過之後蛋蛋博士還是成了部落總管組的副組長，頭目倚重的部落總幹事，還把自己的太太小孩都帶到都蘭部落落地生根了。[2]至於我這個另一位深深埋在石堆裡的人類學者，也常在面對挑戰，但說到底，報導人願意對田野工作者述說和呈現的邊界在哪裡？我們身處田野之中，除了努力進行研究和書寫民族誌，還會（能）在報導人社會生活中扮演什麼樣的角色？我們的性別又能在這樣的生活中，如何調解出一個適當的「位置」呢？

當我們因參與而被給予了一個社會位置，同時也是被納入了某個規範，性別就是一個最好的例子。在我被認可跟著我的年齡組友一起參加婦女組的同時，我也同時減少許多可以在部落最重要的豐年祭典裡，參與男性活動的機會，或是就不能進入像海祭這種禁止部落女性參與的祭儀。性別的禁忌雖然為田野工作者帶來限制，卻也同時開闢了其他可能的路徑，像我就是因為一九九八年參與了都蘭豐年祭中男性與女性分開的活動，而開始接觸都蘭婦女組的研究課題。在我進入田野之前，從已有的阿美族研究文獻中，未曾看到過任何有關阿美族年齡組織中有關婦女組的紀錄，更遑論其組織形式與意義的探討。雖然有部落中男性的文史工作者強烈建議我去觀察女性的活動，但當下我其實非常疑惑，既然過去所有的文獻紀錄都清楚地告訴我們，阿美族的豐年祭是以男性為主的儀式，為何我要離開這個「主要的」祭場，到另一個地方去進行觀察？只是，為何女性必須在豐年祭期間有一個分開的祭儀活動這件事，又讓我認為應該是有意義的，即使在過去的民族誌觀點下並未加以記錄。我就是帶著這樣矛盾的想法和懷疑的心情，由豐年祭的主要祭場，移動到婦女組集合的地點進行參與觀察。果然，第一次接觸的印象就很深刻，後續的研究過程也更讓我明確地認識到，婦女組的活動在豐年祭期間的確扮演了一個不同於男性年齡組織的意義，這可由前置的準備、其名稱的使用方式和組織活動內容、組織內部的討論，與部落會議對於女性組織的規範等來理解，而都蘭婦女組儀式也讓我們更加認識到性別與阿美族豐年祭儀、禁忌與承繼傳統的運作，甚至衍生當代的傳統如何延續與再生產創新的可能。[3] 這也讓過去為研究者所忽略的女性組織，展現了新的理解意義和被看見的機會。

2 蔡政良，〈陌生人總幹事：一位客家人成為原住民部落公共事務推動者過程中的認同政治〉，《台灣社會研究季刊》一〇八：六五～一〇四，二〇一七。蔡政良將他如何進入都蘭田野和成為年齡組織的一分子的過程寫成了一本《石堆中發芽的人類學家：我和我的都蘭兄弟們》（二〇〇九，玉山社出版）。書名來自都蘭（A'tolan）的阿美族地名，原意為「堆石地」的意思。而相較於他充滿陽剛的名字Fotol，也就是「真正的男人」，我的名字Alik則來自屬於女性工作的「搗（米的）臼」，由此可見田野工作者的性別是一個重要的差異，同時也是被看見和被歸類的。而在過去人類學家工作的紀錄裡，男性的人類學者帶著妻小進田野工作是常見的，妻子往往都還能扮演田野中女性的社會角色，為先生的研究增加一個觀察面向，但女性的人類學工作者大多數都是單身赴任，尤其是像我身處於漢人的社會裡，把先生帶進田野，嗯哼，看誰可以試試啦。

關於局內局外位置的交錯，我曾有一個特別讓自己感覺被敲到腦袋的經驗。那是二〇一二年豐年祭的一個早上，所有的年齡組婦女要依照被交代的時間到婦女組的大姊姊那邊集合。由於當天不是週末假日，組內資深的婦女組員早上都要上班，我到組友開的早餐店買完早餐、準備要離開時，正在店內忙得不可開交的組友Piyaw大聲地把我叫回去：「Alik！今天早上幾個資深的都沒辦法到，妳要教那些不會的喔！」我應了聲「好」就匆匆離開，趕著去集合，以免因遲到被罰款。但我邊走，邊覺得很有意思，Piyaw跟小花、阿蘭一樣，是從一開始就和我一起進行婦女組記錄訪談及協助翻譯的伙伴，她的反應確認了我在做的其實不只是研究，也是一種跟著她們一起學習傳習文化的重要工作。加入年齡組織的二十年，以及進入婦女組組織的這十三年來，我在每年的豐年祭期間，跟著拉贛駿婦女組一起學習組織規範，一起擔心害怕無法勝任工作，一起從陌生到學唱傳統歌謠，一起跟隨婦女組姊姊們向耆老獻舞並在大會展演當年的歌舞。在過程中習得一套年齡組織的規範和活動的進程，祭儀的文化真的是我作為研究者與外來的局內人因參與實踐而學習來的。

當報導人也成為田野工作者生活之中的局內人

幾年前在田野中參加年齡組伙伴母親葬禮的經驗，也讓我再次檢視自己這個人類學者內外兼具的參與觀察者的角色。一接到壞消息時，我立刻打電話給組友親近的同組朋友，因為我知道喪家一定很忙，我要先了解一下狀況。按照過去的經驗，同一個年齡組的組友在這種情況下，一定會在傍晚下班後立刻到喪家慰問與幫忙守夜。這時，接電話的組友突然說：「他就在我旁邊，我把電話拿給他，你自己跟他說。」他是從我到田野的第一年就幫助我許多的組友，我叫了一聲他的名字，本來想要安慰他，卻因難過而哽咽得說不出話來。他在電話那端等了一會沒聽到聲音，就開口跟我說：「你不要太難過了。」我這才趕緊努力出個聲：「你也是。」因為他們在忙，我也就趕緊說再見掛電話了。

之後的幾天我卻陷入一種深深的阿美族式葬禮文化的焦慮中。這個時候，親族與年齡組理應儘量在晚上去陪伴喪家，但學校工作又不可能讓我提前請假回去，還好葬禮的時間是在學校的假期間，我稍稍放心地把車票訂了，還決定不只一定要去，而且要從前一晚陪伴喪家到葬禮完成的漁撈祭結束再離開。在阿美族的傳統裡，一個令人尊敬的長者過世了，家人和親族一定要把葬禮好好地完成，尤其是亡者年紀已經八十幾歲，一定得在葬禮的隔天才能進行漁撈祭，不可以因為怕耽誤大家回去工作的時間，而匆匆在葬禮當天趕著完成。當我在和

3 羅素玫，〈是傳統還是創新？儀式、性別階序與規範實踐之間的阿美族都蘭部落婦女組 *militepuray*〉，《民俗曲藝》二〇〇（二〇一八．六）：二五～一〇一，二〇一八。

母親協調照顧小孩的時間，得到有點不解的疑惑，畢竟從漢人的文化觀點來看，又不是親戚，去公祭致意，送個白包不就可以離開了？嗯，我想我知道這之間的差別，而我想按照我了解的都蘭葬儀時間來做安排。

葬禮進行前，我有想過是不是要拍照記錄？可是又覺得，自己是來參加葬禮的，研究的角色是其次了。阿美族的葬禮並沒有拍照的禁忌，葬禮進行現場，也有好幾位喪家的親戚用手機拍了照片作為紀念。最後我決定不去詢問拍照的事，原因有幾個，一個是因為喪家很忙，組友忙了很多天精神也不太好，所以我沒有在葬禮前去問他是否適合拍照，另一個原因在於我一定是一邊哭一邊照。這還真的挺難的。我選擇陪伴在旁，用組友的身分來送他的媽媽最後一程。當我坐在親友席上，陪伴喪家失去親人的痛苦，同時想到自己不能再在每次到組友家時，看到他媽媽坐在門口親切地招呼，眼淚嘩啦嘩啦地流個不停。這時要不要寫筆記呢，好像也還好了。寫是為了要記錄所了解的，與更深刻地體會文化的意涵，只是，作為親愛的朋友跟作為人類學者之間為什麼會有點卡卡的？主客位的論述似乎變得有點詭異。

葬禮結束隔天進行漁撈祭的時候，氣氛就輕鬆多了，我拿出相機幫他們兄弟姊妹拍照紀念，也拿著筆記本記錄他們正在討論跟檢討葬禮過程的問題。這時，突然一位組友經過我身邊，半開玩笑地說：「你還要寫筆記喔！」我當下笑得有點尷尬，但事後回想起來，嗯，應該要問問她，妳的意思是我已經觀察過那麼多次了，這樣的場合也很熟悉了，還需要做筆記嗎？還是大家都放輕鬆休息了，我卻還要寫筆記？另一種可能是，我不是來陪伴組友的嗎，為什麼還要寫筆記呢？

隔了幾天，我又因為工作回到部落，組友找了時間，請我和整個來幫忙的年齡組一起到家裡聚餐。在阿美族的傳統中，這算是繼續陪伴喪家，度過這段憂傷的時期，而我也在離開的時候安慰組友，要習慣媽媽已經不在了。他告訴我，組友在這段時間常來家裡陪伴他們夫妻。我也跟他說，下次回來我再來看你們。做四十天儀式時他也通知了我。依照目前天主教會的習俗，喪家在亡者過世、辦完葬禮與漁撈祭之後，還有一個做四十天的儀式。十多年前，做四十天都是以殺豬的方式進行，但今日已大多改成辦桌，以減少麻煩。做四十天是一種除喪的儀式，也藉此感謝所有在這段期間協助的親戚、組友和其他的鄰里族人。

當我們在田野裡變成局內局外人，其實田野中的社會文化網絡也會將我們織造進去，更清楚地提醒我們這個幸運的角色不是扮演，而是真實的生活。我在都蘭雖參與過許多部落成員的喪禮，在喪禮過程中互相陪伴，可從沒有想過自己也會有成為被陪伴主角的一天。二〇一五年夏天我的父母親相繼離世，由於七月是豐年祭的季節，有原先約定好的工作要進行，我只能在七月初跟年齡組織的伙伴告假，並說明我沒辦法參加的原因。當我的父母走了，年齡組的組友們決定連夜出發，跋涉兩百八十五公里到葬禮上陪伴我，並特別在葬禮上為我的母親獻唱一首國語和阿美語的詩歌。我因此有幸親身感受到阿美族式的生命過渡從來不會是寂寞與孤單，也因為有了大家與我同在，讓我能夠更加堅強地面對這個生命的過程。一年後，當我再次回都蘭與大家相聚時，才知道我居然多了一個「二八五公里」的綽號，因為那天他們從嘉義回台東的路上，租來的車子竟然拋錨了，停在排灣族的部落動彈不得。一群人在黑漆漆又沒有7-11的路上來回找雜貨店、敲門找「飲料」殺時間，等租車公司來換車，這些軼事每每讓我們講到時總是笑中有淚。

貝哈（Ruth Behar）在書寫西班牙聖瑪麗山城不同世代的報導人對於死亡與記憶的同時，也寫入了她將其與自己外公和祖父的死亡之間對照的反思，她刻意將書寫「他者」和自我的邊界交錯，同時進行了一次人類學知識的反身性實驗。因為外公的瀕死讓她明白聖瑪麗老農經歷死亡的強大情感力量，讓她更能與田野的報導人之間進行共同經歷的分享，死亡與有限生命共同為他們喚起了情緒，與理解時間過程中發生在西班牙鄉下社會經濟發展的劇烈變化。但也是藉由另一個回憶的動作，她在西班牙與他人關於死亡的對話，強化了她對外公的回憶，同時她對聖瑪麗的關注，更引發她對自身猶太傳統與自身文化疏離的回憶重新浮現，這些交錯的過程讓個人與民族誌田野的社會領域模糊了，因為當她貼近聖瑪麗田野的同時，她的外公承受了她的人類學凝視。[4] 我們的生命與田野之間因為參與而相接，田野的凝視不只具現了我們的存在，更因為我們都生活在現世，彼此相互關心，在田野與生活之間的界線才有了模糊化和相互滲透的機會。

只是，我不只會從阿美族的局外人，成為阿美族的資深局內人，就連我的阿美族組友，也成為了我生命中的局內人。而一直要到後來去了峇里島工作，我才更加認識到，這個從局外到局內的過程，也非一種固定的田野模式。因為，在那裡打從一開始，我就被錯認為是局內人。

被誤認為局內人的峇里島經驗

除了都蘭，我在二〇〇九年開始了另一個峇里島華人研究的田野。之所以會去峇里島且開始進行華人的研究，最初其實是因為我在申請台大人類學系教職的時候，被要求要選擇一個國外的田野地並繳交研究計畫書。我想了又想，在法國念書的時候，一直覺得印尼的民族誌與阿美族的民族誌有某些程度的相似，因此便以印尼作為目標，而印尼研究裡英文研究文獻最多的地方就是峇里島了。考量學校的工作只允許我們在寒暑假時進行田野工作，已有大

4 露思・貝哈著，黃珮玲、黃恩霖譯，〈死亡與記憶〉，收錄於《傷心人類學》，頁四五～一一一，新北市：群學，二〇一〇。

量研究出版的地方，可行性較高，因此我便開始閱讀大量文獻並準備到峇里島進行研究。我從二〇〇九年就開始拜訪和尋找可以在峇里島進行長期田野的機會。因為國外田野地和學校工作在時間上的排擠壓縮，以致我後來還是選擇在語言和文化背景上較容易進行的峇里島華人作為研究的對象，但若認為作為研究者的我具備與他們相似的語言和文化背景是個優勢，那可就大錯特錯了。在峇里島的研究是我進行人類學工作以來，訪談被拒絕最多次的地方。

台灣做東南亞華人的研究開始得相當早，早期被定位在華僑研究的領域，也生產了不少的文本。但今日在東南亞的華人普遍都以所在地國作為自己的國家，泰國、馬來西亞和印尼皆是如此。而在做印尼研究的過程中我才更加意識到，峇里島許多主要報導人的祖先移居當地的時間，跟我的家族來到台灣的時間其實相距不遠。他們的祖先有的是在十七到十八世紀，有的晚一點在十九到二十世紀進入峇里島定居，在歷史的、殖民的、族群的，或國族的脈絡交錯之下，我們其實沒那麼不同，這些看似異中存同的經驗，其實挑戰了我要如何在印尼華人社群進行研究，也提醒我對人類學工作方法的反思。這裡部分涉及我身為台灣漢人後代，如何理解相似語言文化族群的經驗，也牽涉到人類學裡探討族群與文化、國族與認同、社群與他者、移民與離散，和中國崛起之後的全球化問題等課題。作為與峇里島華人報導人有類似祖源的研究者的我，在聆聽報導人的家族史的移動，與來去多重疊合的異己經歷之間，也得到一個自我檢視的機會，以重新學習的心情，跨入當代人類學族群研究的實踐。這也是在印尼峇里島民族誌中的族／群性與異己關係，或族群關係，會讓我困惑，繼而成為我更想探究課題的原因。當地的華人社群雖然相當多元且有一定人數，但因為作為少數族群，印尼過去又有排華的歷史，所以在文字紀錄和社會史的書寫上都極為少見，一般人不太關注島上華人居民的動態，華人也不會主動談及族群身分認同的問題。這種與台灣談族群問題時完全不同的氛圍，也讓我在一開始跟報導人互動上有點無處著力之感。

峇里島上的華人人口與全印尼的華人人口比例相當，約占總人口數的百分之三，峇里島的總人口數約為四百萬人，但由於缺乏正式的官方人口調查，印尼島嶼間的人口流動又相當頻繁，因此島上真正居住的華人人數到底是兩萬、五萬或十二萬其實很難說得準。但可以確定的是，早期因南海貿易網絡由中國移入峇里島的華人，跟近代印尼其他島嶼上的華人一樣經歷了十九世紀到二十世紀之間，殖民統治與政治經濟上急遽變化的動盪不安。二十世紀中期，印尼獨立建國後，兩任強人領袖蘇卡諾與蘇哈托所主導的國族意識政治氛圍，尤其在一九六五年之後，對華人身分與文化活動帶來諸多限制。一九八〇年代，觀光發展帶動了峇里島上的經濟，由爪哇、蘇門答臘、加里曼丹等華人更集中地區遷來的華人移民成長速度很快。華人移民選擇來峇里島還有另一個原因，就是峇里島上印度教對華人信仰更加包容。此外在傳說中，十二世紀的峇里國王Sri Jaya Kesunu和來自中國的華人女子Kang Cing Wei的聯姻、從中國來的銅錢與荔枝，也是經常被提及峇里文化中包含來自他者的華文化的一種論示。

但到峇里島研究的第一個文化震撼，是在根本還沒有人認識我是誰的時候，只要我一介紹自己是台灣來的，加上我用華語，就馬上請我坐下談「華人祭祀的正統」。他們想知道在廟裡跟祖祠裡做的儀式「對不對」。那時我心裡的OS是，其實，我們還不太熟耶，華人報導人怎麼會在我以為自己完全還是個局外人（outsider）的時候，就已經給我一個「接近」局內人的自己人位置了！但同時我也藉由這些文化震撼式的，可能還帶有刻板印象的互動裡發現，原來印尼在一九九八年政治開放後，峇里島上的不同華人社群正熱衷著一個「什麼才是（華人的）正統」的論述。我來自台灣，相似的面孔與同樣來自中國的文化祖源，正好成為他們所期待的、能更加認識自己華文化和語言的關係人。正統的追溯也涉及到島嶼上正在進行的、不同華人社群間的角力，與不同的政治經濟勢力競爭的場域。但我隨即觀察到一個重要的民族誌研究課題，峇里島上不同的華人社群，在祖先祭祀與日常實踐中的身分與認同展現了高度的歧異性，而這很難單方面只是從華文化的內容與邊界去理解；也就是說，報導人們所在的社會政治歷史，與城鄉相對的地方文化的脈絡情境其實很具決定性，因此我不可能只就華的面相談華人文化，還必須要從另一個方向，與在地印度教和峇里島社會文化史的內容，進行密切的相互參照。

這也是我一開始就選擇採用多點民族誌來進行現階段研究的原因。因為任何單一的點，都可能忽略掉這些高度歧異性背後，重要的地方歷史文化與「族／群」意涵，或「族／群」意識的變化。而峇里島華人社群，一方面要面對與在地的峇里島人及印度教的互動，同時也彼此相互區隔，與峇里島上不同地方（place）和不同祖源文化的社群之間的關係互動。這裡有著各種交互的局內局外人（insider/outsider），或說異己之間的相互映照、鑲嵌，與脈絡化的複雜現象。而這是我到目前為止看到比較有可能能夠拼貼出一個接近整體，又能理解身處峇里島的印尼華人社群文化再現與身分認同的一個方式。

回想起來，因為華語和文化上被預設的某種「我們都是華人」的「華人性」，讓我在印尼峇里島進行華人田野時，更快地躍過陌生感而產生一種和報導人之間的共感，但在接下來許多來自歷史、政治、在地化的語言、地方文化與印度教信仰的元素，某些報導人甚至刻意要我表態「台灣是不是中國的一部分」等等問題，都把我推向一個距離更遠也更困難的異文化困擾當中。有一段時間我對自己是否能夠繼續進行峇里島華人的研究充滿懷疑，一方面是來自短時訪談的研究方法的限制，另一方面也來自因距離遙遠長期田野關係不容易維繫的困難。

在因家庭和個人因素，四年未能拜訪峇里島之後，我於二〇一六年十月再次拜訪中部山城的祭司報導人Pak Mangku，有機會跟他講述自己希望能夠更完整地記錄他們相當重視的祖先祭祀。他同意之後特別帶著我點香，正式地向他家中所供奉的，同時也是村裡的公廟主神福德正神稟報我的來意，也慎重地向位於廟左翼的家廟中的祖先報告我的到訪。從那時開始，每次我回到峇里島的第一次拜訪，他都會先帶著我點香拜拜；同樣地，在我離開峇里島要回台灣前的最後一次拜訪，他也要再帶著我點香拜拜，除了向福德正神祈求旅途平安，也向神明與祖先報告這次拜訪的工作內容。他第一次如此重視我的到訪時，我還不太明白，為什麼我也要跟他一起拿香向家廟的祖先稟告。但在每一次的稟告過程中，我也更加深刻地體驗到，他如何將我的到訪與他所告訴我的家族故事和祖先信仰進行聯繫，報導人也不只一次告訴我，他會幫助我完成研究，因為他也認為書寫華人的歷史很重要，這也提醒了我一定要好好地完成這份受到信任與重視的研究工作。

二〇一八年四月再次到訪時，適逢當地福德正神廟的廟慶（*odalan*），在半夜十二點關廟門之前的大祭，位於華人墓園的福德正神廟燈火通明，祭司特別派大兒子從登帕薩（Denpasar）的昭福廟請來舞獅隊，村子裡近百位的大小成員歡樂地觀看著夜間舞獅隊調皮賣力地舞動展演，小朋友害怕又興奮地把裝著賞金的小紅包塞到開合的獅嘴中跟舞獅拉扯互動，大人也都開心地參加盛會。當晚到訪的除了在地華人，也有為數不少的同村峇里人，包括廟所在地的峇里村長也帶著他的家人和幕僚盛裝前來與會。祭司告訴我，每年的廟慶和重要節日，村長都會受邀前來，也會接受他的邀請點香，以華人祭祀的方式拜拜，儀式的過程中融合了持香依序拜拜與印度教的打坐靜思。就在儀式接近結束的時候，祭司突然向村長介紹正在一旁攝影記錄的我，接著要他的兒子來幫我翻譯，請我告訴村長，寫在福德正神神座兩旁的對聯「福降自天維守正」（右聯）與「德能配地合稱神」（左聯）的意思。我向村長致意後，用華語唸出對聯並逐字翻譯，村長一行人聽了翻譯之後，點頭表示這意義真是深遠，也與祭司交談，並認同雙方信仰背後對於社群秩序與眾人福祉的共同重視。

在那一晚令我震撼的，除了夜半時分墓園裡喧騰熱鬧的異國舞獅，我感覺自己也共同參與了報導人透過將華人社群與峇里島印度教社群之間的相接比較，對社群內部強調「我們是誰」的認同，也透過動態性建構社群聯繫的方式，跨越與詮釋了文化內外的他者與己身的對應。這裡的華文化相似，卻也不同於我在台灣生活經驗，帶有一種地方化再著陸於他方的特質；也不同於我在某些信仰大中國主義的華人身上看到的，那種強加於所有華人的自我政治臣服的論述，那是要當華人就要當「最強大的中國人」的宣示。但這明明是矛盾的，我們都知道「國籍」才是最實際，也最接近現實的。這也讓我更明白，即使同樣都感受身在異地與具有文化認同的目的，「我們是誰」不需要透過強加於他者的自我意識來行使，尊重差異，反而才是所有人可以相處互動共構的世界。

自我觀察與「我們是誰」的異己邊界

在接觸了峇里島華人之後，也讓我在理解台灣的漢人族群文化再現和政治有些反思，或許是我們在台灣生活得太自在忘我了，以至於「經常忘記」自己是移民（他者）的後代。尤其是在享受前人努力的民主化和作為主人這件事情上，台灣的漢人經常是以自己為正統和作為多數族群的主流地位，來作為族群的尺度自我打量，並以之看待他者，在政治上和法律上尤其如此。國族的建構或許不可避免，但在台灣，文化經常也只能被侷限在政治正當性的想像裡。這，其實是一種相當去脈絡化的自我定位。

就從我自己的祖籍和家人近期對於祖先祭祀和祖譜所進行的整理來看，我的父母祖籍地一個在漳州一個在泉州，我外公還是一九四〇年代從福州來台灣嘉義工作的西裝裁縫師，也就是俗稱福州人三把刀的其中一把。我外婆是嘉義人，他們結婚後因為躲債，跑到台北在廈門街定居。家裡最喜歡講外公其實是「外省人」，但因為講福州話，跟閩南語較接近，所以即使在省籍緊張的時代也從未被懷疑過。一九四九年大撤退前，外公身染瘧疾，台灣沒有好的醫療，所以他和外婆只好把三個孩子，我的大阿姨、我媽媽還有大舅，託給在嘉義的親戚，夫妻倆渡海回唐山治病。不巧遭遇時局變動，心繫孩子的兩人趕緊又搭著最後的船班回到台灣。我想，他們那時並沒有擔心過什麼台灣認同的問題，只是為了生存和家庭，但卻就此落腳台灣，成為台灣人。

所以，即使我有四分之一的唐山血統，我跟我的家人卻從來不覺得我們跟外省人有什麼關係，這不是高度不自覺的台灣漢人意識是什麼？

在我自己家族的故事中，移民遭逢，異己共構，才是常態，所以在台灣的「我們」與峇里島上的華人並沒有想像中的那麼不同。而這個「我們是誰」的問題，究竟是個局外人關心的問題，還是局內人的自我認同的問題？或許兩者皆是。在印尼，一九九八年政治民主化之後，外界留意到能夠辦華社、辦報、開設華語學校或是慶祝華族春節，這些從一九六八年陸續被禁止的公開活動的權利恢復了，對於華人在自己社群文化或家族記憶之間，也產生了一些改變的契機，然而那並非對應式的因應外界的改變。我所認識的某些報導人已不能說華語，但還是維持自己是「在印尼的華人」的認同。就像Pak Mangku，他們家族族譜的故事。這份族譜是由他一九六八年之後遷居雅加達的哥哥，一九九〇年代回中國抄寫回來的，之後翻譯轉為印尼文拼音，再由下一代用電腦打字列印。他向我解釋，族譜第一頁有著手寫的七個字：

1. Tan
2. Chong

3. Hong
4. Cai
5. Ciou
6. Tee
7. Kuang

這是他們家族排行用在姓名中間的那個字。但系譜裡有的世代並未按照排行命名，原因是他的祖父是來峇里島的第二代，但他的父親因祖父沒有繼承到這個族譜，因此未能使用應該是他那一代 Hong 的排行，他自己的名字也沒有用到排行 Cai，直到他拿到抄回的系譜之後，才又開始從他兒子的名字開始，用應該是他原本排行的下一個順序 Ciou 來命名。因此他大兒子名字叫 Chou Ciou Liong，二兒子叫 Chou Ciou Lian，孫子輩用的則是 Tee，他也很高興地告訴我，家族裡已經有親戚現在排到 Kuang 了。他說他很希望接下來能把這個在峇里島族譜的所有成員組織一個宗親會，讓所有親族能夠更緊密地維繫互動。

那天我跟著報導人將系譜的順序一張張排好，仔細聽著他解釋家中重新使用這個排行，對於他所執著的華文化實踐，心中有種莫名的感動。文化暫時的失去並非全然的斷裂，在印尼，因政治開放和全球化得以重新牽繫起華文化之際，如族譜和排行等文化觀念也得以重新返回到日常姓名的使用，而這個暫時的失憶剛好是兩代，也是印尼華人被禁制公開展現華人文化和使用華語的年代。在三、四十年之後，他們的孩子身上重新被賦予對他們來說或許不常用，但卻是父祖輩重視的文化觀念，還有接續具備文化物質性的族譜，期待他們能夠再往後繼承與記錄下去。這是一個「我們是誰」的實踐，即使語言的能力已經遺失，但文化終究從不完全一樣的模樣再次萌芽長出，並形構出聯繫社群內部彼此的關係。

我在二〇一八年二月十六日大年初一Imlek峇里島田野筆記裡寫著：

> 早上到廟裡時，跟Pak Mangku的二兒子Yudha聊一陣子之後，我看祭司在廟裡忙，繫上放在廟前祭祀時使用的紅色腰帶後，[5] 我走進去想看看廟裡的情況，祭司問我要不要拜拜，我當然很樂意，他帶我同時持香，同時也從天公、福德正神、觀音和虎爺公依序拜拜。祭司向天公、福德正神等神祇報告我的來意，也祝福希望我此行的工作能夠順利，再來是各三叩首，之後也點香向祖廟的歷代祖先報告，我想到Yudha說的，他很高

5　某些地區的峇里島華人在進廟的時候，也會像進印度教廟宇的規範一樣，先淨身與繫上腰帶，以表示區隔人身體的潔淨與不潔，再進到廟中進行儀式。這裡報導人以象徵峇里島華人廟宇代表的紅色長布條腰帶放置在廟前，讓所有前來祭祀者使用，也是一種相似中有差異的意義區隔和標示，另外與進印度教廟宇相較，這裡不會特別要求要著長褲長裙才能入廟，屬於比較寬鬆的淨身祭祀的規定。

與能協助翻譯而我來記錄他的父親所知道的家裡的儀式，因為這樣他也同時得到在此時，學習父親所知道的這麼多家族的歷史和習俗禮節。他也問我一些在台灣與中國的做法是如何。經過這幾次的田野記錄之後，我剪輯了工作現場的儀式畫面和內容，留下檔案給他們，這也像是某一種形式的合作人類學，雖然目的不完全一樣，但相符合的記錄意圖與匯流的意義，與對彼此文化的認識和分享，是非常豐富的，這也是人類學的工作在進行的，一種中介的意義的轉換和承接，而這裡參與其中的我與報導人的下一代，既是在進行一種翻譯也是在繼承文化，都是在其中扮演著文化價值延續的中介者的角色。

擺盪在異己之間的人類學家

作為人類學的田野工作者，我們的幸運來自成為他者社會中文化的被涵化（encultured）者，嘗試揣摩什麼是他者社會中的局內人觀點（native's point of view），但只要我們並未放棄人類學的工作目標，不論是在研究寫作或是民族誌的記錄工作，即使情感上與認同上經常選擇與報導人站在一起，來自學科概念和理論的提問與企圖，和學科訓練研究寫作的客體化與文本化，勢必還是具有局外人的觀察與提問層次，會同時存在於田野工作的過程和民族誌的寫作中。這裡其實牽涉到整個由參與觀察到完整的認識論的問題，正如琪琳娜拉陽在〈當地人可以如何成為一個本土人類學家？〉文中所言，觀察做田野的過程牽涉到去認識一定範圍內的人（a range of people）和學習傾聽他們所說的話語，文化是一種學習而來的過程與體認，即使總有一些先天的基礎與限制。[6] 這樣的問題就好比我唱阿美族的歌跳阿美族的舞蹈就是沒辦法很道地，總是有差一點點的味道；我也始終無法自在地出入漢人的廟宇，即使我屬於廟裡長大的小孩，在公廟裡念幼稚園，現在還就住在社區公廟旁邊呢。我在另一個工作的田野地，印尼峇里島北部的新加拉惹（Singaraja）進行田野工作時，遇到當地與自己母文化疏離許久卻很希望能舉行道地的道教儀式的華人，問我中元節應該如何進行時，我突然覺得很尷尬，因為在家裡，媽媽和婆婆才是家裡和去廟裡準備供品拜拜的人，她們的腦中都有著一本清清楚楚的祖先神明記事簿。我其實並沒有因為是漢人就知道如何做華人的祭祀，更遑論我從來沒有參加過中元節的籌辦，他們問我的問題我只能去圖書館查書上怎麼寫，或是請教做過漢人宗教研究的人類學家同儕。

因為即使是我們自身所在的文化也是後天學習的結果，而當這些學習跨越性別、族群，或其他與我們大不相同的他者，認識難道不可能嗎？正如在《女性書寫文化》中，貝哈提到

6 Kirin Narayan, How Native Is a 'Native' Anthropologist? *American Anthropologist* 95: 671-686, 1993.

另一位人類學者安清（Anna Tsing）寫給她信裡的一段話：「每一個自我中都有他者的存在，甚至每個他者中也有某種程度上的自我。」[7]因此，即使是在性別研究之中，我們可以與被研究者同性別，但我們跟她們亦可能屬於不同的世代、不同的階級與族群和身分。這樣看來，人類學的研究似乎永遠不可能逃脫一個宿命：在不同的異己邊界如文化／性別／族群／身分之間擺盪來去，在其中嘗試建構一種民族誌書寫的交互主觀性，也必須在人類學研究之中，不斷地反省思考文化的認識論課題。

因為想要理解他者，我們嘗試要像當地人一樣地生活與思考，也因為經常介於兩者之間，我們必須也更有機會主動參照差異和比較，這也是我們進行深度的學習與接受報導人的世界和我們自己所屬的兩邊（甚至也可能是多邊的）文化衝擊，以及再銜接的一種狀態，而「做人類學」（Doing Anthroplogy）也讓我們有幸同時在做田野和過生活之中相互滲透，感受那種擺盪於異己邊界（liminality）之間的特殊衝擊與生命體驗，與在研究過程中既參與其中又被納入當地人觀點解釋的意義之網中，這也是跟著報導人和他們身邊的人一起「做文化」（Doing Culture）。印尼華人報導人與我的家族歷史，在移民的、殖民的、族群的或國族的脈絡交錯之下，在差異的背後，「我們」其實沒有那麼不同，雖然「我們」還是不一樣。這些存在的異同經驗，都不是固定的族群或是固定疆界的文化邊界可以解釋的，或許這是因為我們生在變動的現世所以必須持續協商、界定，與再銜接鏈結到我們共處的世界，從我們由何而來、為何而生、往哪而去。就像峇里島報導人與我的家族祖先祭祀和族譜上記錄的，或是我從都蘭婦女儀式中所理解的傳統的延續與繼承的焦慮，都是「我們」的一部分，也是我和報導人們得以憑藉生活，但又必須再重新理解與創造意義的。而這未完待續的田野人生，或許也已注定成為是我、人類學和田野中的報導人交互織造而成的一種生命的樣態吧！

▶

7 Ruth Behar, Introduction: Out of Exile. In *Women Writing Culture*. Ruth Behar and Deborah A. Gordon eds. Pp.22-23. Berkeley, Los Angeles, London: University of California Press, 1995.

羅素玫
Alik Nikar

國立台灣大學人類學系副教授。1998年開始成為台東阿美族都蘭部落年齡組織拉贛駿組的小姐附屬成員，2005年跟隨拉贛駿婦女組進入部落婦女之列。田野工作期間開始吃遍部落各式山珍海味（龍蝦、九孔、生魚片，還有生醃肉*siraw*各種野菜和貝類*c'kiw*），受盡所有男女老少大小朋友的照顧。
研究領域包括儀式、文化範疇與社會關係的轉換、性別、人類學田野工作方法論、合作人類學、環境與社會、原住民傳統生態智慧等課題。自2009年起，於印尼峇里島發展另一有關當地華人社會歷史與族群互動的人類學研究。這篇田野的技藝文獻給所有曾與我在田野之中相遇相識相知的伙伴們，謝謝你／妳們的接納與教導，讓我有機會體驗這來去多重邊界之間的人類學實踐。

「跟老人家出發，帶年輕人回來」
記憶復返的村落歷史調查

李宜澤｜東華大學族群關係與文化學系

學習，喜歡，想念：回家與離家之間的擺盪

上個世紀末我來到剛成立的冬瓜大學，在花蓮縣吉安鄉境內最靠海邊的L村，開始關於阿美族傳統喪禮的碩士論文研究。這裡是所謂「南勢阿美」北部族群的三大部落之一。當年學校周遭只有荒煙蔓草和四間小吃店，但每到L村落參與活動或訪談後，可以和村人一起吃飯看有線電視頻道，每週二晚上還有封住整條海岸路的夜市可逛。比大學校園還要「現代化」的村落生活，讓田野啟蒙變得多樣起來。當時還不了解L村落歷史文化的重要性與多元性，只是對從「偏遠大學」騎機車去「現代化村落」做田野的反差感到驚訝。

破除文化被刻板印象切割成傳統與現代的截然劃分，正是人類學者進入田野的「通過儀式」之一。人類學者就是透過與真實經驗對話後的轉變，在田野生活裡不斷挑戰原有的「單向度思維」，慢慢建立從內在觀點看待異文化的可能性。而人類學者觀察到的種種「當代」現象，不只是當地人自身的表現與活動，還包含田野裡的多元性以及揉雜性；甚至可以說，人類學所謂的田野環境，從來就不會是單一族群的表現，我們是在多樣又複雜的現象中，整理編織出該族群生活日常的文化網絡。

受到日治時代國民化教育與移民村落化影響，以及戰後阿美文化村等文化展演的衝擊，L村族人的日常生活有許多轉變。老人家慣常使用基本日語會話、喜愛日式服裝樣式，婚喪

喜慶結拜姊妹[1]跳舞祝賀並且展示當季最「流行」的結拜服裝。除了阿美語國語，也很常使用客語和撒奇萊雅語的日常詞彙。最特別的是，經歷了日治時期的神道教信仰國家化，以及戰後原住民社區普遍的基督宗教化，這個村落卻仍保有傳統上稱為*Sikawasay*的「巫祭司」[2]信仰系統。*Sikawasay*並不是個封閉的傳統，在個人與村落的儀式活動中，也常會看到村落附近參與道教神壇的阿美族乩童，和村落的巫祭司有互相拜訪的交陪關係。每位巫祭司因為個人的病痛因素必須進入傳統信仰團體才能治癒，為自己也為村人舉行各類儀式。在L村，現在的巫祭司只剩女性，都被村人尊稱為*Ina*[3]，她們就像是家中的母親，為村落守護各種禁忌需要，並且處理包括播種宣告、祭拜田地、收割入倉、祭祀祖先與近期過世者等各類事宜。

「進入」田野之後的我，因緣際會從外來的「逮萬」研究生，變成田野家族裡的一分子。

1 女性的「結拜」和男性的年齡階級有相對應的意義，是從日本殖民時期的青年團，跳舞團體，或者戰後的家政班班員延伸而來。參見王智珉，《性別、差異與社會理想的承轉與維繫——南勢阿美的女性結拜》，慈濟大學人類學研究所碩士論文，二〇〇五。

2 *Sikawasay*意思是「具有神靈*kawas*能力的人」。一般學術研究翻譯為「巫師」，也認為他們與巫信仰的傳統有明顯的相通之處。但在我研究的田野領域裡，村人（尤其是對巫師傳統刻板印象不佳的年輕人）普遍不喜歡巫師這個翻譯。因為他（她）們引領祭典的身分，許多人也稱其為祭司，是以在這裡我融合兩者的概念與需要，翻譯為「巫祭司」。

3 *Ina*是阿美族語「媽媽」的意思。通常家族親人對於女性長輩都會親切地暱稱*Ina*，男性則稱*Ama*（爸爸的意思）。

擬親關係在外來人類學者進行田野工作時常會出現：也許是與最熟悉的報導人結為兄弟姊妹，或是在報導人家裡久住而後被收養為兒女。我則是在研究田野的過程中認了乾媽。乾媽是L村祭司團裡資深*Sikawasay*最小的妹妹，嫁到荷蘭多年，因為高齡父母相繼過世回台奔喪。離台多年的她已對阿美族傳統儀式不甚了解，因此我在現場除了記錄活動，也會為她解說我所知道的儀式過程。乾媽回荷蘭之前認了我做乾兒子，我也因此和祭司團裡的*Ina*成為一家人。成為擬親家人不只是我個人的事情：我的婚禮除了為雙方家人各辦一次，也在L村辦了一場，乾媽家族裡的大哥和大嫂就是我的主婚人。除了我有個阿美族名字Butal，我的太太跟我一樣獲得了阿美族的名字Dongi，還依照南勢阿美的婚禮習慣，由頭目在婚禮過程中為我們取了夫妻兩人共同的綽號「Dalip」。Dalip原意是男子傳統穿著裡的片裙，衍伸為「圍起來，全部都要」的意思。頭目看到我在村落裡常常問東問西，對任何事情全部都想「一網打盡」，因此為我取了這個綽號。在那之後，我參與了無數次家族清明祭拜、每個月的標會儲蓄活動、家族親人結婚出生甚至過世等等的生命歷程；L村家族之於我，已經從最早的報導人關係，變成了一起生活的家庭關係。

成為家人後，田野變成在「回家」與「離家」之間的擺盪，在地生活的習慣性也從「學會」到「喜歡」，再到「想念」。學會田野中的生活方式是有階段層次的。一開始學會基本的阿美語對話，或是豐年祭裡面的基本步伐，慢慢了解村落裡的歲時祭儀循環，到每個家族的歷史。之後是關於傳統活動的特殊手藝或技能，學會它們就像學會用在地腔調說話，例如會用林投葉做阿美族便當「愛你蓬蓬」、學會採蘆葦心的方式是要從頂部的嫩芽往下算三片葉子、知道山上哪裡是阿姨們有空的時候會去採蘆葦藤心的地方、去海邊撿「火山爆發」（藤壺）或 *calipi*（小笠貝）的祕密基地。

學會的事物成為身體記憶的一部分，也變成喜愛的食物風味。我最初進行傳統儀式研究時，多半跟村落裡的 *Sikawasay* 長者們一起行動，飲食也隨著老人家的習慣而養成。在傳統儀式 *Paisin* 過程中不能吃綠色蔬菜，不能吃雞肉，更不能吃蔥蒜；所以我的食物記憶，並不是一般阿美族日常生活的「十菜一湯」，而是考量 *Sikawasay* 飲食禁忌後的「特製風味餐」：豬肉排骨配鵲豆（*devi*）、鴨肉配筊白筍（*buni*）、捕鳥祭的馬太鞍樹豆（*fataan*）配麻雀，甚至是最豐盛的牛肉配藤心（*rongc*）。因為每個季節會在儀式餐桌上看到不同的飲食內容，村落的基本歲時祭儀和日常生活裡的春夏秋冬，成為了身體的一部分。之後在花蓮不同地區做比較研究，L村始終是我喜歡的味道和想念的家。喜歡各種儀式過後豬肉與血塊大腸混合的「血肉模糊」湯，喜歡手抓糯米飯一定要配生薑的觸感與口感。儀式活動隔天吃到鯽魚清湯，魚湯的味道紀念活動完成，並且惦念才剛回來的親人又要離開的不捨。每次回到田野的時間間隔不同，但我都會讓自己在「喜歡」的感覺中，重新溫習當年「學會」的時刻。

經過了二十幾年，許多田野生活中的感覺從「喜歡」，轉變成「想念」。不在田野的時候想念田野時光的味覺和生活；即使回到田野裡，思念仍然如影隨形。過去留存的記憶像是冷凍後的*tolon*（糯米糕），在儀式聚會場合重新放在火爐鐵架上烤過，表面烤出鐵絲架厚實如老人粗厚的手感；內裡卻回歸柔軟。火爐邊的味道伴隨村人聊天的聲音，帶我回到初來L村的時光。想念二十年前剛到L村時為我取名字的大祭司Ina Gamaya，教我怎麼放*dekel*（竹製蹬鳥陷阱）的前頭目Faki Tuni[4]，早上看到我騎車經過就會招呼我進去吃早餐的Gaiyin阿姨，還有來參加我婚禮和小孩滿月酒的Ama Lalaba。二十年後，他們都回到祖先那裡去了。每當我不在村落，想念田野；而回到村落，還是想念田野。

二〇一八年三月起，我協助L村的社區發展協會以及部落頭目長老們，承接縣政府原住民行政處的「L村船祭儀式調查研究」委託案。之所以參與這個計畫，一方面想要將曾經在L村進行過許多年研究的紀錄加以整理，另外一方面是為了村落長輩們的期待與鼓勵，把漸漸受到現代生活影響而不被年輕人熟知的儀式記錄整理起來。為了了解船祭過程的歷史變遷，我參考許多不同年代的儀式紀錄，也看到相隔八十年的口述神話之間的連續性。

古野清人於一九三一年記錄了阿美族神話中男孩馬丘丘（Maciuciu）因為撿柴不慎漂流而被拘禁在女人國，受到大魚薩音音（Sainin）拯救才回到美崙山下的村落。然而他回鄉後已從少年變成了蒼蒼老者，於是與救他脫離女人國俘虜的大魚之間約定，每年要向海邊獻祭五隻豬、五塊白色圓形*Muking*（阿美族進行重要祭典使用的大型糯米糕），以及五串檳榔，紀念這個漂流重生的過程。而在二〇一八年記錄年齡階級的口述歷史時，L村頭目告訴我，年齡階級的訓練總是要男孩們賽跑到當初馬丘丘與大魚薩音音立下約定的地方……

這個與神話「相逢」的故事，讓我感受到阿美族少年也在歷史浪潮漂流中，藉由儀式活動「成為馬丘丘」。然而，令我始終困擾的是，關於祭儀，儘管我與L村的長老們都有許多懷念之情，但對於同樣是阿美族的T村，也是我博士論文的主要田野地，祭儀卻帶來排斥與疑惑之情。為何我所喜歡與想念的過去經歷，為何會在另一個時空被族人「刻意」遺忘？

這是同一族群嗎？思考兩個變遷中的阿美族田野

在同一個田野裡待久了，原本特殊的生活感受會變得理所當然，甚至會把某些現象視為文化差異，而忽略其背後可以思考的歷史與政治議題。這時候，另一個田野位置或許可以讓人重新打開視野。於是，博士論文的田野地點，我選擇了花蓮南部淺山地區的阿美族T村，

4 *Faki*是對男性長輩的尊稱，女性則尊稱為*Vayi*。

以該社區正在進行的有機農業轉型以及自然資源治理，作為研究題材。帶著對南勢阿美文化熟悉的「殖民現代感」，走進六十石山山腳的T村時，我重新感受初入田野的「文化震撼」。最直接的差異來自農村地區生活與都市化區域的物資條件：如果L村的感覺像是《成為日本人》[5]裡日治時期示範村落的景象，T村印象更接近戰後五〇年代人類學者在部落看到的物質匱乏狀態。但兩個田野的對比不止於此。日常生活習慣方面，在南勢阿美族群或馬太鞍、太巴塱等地處處可見的日治時期生活遺風，比如講生活日語、觀看日本電視頻道，或者喜愛日式風格的建築裝飾等，在T村都不曾出現。在與漢人客家農戶長期互動及對外溝通的需求下，除了阿美族語，老人家較多使用的是台語。在L村，如果老人家不知道如何用中文解釋傳統活動，會用日語記音說明；T村的老人家反而會直接切換成台語解說。甚至某些特定疾病以及農務活動後常見的筋骨痠痛，T村阿美族人多半前往離村落較遠的關山鎮尋求中醫或者跌打師傅醫治，而不是在鄰近的富里街上找西醫就診。

T村是日治後期才形成的移居型部落，部落組織綜合了秀姑巒與海岸阿美的年齡階級特色，但為了換工和農務活動的需求效率，年齡階級領導者的實際影響力高於傳統認知上阿美族年長者代表的「老人政治」。在T村，中年男性形成的「工班」是主要的集體勞動單位，並在部落成為公共事務的帶領者。曾經有位務農長老因為不滿工班在部落申請有機認證過程中，決定將他放在山區農場工作木屋前的農業資材，另外包裝收集。這位務農長老不配合工班的決定，還在過程中說出「無聊工班！」這樣的斥責。村人們知道了這個衝突，不但沒有支持曾經擔任過教會長老的老農，反而為工班的堅持喝采，還常在之後面對工班為部落工作的「打擾」時補上一句：「無聊工班，厲害他們！」這樣的稱呼後來竟然變成T村在公共活動時的口頭用語，用來向外宣稱為了有機轉型而堅持的驕傲。這個看來「由下而上」的村落意見表達方式，即使在已經被現代選舉文化浸透的L村，也很難看到。從一九六五年以來接受基督教信仰，T村是鄰近阿美族村落中最早有專任牧師與教會會堂的部落；又因為與當地客家農戶學習大量種植金針這種現金作物，農業活動仍為部落的主要經濟來源，並且透過有機轉型推動「產業宣教」概念，產生了結合地方產業與宗教信仰的社區發展方向。多年的努力下，T村在幾年前成為阿美族（甚至全台灣原住民地區）中少數，全體社區都通過國外有機認證的部落。這些跟隨著現代國家與社區意識的發展過程，和L村在戰前已經捲入殖民現代性的日式遺風，時間上看來好像有所差異，卻都可以看作是阿美族人面對外來影響時的多重認同以及自我轉變。

受到基督教信仰的影響，T村許多傳統祭儀相關活動遭到禁止、淡忘，或轉變為符合教會的宣教立場：豐年祭活動要改名為豐年「節」、曾經用來聯絡年齡階級感情的豐年祭前宣

5 參見荊子馨（Leo Ching）著、鄭力軒譯，《成為「日本人」：殖民地台灣與認同政治》，台北：麥田，二〇〇六。

告活動*Mialan ko Bah'*（找酒喝），也因為考量到有宣傳飲酒習慣之虞，而被教會禁止了將近四十年，直到二〇一六年的豐年節活動才在傳統文化復振的需求與氛圍下，被提出來討論是否恢復舉行。相對於L村，在T村最令我驚訝的不同之處在於對*Sikawasay*的負面印象，甚至害怕的言論：「『卡哇賽』脾氣不好會害人」、「常常把東西變不見，或者把檳榔丟到人的身體裡讓人生病」、「以前做這些『卡哇賽』的家族都沒有好下場」等等。這和我在L村感受到的，村人不斷表達對祖先的想念和*Sikawasay*長輩們的溫暖照顧，形成強烈的對比。當我在T村聽到這些評論時，反思我在不同村落聽到的，同樣是對*Sikawasay*表示「害怕與維持距離」的警告，多半來自已轉宗為基督教信仰型態的村落。於是我心中的疑問延伸為：究竟是因為*Sikawasay*令人害怕與要求過於嚴格這樣的傳說，讓村人轉而接受比較「符合」現代化生活型態的基督宗教？還是基督宗教的信仰「妖魔化」了村人看待傳統巫祭司的方式？或是有其他的解釋方式？反過來說，我又該如何回頭思考L村生活裡時時刻刻存在的祖先意象，以及與神靈溝通的各種企圖呢？

「親愛的祖先」還是「懲罰的祖先」？Bace' bace'va的觀點

帶著前面的疑惑和想念，我回到碩論時期的L村繼續進行田野。一方面想要延續碩論時期思考的問題，另方面也透過時間的間隔，比較將近二十年的時間差，在田野活動中會看到什麼不同的東西。田野經驗的對比透過時間的發酵，產生角色轉換與不同觀點間的對話，也會反思不同田野所見背後的意義。如果博論的田野研究是修成正果的戀愛，那麼碩論的田野大概就是未完成的初戀吧，而初戀魔咒就是，你在之後的研究人生每一次出現相似場景時，都會把「初戀的回憶」拿出來對比一下，思考自己到底有沒有做錯什麼？我也開始質疑，針對同樣的傳統文化活動，什麼才是認識一個田野的「真實處境」？是否我所感受的田野只是自己受到特殊照顧之後，片面又一廂情願的理解？當訴說的生命經驗只能與一地有所呼應，我們能夠建立「普遍」的人類學觀點嗎？

就拿田野中的照片與檔案紀錄來說，田野時間的延伸，使得收集田野紀錄照片或錄影材料這項行為，產生了不同的意義。碩論時懵懂地認定把自己在田野過程中拍攝的照片和影片，拷貝一份給被研究的對象，是田野工作裡應有的禮節。當時研究做的是傳統信仰與當代喪禮儀式，拍攝內容都是喪禮的活動。某次我把喪禮過程的影像拷貝，帶回去給經歷儀式的田野家庭「留念」，進門說明來意之後，喪家的臉色就變了，一直跟我說他們不想再看到這個影像，也不要再問他們關於過世的阿嬤的事情……讀者大概會覺得，哪有像我這麼白目的人？誰會想要再看喪禮的活動影像呢？當時我是也這麼對自己解釋。但隨著在田野時間久了，我發現，如果過世者的家族仍然有長輩是*Sikawasay*身分，家人對於喪禮儀式的影像會處之泰然；反之，如果曾經有長輩擔任過、但現在不想跟這個身分有「關係」的家庭，或者已經轉變信仰的家庭（轉宗為基督宗教的家庭大概就不會邀請巫祭司來領導喪禮活動），對於喪禮的影像就會比較排斥。這個「發現」乍聽非常簡化，卻讓我意識到，對於田野現象的理解，不是身在其中就會有相同感受這麼簡單。因為現代化情境的擴大，以及儀式時需要親族支持的變化，即使是阿美族人自己也可能會想要「迴避」或者「逃離」那些他人看似習以為常的「日常生活」。

要如何在日常生活中與祖先保持「安全距離」？這就這需要進一步了解阿美族祭司以及家人常會使用的一種說法：*Bace' bace'va*。*Bace'va*的字面意義是「騙人」，但也有「慢慢來」的意思；引申起來就是「嘗試一下，不要太快完成」的感覺。如同*Vayi*說的，「就像是蹲下來很久之後，站起來要慢慢地，不然可能會暈倒。」所以，祭拜祖先過程中有許多禁忌與注意事項，其實就是一種自我保護的程序，而這也會時時出現在L村的各種儀式日常之中。因此，作為*Sikawasay*的家人，要隨時注意與祖先神靈的「距離」，以免「親愛的祖先」變成「懲罰的祖先」。*Sikawasay*的儀式活動都與*kawas*（神靈）在一起，因此生活中有許多衍生的禁忌。家人們常常要記得把家裡的碗盤跟*Sikawasay*長輩使用的分開。*Sikawasay*從儀式活動回到家裡時，就要「*Bace'bace'va*」，透過許多層次「慢慢進到家裡」；先在家屋院子裡的香蕉樹旁用向東的香蕉葉拍打頭肩，驅除跟隨回家的*kawas*。如果是從喪禮活動回來，進家門前還要拿一把廚房爐灶的草木灰灑在門口，家人還要拿一根釘子，讓*Sikawasay*長輩向釘子吐一口口水，再把它丟到屋子的左側之後，才能跨過草木灰進到家裡。在家中要對儀式現場帶回來的祭品行過謝禮，才能夠讓家人食用。如果沒有注意到這些禁忌，就會因此受到祖先或神靈的懲罰而身體不適。

我曾經從村中老人家的談話中聽過一個極端的例子。在花蓮大橋還沒有蓋好的時候，村落族人都要涉水到對岸的鹽寮淺山一帶做農放牛。一位*Sikawasay*的*Ina*和先生有次想趁颱風來襲、溪水暴漲之前，把對岸的牛牽回來。沒想到在回程渡溪的過程中，牽牛的先生因為水流太急，連人帶牛被淹入溪中，等到在出海口找到時，已經不幸身亡。傷心過度的*Ina*不顧自己才剛從*Sikawasay*的禁忌活動中脫離不久的身分，抱著身亡的先生，在岸上等待村人的救援。這個看似人之常情的反應，其實觸犯了身為*Sikawasay*絕對不能碰觸死者屍體的禁忌。這位*Ina*沒多久就重病去世，連帶這個家族也從原來頗為安定的經濟狀態，到後來轉趨衰落。村落長輩說，家族裡面要有人來接替這個*Ina*的身分，祖先能夠繼續被祭拜，家裡才會好起來。不過受到這種「懲罰」的打擊，這個家族沒有人願意出來承擔這個責任，後代也幾乎都搬離村落了。

不只是在巫祭司的家庭，在村落裡的口傳經驗裡，這種禁忌是年齡階級晉階*Marengreng*賽跑活動時「不能跑第一」的傳說。八年一輪的年齡階級晉階儀式，是南勢阿美部落共同的大事。晉階少年會在豐年祭之前一個月進行野外求生活動，接受捕鳥與採集的訓練，最後必須從部落賽跑到海邊，再以海水清洗雙腳並投擲驅邪的*Benen*（芒草矛），作為完成年齡階級訓練與晉階的要求。然而，每個參與的青少年都被家長諄諄告誡：儘量跑快，但不要跑第一；「祖先會嫉妒驕傲的人」，對自己不好。但賽跑總是有人跑第一呀，怎麼辦呢？長輩說，快到終點的時候記得先繞到旁邊，不要一下衝到底，「去散散步，不要太快完成」，這樣比較好。但到了當天，賽跑隊伍最後、抓著白色公雞要處罰落後者的長老追上來了，有些年輕人就忘了提醒，直接衝到終點。不同年齡階級的幾位長老都說，當年跑到第一的階級伙伴中，的確有幾個過世得比較早。從身為巫祭司本身的禁忌，到賽跑的驕傲禁忌，種種都反映出族人日常的態度裡，必須理解與祖先「接觸」的危險性，且務必小心謹慎。我也因此設想，那些有機會接觸基督宗教而想要脫離*Sikawasay*這個傳統信仰的家庭，甚至整個社區，是如何快速地轉變原來的信仰：祖先給族人帶來保護，但太過靠近祖先也會帶來危險。「親愛的祖先」帶來與他們同在的叮嚀，但忘記與祖先太過靠近的危險時，「懲罰的祖先」將讓人難以招架。

「我想把以前的資料都找回來。你們寫比較不會有顧慮！」

參與、甚至談論祭儀活動，需要小心翼翼，或者從「試試看」開始，不可橫衝直撞地一頭栽進主題；但就連我自己有時也會忘記這個要求。L村大約在十月初左右會舉行兩年一次的*Taladuas*（祭祖活動），但確切舉辦的時間則需要等巫祭司團與頭目確認。距離祭典還有兩個多星期的某一天，我想早點確認何時舉行，以便向準備參與的同學說明，於是直接詢問家族裡的大哥：「*Vayi*有說什麼時候會開始舉行*Taladuas*嗎？」年長的大哥放下酒杯，眼神閃爍環視四周之後，緩慢地說：「喔，對啊，捕魚的活動快要開始了。」然後繼續喝酒。我滿臉問號，沒得到答案，只能「毋忘再舉」繼續閒聊。隔天再到阿嬤家，我忍不住問昨天為什麼要提到捕魚，不是連正式儀式都還沒開始（就要準備吃魚活動了）嗎？大哥看我還沒領悟的樣子，只好解釋給我聽：

——就是*Bace'va*的意思啊！如果現在就直接講，但是我們都還沒準備好，那祖先會說「喔，已經要開始囉！」全部都跑下來，這樣對我們很不好。所以雖然大概知道什麼時候要辦活動，但是我們都不能講。

——那為什麼還故意說捕魚呢？

——捕魚就是不一樣的事情啊！我們這樣講，祖先才不會想到是要辦（給祂們）的活動。祂們會說「喔，原來是他們要去抓魚，還沒還沒！」這樣我們才不會*Mangudo*（不好意思）！

祖先給予保護，需要時時呼喚他們；但祖先也是嚴厲的，如果沒有注意禁忌、保持該有的距離，會帶來懲罰，讓家族受到傷害。在日常生活裡，這種感覺除了影響具有巫祭司背景的家族後人繼續參與祭儀的意願，也讓傳統活動成為「有靈」的禁忌。過去由各家族執行特定祭儀[6]，現在剩下只有巫祭司「不得不上路」[7]的禁忌。當代傳統祭儀記錄之所以困難，除了每個家族都有面對「重啟」儀式的顧慮，還在於大家多半不願意「承認」自己家裡傳承的是哪個祭儀，以免被村人指指點點。也因為如此，許多祭儀內容沒辦法公開談論，更不用說深入記錄。誰能在這種情形下，不在意禁忌（或不在意禁忌對自己）的影響而接近儀式？答案是外來的研究者。在許多儀式活動裡，多半會看到L村人之外的研究者參與儀式和記錄；比起村人，研究者沒有「祖先禁忌」影響的考量，而有了較高的自由度。L村因為具有相對完整的歲時祭儀，戰後累積了大約十幾位外來研究者的學術研究成果，其中至少包括五份博士論文（研究者的學術機構來自美國、英國、日本、中國大陸，以及台灣）、七份以上的碩士論文，以及無數的文化介紹專書與媒體報導。村人們似乎相當習慣在祭儀活動時會有外來的研究者出現，但也常常抱怨這些研究所做的紀錄「都流落在外」，沒有貢獻給部落留存。

近幾年，在身為前縣議員的頭目、現任鄉民代表以及村長的努力爭取之下，鄉公所取得經費，在部落集會所牆上繪製了巫祭司團體像，並在會所旁豎立起表現年齡晉階*Palunan*（船祭）儀式的水泥塑像。然而，「部落意象」型態的工程建設雖然讓部落引以自豪的傳統活動「具象化」，卻沒有可搭配的軟體內容。當花蓮縣部落文化資產案件開始徵件，我和另一位以L村為博論題材的學界朋友C，自告奮勇地接下了縣政府原行處提出的「L村船祭儀式調查研究」委託案，從研究者轉變為受委託人。由部落的社區發展協會為承接單位，頭目與村落發展協會理事長（也是身為阿美族人的村長）為計畫共同主持人，進行對年齡組織晉階船祭的儀式記錄，並為五年後進行的下一次年齡階級訓練活動做準備。身兼發展協會理事長的村長參與討論時，提到他對部落需要文史紀錄的感想：

> 我想把以前的資料都找回來，包括你們寫的（看著我和C）！你們可以把之前所有人寫的都找回來。我們的年輕人都在外面，就算會寫，跟祖先說話有點「距離」。你們寫比較「不會有顧慮」！

6 日治時期的差異，可以參見古野清人著、葉婉奇譯，《台灣原住民（高砂族）的祭儀生活》，台北：常民文化，二〇〇〇（一九四五）。

7 *Sikawasay*把自己的儀式行動描述為「行走在祖先的靈路上」，因為牛病以及家族因素等無法逃避的原因加入，使得巫師的生命處境就如同紀錄片《不得不上路》的名稱一般，故這裡借用此一名稱。

村長提到的「顧慮」有兩個層面：一是前面提到的「家族祭儀」的身分考量。考慮祭儀內容作為召喚祖先或神靈的顧慮，因此中年以上的村人，通常都不願在祭典活動之外的時間談論與祭典有關的事情，更不用說進行祭歌或者祭詞的示範。年輕的村人不了解這方面的傳統，沒有長期留下的機會也難以找到切入角度。這時候就需要請教資深的耆老：事先確認要訪談的時間，準備好米酒檳榔，在老人家 *Mivdik*（沾酒祝禱）之後，再開始訴說跟儀式相關的各種內容知識。老人家年事已高，如何確認他們的記憶內容是否就是當時實際的情境？權宜的做法就是請幾位老人家一起聊一起回憶，比一人單獨說話好得多。對照過去曾經有的文字紀錄，包括日治時期或戰後人類學者的研究，以及報章期刊的各種民俗紀錄，可以讓記憶線拉長，也可以彌補老人家可能遺漏的情形。一起聊天可以激發村人參與的現場感，拋開被禁忌限制而冷場的狀況，讓自己重新回到活動發生的當下。村落內普遍的認知是：如果沒有參與年齡階級晉階活動，即使是同村落的人，以後還是會和所屬階級因沒有連結而產生隔閡。[8]不同家族在其他儀式上會因為禁忌的考量，比較不願意談論；但作為集體記憶的船祭，只要是有參加過的，每一家人都能提供許多自身的經驗，回饋成為村落歷史的一部分。

另一個進行傳統口述的顧慮是村落的政治現況。因為家族發展以及地方政治參與，原住民村落裡有不同派系是很常見的狀況。在L村政治舞台上比較有勢力的幾個家族，其實也同時是過去具有特定祭祀責任的家族。對全村落的儀式進行訪談時，一定會碰觸到不同家族的政治恩怨。與我們一起工作的部落青年S，好幾次在訪談準備的過程中表達自己的困擾：「老師你們出面比較好，我們年紀輕，跟他們也都是親戚，不方便一下在這裡一下又在那邊。」其實S大概也只比我小個四、五歲，但是部落內的家族輩分，讓了解自身文化的他不方便出面，反而要求像我這樣外來的「學者代表」，去邀請家族代表來做祭儀紀錄的發言。外來者的邀請雖然可以取得暫時的合作同意，但長遠互動仍然需要部落內部對「部落文化發展」的認同。因為記錄的是全村都有經驗的年齡階級船祭活動，村長、頭目、代表三位不同家族系列的領袖共同參與計畫，可以在本計畫過程跨越這層顧慮。

「跟老人家出發，帶年輕人回來」：歷史記憶重新進入日常生活

在L村，阿美族傳統的老人政治規矩仍然具有主導地位，我反而羨慕起在南邊的T村，中生代的工班可以為了爭取外來資源而強力說服長老的「下對上」能力；也回想起該社區為了部落發展，快速動員全村進行家戶訪談，記錄村落裡還被記得（但被基督教信仰活動所排

8 例如在村裡公認最會唱祭儀歌謠的前任頭目，因為是成年後才從鄰近N部落入贅而來，有時被L村的人認為「不夠了解部落」，部分理由就是因為他沒有在L村參與過年齡階級船祭的整個過程。

除）的傳統儀式內容。然而L村作為鄰近都市中心的部落，族人進入公部門甚至身為民代的人數甚多；為何在文史紀錄的意圖和成果上，反而比偏遠地區的部落要做得慢？依循L村的部落歷史與政治發展的脈絡，可以分成幾個層次來思考。

以集體記憶的多元性來看，每個家族在不同的對外發展經驗上，已經開始進行自己的「文史記錄」，不管是早年跟隨「阿美文化村」在台北甚至國外表演的媽媽小姐們（例如我的乾媽在台北表演時認識了後來的荷蘭乾爸），每個人都有自己的經歷與文化展演史。來自外地或L村內部使用照相機或攝影機的記錄者們，為地區文史紀錄留下早期資料。只是這些紀錄雖然多，卻四處分散，難以作為村落整體性的代表。部落內也曾經舉辦老照片收集活動，但缺乏策展主旨論述以及累積性的典藏方向；收集之後的展示與保存型態有限，影響大家貢獻個人照片的意願。

其次，從日本學者與戰後初期學者的紀錄來看，船祭裡重要的物質文化 *lunan*（祭船），早先是放置在部落集會所旁的 *taluan* 裡，由居住在旁邊的家族負責製作 *tolon*（糯米糕）祭拜。後續因為舊的集會所被日本人徵收為穀倉，戰後又轉移為海巡軍營，祭船因而暫時存放在阿美文化村，卻遭受火災之殃而損失古船兩艘。這些歷史變動使得原來負責祭拜的家族沒有辦法、也沒有意願，繼續維持祭拜。但村中的其他家族因顧忌這是該家族的特定神靈，越權祭拜會遭來不幸，也不願接手，後來就失傳了。另一個負責祭拜的家族，需在準備晉階的年齡階級將海邊的茅草小屋搭好之後，清晨帶著豬到海邊祭拜，紀念與海神約定，後來成為年齡階級的領路者Maciuciu。這些特殊的儀式成為家族「珍藏」的特殊知識，但沒有實際執行的場合和需要，而漸漸與村人疏離。帶有傳統儀式的「權威」協助家族進入地方政治，但是一旦家族成為地方政治的代表，反而卻會讓村落內的傳統活動更難以透過訪談與說明成為「公共知識」。

不過，最主要的問題還是在於「傳統生活與祖先保持距離」的矛盾情緒。這種情緒讓村人在可以不繼續參與儀式的機會下，選擇迴避甚至退出。即便是部落的公共性儀式，例如晉階用的「船祭」，對於祭歌、祭詞，乃至於船祭當天需要注意的細節，以及年齡階級在船祭出發前共同的祭拜位置，都受到「知道太多可能不見得對自己好」的潛在情緒影響。學術紀錄裡的資料又有論述型態的差距，較早都市化的部落甚至更容易出現「把儀式紀錄規畫外包給學術活動」的合作模式，例如重要的巫祭司團就已經由「原住民音樂文教基金會」登記成為該活動的「原住民民俗與文物」的保存團體。如何讓研究單位的紀錄與執行主導權回歸部落，似乎是更值得思考的議題。

這些背景加總起來，在發起文史記錄的活動上，都市周邊的L村反而不見得比偏遠部落更具有能動性或主導能力。社區文史工作活動中，絕大部分的資料都是部落居民自己提供的，先前由學術研究得到的資料又沒有留存給部落。這種情形下，研究者重新介入社區文史與儀式紀錄的意義為何？如果我們只是認為研究者比較能夠「協助」部落組織過往散亂的檔案，或是有「權力」取得過去的資料並留存一份在部落裡，那麼這樣的「合作」關係也只是對於知識權力的再次展演。反過來說，由部落參與的文史工作，如何能夠脫離部落已經存在的權力結構呢？

這些討論與思考，最終都是想要讓這次「船祭」文化資產調查記錄案達成幾個目標：收集整理既有資料、記錄不同年齡階層晉階時的口述歷史、號召參與「船祭」文史紀錄與籌備，最後是讓村人自己決定如何運用收集好的儀式資料。但這幾個目標能夠做到的程度並不相同。最大的問題在於，以前由各家族所保存的儀式記憶，現在轉移為各個地方政治代表自己所設想的重要性：希望讓各家族「公開」描述自己的儀式活動，並且形成整個村落的文化資料庫。整個研究團隊有兩位協同主持研究者、兩位冬瓜大學的研究生（其中一位是當地社區出身的青年S），以及兩位L村的年輕人；每個訪談小組是一位研究團隊的成員，搭配一位社區青年。我們在記錄「船祭」的口述歷史時，從部落既有的九個階級裡挑了五個，作為主要的訪談對象。最老的兩個階級中，能夠接受訪談的人已經所剩無幾，而且實際上，老人家能夠透過口語表現的部分可能不如記憶所及，許多表達需要有實際畫面的協助與攪動。這些事件不只記錄當年的特殊狀況，也呼喚每個階級在晉階時候的集體記憶。

這個操作帶來田野工作裡的多層對話，原本希望可以在訪談完每個年齡階級之後，模仿某些社區電子報的方式發行小型的社區報，跟整個社區介紹每個不同年齡階級當年晉階時發生的特殊事件。但這個想法遇到的困難是，部落青年願意陪同詢問，卻沒有人具有文字編輯整理的經驗；實際上，留鄉青年的專長多半是建築或水電（在鄉鎮環境裡，這樣的需求可想而知）。另一方面，較習慣使用文字的青年，平常留在部落裡的時間少，也不願意（或不好意思）以晚輩的身分，書寫過去的歷史。

為了計畫進行，我們仍然持續記錄不同年代的船祭賽跑路線、村落女孩為晉階男子送飯包的第一次社交活動回憶、船祭當年的特殊天候或者應變狀況等等。但沒有年輕人的參與，該如何推進？部落臉書粉絲專頁為我們提供另一個可能的途徑。我們發現幾個身為訓練下一階級的帶領*Selal*年輕人，平常喜歡以臉書彼此聯絡，也會在臉書上分享對於他們當年在年齡階級晉階的回憶，以及每年豐年祭製作整理傳統服裝、練習祭儀歌唱的心得。於是我們結合現有年齡組織裡的臉書平台，和計畫訪談裡的「故事」成果，以在臉書上和留鄉與旅外青年分享的方式，嘗試讓這個「船祭」儀式活動計畫紀錄，變成故鄉故事的留言板。我自己則和任教的「田野工作」課程結合，讓學生在社區裡訪談四個不同的議題，分別是：年齡階級訓練求生與採集的方式、不同階層年齡階級的船祭晉階經驗、家族特別的儀式活動與知識、不同年代的職業類別與轉變。

在記錄船祭的過程中，訪談團隊開始實驗以滾動式的照片介紹，讓幾位老人一起閒聊，先訴說自己當年的船祭參與經驗，再透過現場參與者提供的老照片，對照片中的情境進行評論或補充。每次訪談完某個年齡階層，就把照片掃描好，放在公開的雲端硬碟上（當然透過照片持有人同意），並且在旁邊加註照片的出處與意義，讓有興趣的村人都可以看到我們如何處理照片以及收藏的方式。照片收集除了引發當年參與者的回憶，也吸引了年輕人的注意。我們在計畫提供的臉書網頁以及Line的群組上，會提供不同年份的船祭舉行照片，喜歡使用臉書的年輕人因此開始討論各家父執長輩還有自己的兄弟姊妹過去參與的影像畫面。透過這個模式，也讓不在部落的村人，可以透過照片回憶、並且參與口述訪談。例如一九四五年戰爭末期舉行的晉階活動，因顧慮盟軍轟炸，所以一反船祭傳統上跑向海邊「重演」祖先上岸的慣例，而是跑向內陸舊神社方向的宜昌國小。另一個例子是一九五九年，因為颱風侵襲，村民們只好在村落外堤防附近的田圳裡，進行抬船推船儀式，並且留下第一張全體的黑白紀錄相片。

訪談內容則先以訪談照片、或過去的老照片作為圖像基礎，配上訪談後寫好的文字內容，再讓L村的年輕人放在他們自己的臉書平台上。於是，故事包括了頭目大哥描述自己十七歲（一九五九年）就提酒到女方家「提親」，還劈柴讓女方家長滿意，並同意在船祭時為他送飯包；村長描述自己當年晉階時如何在海邊防風林裡抓鵪鶉、挖地瓜，並且在深夜兩、三點沒人看到的時候偷偷回家洗澡（儀式禁忌期間其實不「應該」洗澡），這讓現在訓練過程時偷溜回來的年輕人不會覺得尷尬，而會有「原來你們當年也這樣」的感覺；也有長老描述當年船祭的船隻如何在海邊過夜，並且夢到老人家回來教唱歌，還可以在海面上行走的故事等等。這些「臉書貼文」出現之後，許多部落青年除了「按讚」，也開始回應家裡阿公以前說過的故事，或是自己晉階時碰到的糗事。例如有人在重要的賽跑時刻還跑錯岔路，差點沒辦法抵達終點完成晉階；或是為了避免太早到的「禁忌」，卻成了繞錯路而沒有完成晉階活動的「八卦」。透過船祭的集體紀錄，過去因為對祖先的敬畏而不敢多問的儀式活動，慢慢變成在網路上可以流動的「口傳八卦」。

當「禁忌」回到「八卦」的身分，就是歷史可以重新回到部落、再度被賦予血肉的時刻。這些都是老人家過去的「英勇」或「神奇」事蹟，但也是他們過去的日常生活。這個文史記錄過程，其實就像是神話當中「跟著老人一起出發」，但是「變成年輕人回來」的現代版本。阿美族神話故事裡，在海上漂流的人，並沒有跟著陸地上的人變老，因而可以讓年齡階級像年輪一樣，每八年一次，不斷輪轉。透過船祭活動紀錄的公共參與，喚回了每個世代的「年輕人」在儀式晉階生命中的特殊情境以及集體記憶。

在L村漂流了二十幾年的我，也透過這個船祭文資計畫的記錄，反思自己從學習到思念的過程。作為一個從外來學生到留在當地整理資料的學者，以及一個不斷被村落老人家透過美好食物或傳說故事餵養，而可以見證每個世代成長的家人。沒有人說田野工作要多長才合適，但長時間的田野卻是讓參與其中的記錄者，從滿足於一個答案、或提出一個疑問的個人觀察，轉為思考村落歷史不同面向的可能，和協助建立村人可以在上面行走與傳遞訊息的平台。過去的田野工作跟著老人出發，但當代的田野要帶著年輕人回來。

乘船而來的部落可以記錄歷史軌跡，也才能夠朝向未來航行。

▶

李宜澤
Yi-tze Lee

美國匹茲堡大學人類學博士，畢業後任教於母校東華大學族群關係與文化學系。研究興趣分成三個領域，分別是阿美族儀式和集體記憶、情緒與文化認同，以及環境人文與技術轉變的交界。發表過的論文包括〈台灣生質能源計畫的技術選擇與規模的三重邊界〉、〈媒體保留區裡的想像差異〉，以及〈組裝醬料的當代風土論述〉等。近來以阿美族返鄉農人與產業宣教、原住民環境與儀式地景意識變遷，以及台灣跨國農業知識生產等題材進行研究。

學術出版之外，也在芭樂人類學裡討論過基因改造議題、田野工作教學、原住民政治象徵、農業環境倫理等等。對台灣的環境人文與群體心理狀態的演繹最感興趣。這次田野經驗書寫，讓我感受到村落神話與當代文化傳承的密切相關，也顯示都會化部落在文化復振情境的特殊。以此紀念在天上看顧部落的長老們，以你們的話語帶領部落青年走上邦查的實踐之路。

無處不田野

穿梭在發展計畫和臉書中的人類學家

邱韻芳｜暨南國際大學東南亞學系人類學碩士班、原住民文化與社會工作原住民族專班永遠記得那整整一年跨（不）進部落時的焦慮。

二〇〇四年我從博士班畢業，來到位於埔里的暨南大學人類學研究所教書。隔年通過了第一個國科會計畫，進入離學校約一個鐘頭車程的史努櫻部落做研究，卻突然發現自己不會做田野了。

主要的關鍵來自於身分的轉變。研究生時期，可以很長時間住在部落裡「無所事事」地閒晃，慢慢熟悉、感受田野地的人、事、物，族人對於遠道而來學習的都市女孩非常包容與照顧。進入大學教書後，生活被教學與行政瓜分，待在部落的時間零碎不易建立關係，每次的短暫停留總好像帶著很強、讓自己也不舒服的目的性。更困擾的是，新冠上之「大學教授」頭銜不時面臨一些族人期待（「你能帶給部落什麼？」），或質疑（「又是個來部落拿原住民文化換學術成就的人！」）的目光，在在成為還是菜鳥老師無法兼顧教學與研究的我心頭之重擔。

族人期待回饋，我也認為自己該對部落有所回饋，但問題是，我究竟能給部落什麼？我的國科會研究計畫主題是關於霧社事件，但族人沒興趣也不想談，即使勉力完成，硬邦邦的論文對他們也沒啥意義。當時史努櫻的社區發展協會剛接下原民會計畫，希望我能對他們想要從事的觀光或其他產業，有具體的建議或提供資源上的協助，但我對這領域的理解幾乎一片空白，也沒有相關人脈可引介。無法回饋部落的焦慮以及對自身研究和田野能力的強烈質疑充斥腦海，有好長一段時間，我的心和腳沉重到怎麼也跨不進部落。

為什麼變得如此？我在許多個無法入眠的夜裡，一次又一次問自己。將時間倒轉到一九九〇年，當時迷茫、看不見未來的我決定逃離感受不到溫度的數學研究所，奔向較有「人味」的人類學領域，連著兩次考試落榜，卻意外地促成了和原住民部落的美麗相遇。回想那一年，我因擔任「第一屆原住民樂舞系列：阿美篇」在國家劇院演出時的義工，認識了來自奇美部落的旅北阿美族人。隔年跟著這群阿美族朋友一起回奇美參加捕魚祭時，一個扛著攝影機的男子前來搭訕，問我有無意願加入他們的工作團隊。就這樣，我在一九九一年進入「多面向藝術工作室」，參與自然科學博物館委託的九族簡介片，以及後續由多面向自製的原住民紀錄片拍攝工作。

那兩年多走訪許多部落、參與紀錄片拍攝的日子，是我人生中最重要且戲劇性的轉折，部落像是一個奇幻世界，散發出難以抗拒的氣息和魅力，使我深深耽溺其中，並且開啟了一扇窗讓我得以「發現」，進而從非常不一樣的視野重新認識、感受台灣這塊土地的美麗和豐饒。不僅如此，認識原住民朋友之後，就如武俠小說中描述的任督二脈被打通一般，我過往由於怕生而只用在談戀愛和寫作的熱情不再被禁錮，找到了更寬廣、愉悅的出處，也更能看清、進而接近真實的自我。一九九四年，終於進入人類學研究所就讀的我，毫無懸念地選擇了原住民部落作為往後唯一的研究對象。

曾經那麼愛的部落和族人，在我拿到博士學位、再度進入田野之後，卻突然變成了害怕面對的「他者」，這實在是一刀插入心臟的致命衝擊。我不僅無法成為「被接納的局內人」，連當個「有用的局外人」都做不到。田野的困境加上初教書的種種笨拙、不適應，讓失去熱情就會枯萎的我對自己完全失去了信心，深深地墜落到看不見谷底的憂鬱之中。

那是一段非常折磨的黑暗時光，我透過僅餘的一點點意志力與腦袋裡多次浮出想要放棄人類學，甚至放棄自己的念頭拉扯，意料之外的是，在好好壞壞起起伏伏的過程中，讓我能夠逐漸找回自信並且再度懷抱熱情走進部落的，是一些和「研究」幾乎完全無關的事務，包括幫部落國中生家教數學、在暨大創辦原民週、成為原青社的指導老師，以及走出校園參與原民會的部落營造計畫。這些不太學術或完全不學術的行動讓我開始覺得自己有一點用處，並且從不同的角度看到了更多（面向）的部落。

「發展計畫」中的人類學家

二〇〇五年，原民會配合行政院「台灣健康社區六星計畫」，推行「原住民部落永續發展計畫」，歷經「重點部落」、「示範部落」、「永續部落」與「活力部落」等名稱的更迭，在同樣的計畫精神與脈絡下執行至今已邁過十年的門檻，可以說是原民會推動的補助計畫中壽命最長的一個。[1] 二〇〇九年，有多年部落經驗的埔里在地NGO組織「台灣原住民族學院促進會」(簡稱「原促會」)首次承接重點部落計畫的全國專管中心與北區輔導團隊工作，邀請我擔任期中／末評鑑委員。而後幾年，隨著與原促會關係日深以及自身的積極投入，參與的面向越來越廣。因為加入這個計畫，我才對於當代台灣的「部落發展」現象和相關政策有了比較具體的了解，也開始思索在這樣的發展計畫中，作為一個人類學家能夠扮演什麼樣的角色，並試圖從「發展人類學」的相關文獻與研究中尋找啟發。

然而，當龜毛的人類學家踏入講求效率和成果的發展計畫，究竟能有多少施展身手和專業武功祕笈的空間？和不同領域專家一起進行團隊工作時，又會產生哪些問題？以我自己參與原民會部落營造計畫的經驗來說，剛開始加入時，我一方面相當倚賴原促會有關部落產業的專業與經驗，從中獲益許多；但另一方面，他們在執行計畫時與部落互動的方式卻又令我感到困擾。每當有機會進入一個陌生的部落時，愛透過聊天來建立關係和理解環境的人類學家習性，總會讓我很想和族人多相處一會兒，吃吃喝喝，最好還能住個一晚。但因為計畫有時間的壓力、經費預算相當吃緊，加上不同的學科訓練，原促會的工作方式常常是開幾個鐘頭的山路到部落，一坐下就開門見山地談計畫談工作，談完便離開趕往下一站。

1 為方便敘述，本文將以「活力部落」來統稱不同時期的原民會部落營造計畫。

如此蜻蜓點水式的逗留，實在很難與族人建立關係，或對各部落執行計畫的狀況有較多的了解；尤其我有教職在身，無法全程參與這個計畫，更增加了想要深入接觸的難度。既然無法改變上述的結構條件，我於是決定跨出原本被賦予的責任，盡可能地撥出時間自告奮勇參與活力計畫的各個不同環節，例如訪視、培訓工作坊、期中交流、工作會議、全國成果展等，以此來累積相關的了解與建立人脈。另一方面，原促會工作人員在和部落族人或相關的專家、顧問討論計畫時，我一定專心聆聽，並會利用遙遠的車程多和他們聊聊計畫內容、部落的基本背景與執行狀況，同時詢問相關的行政細節。

從評鑑委員、陪伴顧問，最後變身為活力部落北區輔導團隊計畫主持人，透過這些年來一點一滴的參與和累積，我漸漸能較為全貌地理解當代原住民部落所面臨的一些發展契機與困境，以及中央與地方機關在政策實踐過程中各自扮演的角色，並且進一步跨出這個計畫之外，抓住每一段短短旅程中所遇到的機會和資訊，去參與我感興趣的活動，同時逐步建立相關的人際網絡。

這就是為何大家總在臉書上看到我到處趴趴走，出現在這麼多部落的原因。儘管大部分時候只是短暫停留，但走過越多部落，我越深刻體認到台灣原住民社會的豐富多元而不敢聲稱自己很懂原住民。部落有著如此多樣性的原因不僅僅是因著「族」的差異，還源於被地理環境、周遭互動族群、歷史過程等種種複雜交錯的力量所形塑。二〇一二年八月，我在朋友引介下，隨著幾位魯凱族人坐上流籠，進到屏東霧台鄉Labuwan部落。當時八八風災已經過了三年，此地早被專家評估為安全區域，卻因政府一直未重建跨越隘寮溪的橋樑，以致族人若想回家只能仰賴自製的簡易流籠。永遠記得進到Labuwan看見田地上長著如此多樣的傳統作物時，心中的驚訝與激動。過往的部落經驗讓我以為如此景象是早已消逝的美好文化與傳統，事實卻非如此；而眼前豐饒的景象也讓我頓時理解，為何Labuwan的魯凱族人不願遵循政府的災後重建政策，放棄部落的家，搬到山下的永久屋。

然而，驚豔於台灣原住民文化多樣豐富的同時，這些年走進不同部落映入眼簾的，卻又常常是入口意象、花台、故事牆等各種類似的設置，內容也往往不外乎是狩獵、織布、穀倉、瞭望台，或穿著族服的巨大人形塑像。這些原本意欲用來表徵自我族群特性的「不一樣」，卻變得越來越「一樣」，尤其在經過各種類似「活力部落」這樣以「文化」或「產業」為主軸的政府計畫大力塑模之後。「觀光客／評鑑委員的凝視」和「計畫評鑑的指標」逐漸內化，進而形塑了許多族人們對於「部落應該是什麼模樣」，以及「ＸＸ族必須擁有哪些文化」的標準想像。「我們這裡看起來不像原住民的部落」或「我們部落沒有文化」成為不少族人對自己部落的負面評價，於是乎，努力去證明自己的家園符合外人眼中的「原住民部落」意象，常常弔詭地成了部落發展計畫最首要的目標。

我開始思索身為一個人類學家在這樣的發展計畫中能夠扮演的角色。究竟何謂「傳統」？何謂「文化」？在當代的情境裡「復振文化」或「延續傳統」到底又意味著什麼？在參與活力部落計畫的過程中，我看到政府單位的「操作定義」、族人的認知、學者與評鑑委員的想像，環繞著這些關鍵詞彙相互競逐、妥協或複製。拆解這些糾葛線團的同時，我努力讓自己有能力成為不同領域之間的「文化轉譯者」，同時也嘗試在體制中提出質疑、做一些翻轉，或修正自己原有的想法。

二〇一二到二〇一三年擔任嘎色鬧部落陪伴顧問期間，就讓我體驗了一場意料之外的「文化」震撼。

不一樣的部落意象與故事牆

位於桃園復興區的嘎色鬧在行政區域上屬於奎輝村的七至九鄰。奎輝村共有五個部落——枕頭山、下奎輝、中奎輝、上奎輝及嘎色鬧，其中地處最深山的嘎色鬧是唯一經過奎輝村主要道路時看不到的聚落，海拔七百到八百公尺之間，群山環繞、多雲多霧，因位於最角落之處，就連同為復興區的泰雅族人，也未必知道有嘎色鬧這個部落。

在活力部落計畫的人員配置中有兩個最基本的職位，分別是計畫主持人與部落營造員，而後者的角色又比前者更為關鍵。營造員是計畫中唯一領專任薪資的職位，對外必須面對原民會、縣政府，和輔導團隊，處理非常多且繁瑣的文書與行政事務，對內則必須協調不同立場、觀點的族人與各個組織，是非常辛苦且需要耐心與毅力的職務。相對於專職的營造員，計畫主持人的參與程度則相當有彈性，有些甚至只是掛名而已。嘎色鬧的哈告牧師是少見的非常投入的計畫主持人，他和營造員星美是我在活力計畫中所見過互相搭配最好的工作伙伴。

二〇一二年八月，我到嘎色鬧做每個月例行的活力部落訪視，星美和牧師談起下一年度所要提的計畫內容：

「老師，明年營造民族環境部分，我們想要以蜻蜓作嘎色鬧的部落意象。」

「蜻蜓？為什麼是蜻蜓？」我的腦海立刻出現許多問號。

「因為我們部落有很多種不同的蜻蜓。」

「就只是這樣？」我繼續追問，「可是，蜻蜓和泰雅文化有什麼關係呢？」牧師和星美一時也無法解答我的困惑，於是我請他們透過部落會議再和族人討論看看有沒有其他更好的選擇。此外，計畫內容中還有一個項目是想請一位近年來知名度頗高的年輕泰雅畫家在部落入口處繪製故事牆。我沉默了一會兒，忍不住又說出心中不同的想法：「我看過那個畫家的畫，挺好的，真的，可是……你們要不要考慮自己動手畫？」

我的擔憂其來有自。前幾年，曾有一個我陪伴輔導的泰雅部落聘請這位年輕畫家繪製故事牆，成品美雖美矣，但我總覺得他的個人風格太強，以致畫出的作品和部落生活有一種距離感，感覺那面故事牆仍舊是屬於畫家本人，而非在此生活的族人。再者，我也擔心會有越來越多的泰雅部落邀請這畫家來「負責」部落民族環境的營造，到時，豈不又是一場看起來都「一樣美」且「一樣泰雅」的惡夢？

一個月過後，牧師和星美告訴我部落會議的討論結果。故事牆的部分採納了我的建議，不假他人之手，由族人組成工班，自己討論、繪製和施作；至於部落意象，還是決定用蜻蜓。這回牧師除了再次對我強調部落裡至少有七、八種以上的蜻蜓外，還提出了一個說法，就是族人認為可以用「蜻蜓點水」來比喻他們的祖先從原居地遷移到嘎色鬧部落的曲折歷程，途中經過幾個地點「產卵」都沒有成功，一直到抵達了有許多獵物足跡的嘎色鬧才定居下來。

雖然我心裡對於蜻蜓是否為合適的「部落意象」還是有些不確定，但部落會議的背書，加上以蜻蜓作為比喻來詮釋部落遷移歷程的說法暫時說服了我。不過，後續的發展充分證明了「蜻蜓」的確是一個可以凝聚嘎色鬧族人的有力象徵。工班和隨機加入的族人們熱列地討論該用什麼材質、形式，然後一起動手施作，最後完成了十來個色彩繽紛的蜻蜓裝置意象，以及三支巨大的體驗管蜻蜓。

蜻蜓意象的製作，意外地成為這個小小部落裡的吸睛事件，也讓一些原本不清楚或是未參與活力部落計畫的族人加入了討論，甚至實際動手參與。此外，因為這些五顏六色的成品太討人喜歡，甚至有上部落的族人抗議，為什麼只有下部落有這些蜻蜓意象，他們也想要。星美解釋由於經費有限，加上需要土地同意書才能施作，因此只能先在進入部落的道路兩旁以及入口區域設置。商量後，上部落的族人決定自己解決經費與土地的相關問題，請工班也為上部落製作蜻蜓意象裝置。

故事牆的部分又是另一個引人入勝的過程。延續了之前製作蜻蜓意象的經驗與熱情，這次工班施作故事展板的步驟更加細膩，從討論主題、繪製草圖，到線雕、上色，最後把展板裝上牆面，雖然不是很專業，甚至最後的成品還留著錯誤塗抹的痕跡，但卻非常樸實動人，且從材質到內容都是獨一無二的嘎色鬧風味。工班總共協力完成了八個故事展板，每個展板都代表了一個他們討論後想要表達的重要主題，再利用羅馬拼音的族語和簡單的圖像來表達。第一幅就是用「蜻蜓」意象描繪族人從原居地一路找尋適合居住的家園，最後來到了獵物豐饒的嘎色鬧定居之「部落遷徙圖」。另一個讓我印象深刻的主題則是「*sbayux*」（換工），下方三個子圖繪出了過去族人最主要的換工場景：「*kbalay ngsal*」（蓋房子）、「*muhi pagay*」（種稻），以及「*mnayang*」（燒墾）。

期中評鑑當天，我聽著牧師向評鑑委員一一述說這些不同故事展板所要表達的意涵，以及製作過程中族人的相關討論，深深感受到這些展板不僅僅只是為了要讓外來的訪客藉此了解「嘎色鬧」的媒介，更重要的是，它是族人合力創造出來的作品，刻畫著他們共同擁有的文化與記憶。

一個月後，我再度到嘎色鬧做例行訪視時，特地多留了一天。當晚和哈告牧師以及他的弟弟達告閒聊時，我才知道，原來蜻蜓除了生態與作為遷徙象徵的意義，更讓他們念念不忘的是，牠是這些和我年齡相仿的中生代嘎色鬧族人共同的兒時記憶。兩兄弟神采飛揚地向我敘述他們小時候如何比賽抓蜻蜓，如何在其尾巴綁一條線「溜」蜻蜓。「蜻蜓是我們的童玩。」他們異口同聲地說。然後，從蜻蜓又聊到他們孩提時的「狩獵」。達告說，嘎色鬧的國小分校對面那塊地過去種水稻，後來休耕長滿了芒草，就成為孩子們的遊樂園，以及抓竹雞、老鼠、伯勞鳥的狩獵場。他們可以在下課十分鐘從教室衝出來放陷阱，再在下一次下課時跑出來檢查有沒有抓到小動物，有些老師還會用便當和孩子們交換獵物。

我聽得目瞪口呆，望著那塊如今種了火龍果的果園，實在很難想像這是他們口中的「狩獵場」。我突然理解，原來蜻蜓也不只是蜻蜓，而是與族人記憶中熟悉且難忘的部落環境與身體經驗深深鑲嵌在一起的。在選擇「部落意象」時，嘎色鬧的族人沒有被一般刻板印象的「族群」文化所綁架，而是找到了「蜻蜓」——這個他們有著共同記憶因此可以投注情感與意義的物——作為代表部落的象徵，並且在將其轉化為具體部落意象的過程中，透過共同的討論與行動，賦予「蜻蜓」這個原本可能日漸從記憶中被淡忘的「物」新的詮釋與意義，使其成為連結嘎色鬧過去與現在的重要媒介。

來開部落會議吧！

在原民會開始推動部落營造計畫之前，由文建會所主導的「社區總體營造」其實已經進入少數的原住民部落。然而，漢人和原住民族地區能夠運用同一套社造機制嗎？對此，張瑋琦在其有關花東一個阿美族部落社造歷程的碩士論文中，以引人深思的副標題：「一個想要變成社區的部落？」指出了這樣的質疑。[2] 二〇〇五年，原民會由文建會手中接手原住民地區的總體營造，並改以「部落」作為計畫執行的範圍，顯然是意圖將原住民「社區」再變身回「部落」。然而，過往中華民國的行政體制裡從未以「族群」或「部落」作為基本單位，這樣突兀的變身無法像搭乘時光機一般順利地回到過去，必然會遭逢許多阻礙。因此，隔年原民會特地訂立了「行政院原住民族委員會推動原住民族部落會議實施要點」，並且在重點部

2 張瑋琦，《河東部落社區總體營造：一個想要變成社區的部落？》，國立東華大學族群關係與文化研究所碩士論文，一九九八。

落計畫中明訂，計畫案開始之初須召開「部落會議」討論，通過後才能送出審查。此外，每年定期召開部落會議，也是計畫中規定必須執行的基本項目。

當時的原民會主委瓦歷斯．貝林曾明確指出，部落會議的設置乃是要建立原住民議事平台，找回過去形成決策模式。[3]然而，經歷了不同外來政權的殖民統治，原住民社會中已糾纏許久的新、舊傳統與歷史，實在難以用這樣一個立意雖好，卻沒有充分配套以及法律力量支持的簡單設置來解開。這個透過政策由上而下植入的「部落會議」設計引發不少爭議。[4]以我自己在活力部落脈絡下的接觸經驗來說，有很多部落是為了要提案原民會計畫才「不得不」成立部落會議，然而實際召開時，部落會議和部落會議主席的代表性卻常常受到其他既有政治勢力（如村長、社區發展協會理事長等）的質疑，甚至造成部落紛爭。因為工具性太強、爭議又大，不少部落會議組織在執行完原民會計畫後也跟著煙消雲散。

不過在嘎色鬧，卻意外地讓我看到了部落會議極為正向的發展。星美其實是隔壁部落（上奎輝）的泰雅人，但因為嘎色鬧部落人少，適當的人才難尋，故牧師特地請她來擔任營造員。星美國小三年級就離開部落到外地讀書，擔任過護士、世展會的社工，行政難不倒她，但不熟悉部落的人際關係讓她在執行第一年計畫的過程中面臨了相當大的挑戰。星美說，當時她動員了父母和嫁到嘎色鬧的阿姨一起陪她拜訪族人，要召開部落會議之前更是得挨家挨戶發送開會通知，拜託大家來參加。所幸，第一年透過她和牧師兩人的努力，族人感受到部落變得不一樣了，進而漸漸願意參與。第二年的部落會議，星美不需要再三催四請，而且族人發現，部落會議讓嘎色鬧這個小部落第一次有了可以討論內部公共事務的平台，參加人數因而穩定成長。到了計畫第三年的第一次部落會議，有族人提出部落一直很關心卻始終未受公部門重視的道路鋪設、示範公墓等相關議題。會議結束後，星美把會議紀錄送到鄉公所和縣政府。舉行第二次部落會議時，復興區的區長以及一位陳姓議員列席參加，不僅回應了族人所提的公共議題，並且允諾另撥經費，支持嘎色鬧正在推行的蜻蜓意象設置，給族人們很大的鼓舞。

這一年九月，我終於有機會參加了第三次的部落會議。會議一開始，牧師向族人介紹我是活力部落的陪伴顧問並請我致詞。我簡單地介紹自己，以及表達對嘎色鬧活力計畫的一些觀察，之後便安靜地旁聽部落會議的進行。參加會議的族人多，發言也踴躍，尤其是當牧師請耆老來講述故事牆木雕板畫上的內容時，氣氛非常熱絡、溫馨，與我之前參加另一個大部落的部落會議時，現場冷漠但又暗潮洶湧的詭譎氣氛完全不同。

十一月初，我再度參加了嘎色鬧這個年度的第四次部落會議。三年期的活力部落計畫即

3 引自《原地發聲》第二七一集：部落會議位階與權限、功能在哪裡？影片網址：https://www.youtube.com/watch?v=Dlq7I5n6Wvk

4 同前註。

將在年底結束，牧師和星美討論後決定，隔年不再提任何政府計畫，打算試著用自己的力量和步調，繼續推動部落的營造與觀光產業。對部落來說，不依賴公部門計畫的經費奧援持續前行是不小的難題，然而，因著這三年活力部落計畫所激發的部落「活力」與動能，他們有信心試著去接受這樣的挑戰。因此，這次部落會議最重要的主題就是討論明年部落的走向。

當天會議中，對於日後部落該怎麼進行自己的觀光產業，出現了一些不同的看法，其中一個比較激烈的爭執是發生在現任部落會議主席ＨＫ與另一位部落意見領袖ＬＣ之間。ＬＣ擅長編織與原住民樂舞，對外關係也很好，是地方上相當活躍的人物。ＨＫ首先說明想要由部落自主推動觀光產業的原因，而後徵求在場族人的意見，ＬＣ第一個舉手發言。她說，大家不必擔心沒有遊客，在地的國小校長已經承諾她，明年學校有一個計畫，其中有不少教育參訪活動，校長會直接把人帶到嘎色鬧來，部落只要提供導覽人員即可。ＨＫ回應表示，他對校長未先與部落商量就決定一切的做法無法認同，覺得部落的遊程應該要由族人自己主導。ＬＣ認為校長是想要幫助部落，ＨＫ不該曲解其善意。

眼看兩位「頭人」語氣中火藥味漸濃，我發言試圖調解，說其實兩人的看法並沒有衝突，ＨＫ強調的是部落的主體性，這的確非常重要，校長只要在帶人來參訪前，事先和部落的主事者聯繫，由部落來評估是否能夠承接，若可承接，雙方再共同討論、訂定參訪行程及經費預算。雖然兩人臉色還是不太好看，但我的發言總算即時撲滅了可能引燃的火苗。隨後，在場族人們討論一些部落自行推動觀光的細節，包括要不要做部落市集和相關的硬體建置及經費來源、專職人員的聘任與族人的分工，以及究竟該由部落會議還是社區發展協會主導時，我也都被動或主動地提出了看法。

兩次的部落會議，從安靜地旁聽到適時地給予意見，甚至試圖調解紛爭，我與嘎色鬧族人關係日漸深化，也依此拿捏自己身為一個人類學者在他們部落營造與產業發展過程中所能發揮的積極性功能。

乘著臉書的「翅膀」飛翔

透過活力部落計畫的參與，我得以踏上許多原本應該不會有機會親近的部落，大大擴展了我有關台灣原住民的視界。這些東奔西跑的旅程除了增進我對於不同區域、族群之原民部落的了解，也讓我從中窺見原民會的部落營造計畫和「部落會議」的設置，釐清這些原民政策在實際執行過程中所遇到的一些問題與產生的作用力，包括如何影響族人之日常生活以及腦海中對於「發展」的想像。然而如前所述，跟著原促會走訪部落，常常只能在各處留下淺淺的足跡，如此散點式的接觸實在難以連結成線，更遑論擴張成較全面性的理解。真正讓我能夠跨越時空限制在部落之間飛翔，進而把在各處認識的族人和聽聞到的原民議題交織成更密實網絡的功臣，其實是臉書。

成為有「臉」的人是在二〇一〇年，當時我正在做大專山地服務團的研究，為了能和遠在北部大學就讀的山服團學生交流，才開始使用這個原本毫無所悉的社群網路平台，沒料到一用成主顧，自此成為臉書的愛好者與重度使用者。其實，就連會從事山服研究都是個意外。二〇〇九年暑假，我在某個部落國小驚訝地遇見了以為早已不存在的「大專山地服務團」，初步的參與觀察動搖了我原本腦袋中對山服的「刻板印象」，並且覺得這是個值得進一步了解的特殊原漢文化接觸場域，於是山服團成了我人類學生涯裡第一個非原住民的研究對象。[5]

長期以來，學界和一些原住民菁英對山服有不少犀利的批判，力道大到讓「山地服務」某個程度成為了「汙名」的象徵。[6] 然而在研究過程中，我卻從起初對山服的質疑，逐漸轉變為透過這個「他者」，反思人類學自身在部落的角色和價值。在一般族人心目中，我們是否真的有把握，人類學家必然會比山服團更受歡迎？我們和山服團員真的如此截然不同嗎？

研究山服之後，這些大學生讓我對我在部落裡原本最不熟悉、卻是山服的強項——小朋友和青少年——開始有所接觸；而其中一些團員也會在比較熟稔後，和我討論原住民相關議題。認識山服讓我多了一群可以聊部落、參與原住民活動的朋友，這對我來說是非常難得且快樂的事，因為部落是有著不同滋味的生活世界，真的很難和沒有去過部落的人聊部落、聊自己的研究，儘管部落明明就在台灣島上而非遙遠的異國。透過山服，我突然開展了新的社會網絡，這是我之前做「傳統」人類學原住民研究時很少有機會碰觸到的一些領域和人脈。這個不同領域的交流經驗讓我渴望認識、了解更多更多與部落相關的人和事，而臉書正好提供了一個我所需要的交流平台。

最初之所以被臉書吸引，是因為這兒有許多難以在一般大眾媒體現身的原住民相關訊息和討論，然而讓我更進一步沉迷的原因是，使用臉書後，增加了許多能夠「見」到原民圈內人的機會。雖然在臉書上的「見」不是面對面的見，而是「見」到對方的貼文、照片、參與活動的紀錄和結交的朋友等等，但「見」到這些累積了某個時空厚度的「個人履歷」，不少時候比面對面的「見」更有助於理解一個人。畢竟，很少人會和初次見面的人分享如此多的自己。

5 可參考邱韻芳，〈服務、學習與觀光：當人類學家遇見大專山地服務團〉，《華人應用人類學刊》一（二）：八九～一一五，二〇一二；〈當人類學「進入」大專山地服務團〉，收於郭佩宜主編《芭樂人類學》，頁八〇～八九，新北市：左岸文化，二〇一五。

6 可參考瓦歷斯諾幹編，《山服的過去、今日、未來》，台中：台灣原住民人文研究中心，一九九三；趙中麒，〈大學「山地服務隊」的省思〉，二〇〇九年八月七日，網址：http://e-info.org.tw/node/ 11031。

我自小是個內心熱情卻怕生的人，一直不太喜歡甚至有些抗拒用電話與人溝通，總覺得要面對面看著對方的神情，才能好好地說出心裡的話。講電話看不到對方的臉又要立即回應，尤其當彼此素昧平生時，根本無法想像在電話另一頭說話的人是什麼模樣，我總是需要跨越不小的心理障礙，才能拿起沉重的話筒。因此，當需要接觸的對象是陌生人或「半生不熟」的人時，對我來說，臉書是比電子郵件和電話更好的媒介。電子郵件所連結起的人與人之間「距離」太遠、太沒溫度，電話線的「距離」則又太近太直通，像是要閉著眼去短兵相接，令我缺乏安全感。相較之下，臉書的「媒介距離」最適中，可以在事前先見到對方的「臉」和讀他的貼文增加熟悉度，發出和接到訊息後也可以技巧性地選擇不立即回應，有種進可攻退可守的舒適感。

林瑋嬪在《考古人類學刊》「網路．人類學」專號的導言中提到，人類學家米勒（Daniel Miller）在他的《臉書故事》（*Tales from Facebook*）一書中表示，很多人在臉書上與朋友親人在一起、參與公共事務與各種議題討論，對他們來說，實質居所只是一個提供吃飯睡覺的物理空間，反而是在社交網站上比較像是真正生活著的人，[7] 我讀來頗覺得心有戚戚焉。透過臉書這個平台，我或淺或深地結識了許多原民圈「好友」，理出他們彼此之間，以及他們和各種原住民議題、活動和組織之間的關連，然後透過轉發、抒發相關心得和觀點的貼文，一步步將自己也嵌進這個網絡之中。雖然臉書的確如許多人擔心可能會有假新聞，或是同溫層太厚以致訊息失真的疑慮，但若能審慎地不輕易隨貼文起舞，並有對原住民事務和人脈一定程度的掌握作為判斷和查證的基礎，是可以大幅提高臉書作為訊息來源的可信度。再者，臉書很大的一個功能是提供多元的原住民相關資訊，因此它不僅不會讓我逃避真實世界受困於虛擬的時空，反而是啟動我跳入現實，參與各種不同形式的原民活動，進而做出許多與原住民議題相關之實際行動的重要推手。

臉書總是指向夢想的遠方，讓我的心靈和身體得以跨出日常空間，更有滋味地生活著。

虛擬和真實世界交錯的部落行走

這幾年來越來越多青年回到部落，透過申請小額計畫做部落地圖、種小米，學習織布。或許有人擔心這些只是一時的風潮，我也相信會有這樣的現象，但我的確看到了一些我所識與不識的原住民青年依著自己的步伐，超越計畫、活動的框架，透過日常生活裡的身體力行，與部落、土地產生了更深的連結。他們討厭被冠上「返鄉青年」如此新聞標題

7 轉引自林瑋嬪，〈網路．人類學：網路、社群與想像〉，《考古人類學刊》八五：一～十五，二〇一六。

式的英雄封號，也不覺得自己是身負文化復振的神聖使命，就只是簡單地回到部落生活。

因為，文化就是生活。[8]

從二〇〇九年擔任暨南大學原青社的指導老師，二〇一四年接下原專班主任一職之後，我與原住民青年之間的近距離接觸日益增多，他們成為我生活中最甜蜜的負擔，我的關心從學校擴展到校外，特別是那些回到部落的年輕人。因此當我這幾年明顯地從臉書感受到原住民青年力量的崛起和集結，便特別留意、細讀相關資訊，進而主動或被動或機緣湊巧地認識了一些充滿能動性的青年和相關組織。包括對原住民議題著力甚深，不只在臉書發聲也屢屢走上街頭大聲疾呼原住民權益的「原住民族青年陣線」；從大學校園回到部落，串連台東布農青年力量，將理念認真付諸實踐的「東布青」（社團法人台東縣布農青年永續發展協會）；以及出現在我芭樂人類學部落格文章〈在部落，看見青年的身影〉中能寫計畫、做地圖，也能種田、織布的三位支亞干部落的太魯閣族青年。

臉書不僅僅擁有把陌生人變成「好友」的魔法，也讓原本認識但因距離分隔兩地的人能夠藉此維繫、甚至更深化彼此之間的交誼。我和〈在部落，看見青年的身影〉一文所記錄的另一個主角比穗就是如此。這位泰雅姑娘畢業於暨大社工系，不過更被人知曉的是她創作歌手的身分。我們因為暨大原青社而結緣，大四時她修了我在人類所開的一門課，期末交上一篇很特別的報告，名為「找尋遺忘的泰雅祖靈：一位年輕獵人的生命史」，文章男主角威朗是宜蘭縣南澳鄉武塔國小的老師，同時也是有著十八般「傳統武藝」的泰雅獵人。

就像偶像劇情節般，自小生活在都市的比穗與在部落長大的威朗相識相戀，並且結為連理。說實話，看到過往習慣自由自在的比穗因著愛情和文化雙重吸引力遠嫁到部落定居，我是有些擔心，於是常常透過臉書關注她的動態。事後證明我的擔憂對了，也錯了。放下吉他、嫁到部落，成為人婦後，頭一、兩年比穗曾經準備考國考、也到過社工機構上班，但都不能讓身心得到安頓，直到開始下田種作、跟著她暱稱為「獵人先生」的夫婿走進山林執行林務局的傳統領域調查計畫，並且克服心中複雜情緒，親手處理獵人先生打到的獵物。漸漸地，她眼前的路，而且是兩人同行的路，才越來越明朗。

二〇一六年年初，我在比穗的臉書上看到了重大宣告。夫妻倆打算在威朗外婆留給他的耕地上，搭蓋一座泰雅傳統家屋。蓋傳統屋不是件容易的事，過去是由同一個血親家族一起幫忙，但如今難以再套用這樣的模式，思量再三後，他們決定將傳統泰雅人共做共享的精神擴展到血親之外，透過臉書發起「泰雅家屋工作假期」，邀請認同夫妻倆理念的志工一起來參與。

8 引自我在芭樂人類學部落格的文章〈在部落，看見青年的身影〉。

臉書的召喚獲得相當多來自台灣各地、甚至香港朋友的響應。花費將近半年時間，傳統家屋完工了，部落族人好奇地詢問何時「開幕」，但這家屋不是為了營利目的而興建，就只是小倆口單純希望能夠成為在此生活的家罷了。泰雅家屋工程告一段落後，比穗又開始了另一項艱鉅的挑戰——成為織女。在沒有織布工具、沒有家族老人教導，一無所有的狀態下，她透過臉書偶然看到好友貼文的訊息，循線找到一位太魯閣族織女老師開始學織布，之後又尋覓到屬於自己族群系統的泰雅織女老師繼續學習，還進入中研院博物館分析南澳群的傳統服飾織紋、解謎般閱讀織布書裡的老織布圖片，同時在威朗陪伴下四處尋訪各部落還在織布的老人家。更重要的是透過身體的實踐，日復一日「一個太陽、一個月亮，慢慢的，織著」[9]，讓織布成為生活中的日常。

二〇一七年六月，比穗覺得自己已經初步融會貫通出一套對於整個織布體系的理解，於是決定在暑假開辦兩期的「沉浸式泰雅傳統織布工藝工作坊——地織機初階班」，用陪伴的心情，將自己一路走來的心得與經驗分享給想要學習傳統織布的人，而上課地點就在小倆口的泰雅傳統屋。

在比穗臉書上看到這個織布班訊息時，我立刻想到暨大原專班有位很想學織布的太魯閣族女孩思潔，於是將這則訊息轉貼到她的臉書。思潔報了名，也順利被錄取，課程開始後，我特地挑了一天到泰雅家屋探望她。很難形容進到泰雅家屋第一眼望見織女們在昏暗光線下織布的心情，彷彿走進了電影的場景，如此古典但又如此日常。我一下明白了為什麼比穗用「沉浸式」來命名這個織布班，又為什麼她笑稱這是「織女品格養成班」，因為在這個氛圍裡，人（織女）、物（織布、織布機以及織具）與環境（泰雅屋）是互相交融、合為一體的。

當天下午我拍了其中一位學員——也是暨大畢業的泰雅姑娘雪兒——專心織布的照片貼在臉書上，晚上就見到雪兒的媽媽已經轉貼到自己的臉書，並在原貼文的留言裡寫下這段話：

> 看到這畫面就會想到小時候念國小二年級時，中午吃完飯都在我媽腳邊睡覺，提醒我媽中午一點叫醒我（我要上課）。以前床鋪是榻榻米，而且我媽很少休息都下田工作。所以只要她休息一定會織布（我最幸福的時光就是在我媽腳下聽到扣扣聲進入夢鄉）。

「最幸福的時光就是在我媽腳下聽到扣扣聲進入夢鄉」，如此美好的兒時記憶與畫面，若非透過臉書看到女兒織布的身影，恐怕早已被歲月的塵埃淹沒，沒有機會再被喚醒了吧。而我的原專班學生思潔，這段時間同時在社工機構實習以致進度落後，需花費更多時間熬夜，甚至連颱風天都在趕工。終於完成她的第一塊織布後，一向低調幾乎從不發文的思潔在臉書

9 引自比穗臉書貼文。

留下了長長一段動人的感言，其中一段話是這樣寫的：

織路漫長，走的確實不簡單，需要恆久的堅持與耐心，但那是正在走回家路的一條捷徑，連結了與人與土地文化情感，是緊密的，寶貴的。

透過臉書，我才能讀到，進而有機會參與遠方部落青年的青春。

離「研究」越遠，卻離部落越近？

相對於二〇〇五那年跨進部落如此艱難的自己，如今的我透過參與部落發展計畫和在臉書上的種種訊息，貪心地想要抓住每個讓我可以進入部落的心動機會。即使二〇一四年接下暨大原住民專班和原住民中心「雙料」主任的職位之後，繁重枯燥的行政事務占據了大半日常，我依舊堅持，非繼續跑部落不可。

我不再像大部分的學術同儕一樣在固定的地點做長期的田野和深入的研究，而是變成了一個到處趴趴走的人類學家。我有關原住民的書寫主要透過網路，只有在跑部落過程中遇到某些特別有感議題，才會想更深入地去探討、收集資料，試圖把它發展成正式的學術論文。

換句話說，研究只不過是這些過程中可能的副產品。

我也仍舊沉迷於臉書，不僅把它當作記錄生活、足跡所及之處的塗鴉日記本，也同時越來越將它視為公共人類學的一個實踐場域，有意識地收集與傳播有關原住民的訊息、描繪在不同部落裡看到的人和事、書寫自己的觀點，並且幾乎沒有挑選地接受加「好友」，希望能讓更多人經由我的臉書對原住民議題有多一些的了解和思考。因為我認為，原住民相關事務應該屬於公共議題，並非只有原住民才需要知道或關心。否則他們被稱為「原住民」——台灣這塊土地原本的主人——真正的意義是什麼呢？

除了臉書，我也透過芭樂人類學部落格文章作為自己關注原住民相關議題，以及實踐人類學關懷的工具。平日在臉書上隨手寫下的片段心得、觀點和紀錄文字，成為撰寫「芭樂文」時非常好用的素材，而自從芭樂人類學成立了臉書粉絲頁後，我有關原住民的觀點能更完整地透過轉貼，分享給識與不識的臉友。此外，這些年在各地演講的次數越來越頻繁，除了例常的公務人員培訓講座，其他很多意料之外的邀約都是源於在網路（尤其是臉書）上的能見度，這讓我有更多機會經由面對面的陳述，去設法扭轉台下主流社會聽眾對於原住民的許多刻板印象。

就這樣，臉書和部落，神奇地成為我這幾年繁重行政壓力下得以喘息的光亮隙縫與揮灑熱情的出口。穿梭成為常態，我不但不覺得疲累，反而在移動中得到支持和穩定感，因為部落是我的打氣筒、強心針、激發思考的泉源，我覺得從中收穫很多，也很快樂。然而，有時仍不免感到不安，覺得自己好像太不學術、太不認真做研究，尤其當被問到「你的田野地在哪裡」或「在做什麼研究」時，我會心虛，會語塞地答不上話。我知道可以試圖去圓說自己在做的是不同形式、或是應用性質的研究，但卻不想這麼做，因為之所以推動著我穿梭在發展計畫和臉書之間的最主要動力，並不是研究，而僅僅是一股單純卻又強烈地想要了解和參與當代原住民社會脈動的渴望。

面對自己的心，我很清楚地感受到自己更喜歡目前這種和部落、族人比較「自然」的雙向互動與交流，以致有些抗拒回到和部落是以「研究者」、「被研究者」作為關係的起始與主軸的那種學術狀態。這些年來之所以如此用力地到處走訪部落，一開始是希望能了解原住民社會的現況、需求與想望，藉此逐步厚實自己「回饋」部落的基礎與動能。如此「功利」的出發點，卻意料之外地從部落獲得了許多知識上和情感上的反饋。儘管目前能花在人類學學術研究的時間非常有限，但是這並不讓我覺得自己遠離了人類學，反而是在不知不覺中讓它入心、入身、入魂。

人類學本就是浸淫在生活之中，關注日常細節的一門學科。當它已經成為我視角與行動中不可分離的一部分時，不論是經由芭樂人類學的部落格書寫、日常生活的臉書貼文、公務人員培訓的演講、活力部落，或是目前我投注最多心力的原住民專班，我一方面透過言語和行動，向不同人群介紹、交流什麼是人類學，同時在一趟又一趟遇見他者（尤其是我深愛的部落）的旅程中思索人類學的本質和特性，並咀嚼它帶給我的種種平凡又深奧的感受。

然而，這並不意味著我反研究或反田野。我很清楚若不是經歷過碩士班到博士班近十年的人類學學術訓練和曾經住在部落做田野的長期浸淫，自己不可能有能力在這些短暫停留的穿梭中看到背後更深刻的意義網絡與較整體性的圖像；而透過在部落發展計畫中和不同領域專家交流、「碰撞」的歷程，也更感受到人類學觀點的獨特與珍貴之處。只是在目前的狀態裡，我誠實地選擇了離自己的心也離部落最近的一條路，而它不是學術研究。

回首自己一路以來和原住民部落的互動，充滿了許多的偶然與轉折。逃離數學想投入人類學懷抱未成，卻在人生的轉角處邂逅進而戀上了原住民；跑部落參與紀錄片工作的過程得到許多啟發，但對原住民面臨的種種結構困境產生無力感，進入人類學學術圈尋求解答；到埔里教書之後做研究遇到重大瓶頸，轉入應用的場域，透過發展計畫與臉書從不同角度再與部落連結。

一路逃離、一路追尋，是怯懦也是勇氣。未來的人生會再如何轉彎不可預知，我只希望有一件事是不變的，那就是能夠一直敞開耳朵，聽自己心裡的聲音，也聽部落的聲音。

接近（發現）部落同時也是在接近（發現）自我，不論透過哪種方式。

邱韻芳
Yun-fang Chiu

小時候，爸爸總愛把我們四姊妹比作《小婦人》故事中的四千金，而我就是那倔強又懷抱著作家夢的二女兒——喬，無聊煩悶時，和鄰居玩伴鬧彆扭時，只有故事書的異想世界能讓噙著淚的我忘記煩憂。高中時卻因作文老不受國文老師青睞而賭氣選擇了理組，進入數學系就讀。

22歲時終於受不了和數學的疏離，頭也不回地逃出台大數學研究所，一心只想尋找個可以傾注熱情的事物。轉考人類學研究所失利，反促成了和原住民部落的美麗相遇，自此深深被吸引無法自拔。博士班畢業後未能如願在另一半棲身的花蓮找到教職，卻在隔著中央山脈的埔里以「偽單身」之姿開展了新天地；學生時期毫無社團經驗，偶然地在暨南大學創了原青社，每年和親愛的孩子們大張旗鼓地辦原民週；加入芭樂人類學共筆專欄，意外重拾年少時的寫作夢想。2014年，待了十年的暨大人類所被併入東南亞學系，接下原住民學士專班主任的重責，身邊有了更多的部落孩子一起攜手擴展原勢力，並且繼續期待不按牌理出牌的美好人生。

田野中的圓滿
你那個研究還沒做完嗎？

陳如珍｜香港中文大學人類學系

學人類學以來，最常讓我感到尷尬的問題第二名就是：「你那個研究還沒做完嗎？」（第一名當然是：人類學是什麼？）每次我都想答：「人類學研究是一輩子的修行啊。怎麼會有做完的一天。」我們進入田野，想方設法把陌生的地方變成自己的故鄉，把偶然相遇的他人變成家人朋友。這樣的關係，不是研究結束就會說再見的。另外，一旦當你變成了某地某人群的活字典，人在江湖，往往就會有機遇讓研究持續地擴展下去。田野頂多是從「活火山」進入了「休火山」的靜默狀態，卻不會與之永別。

但是，近來我卻對香港外傭的研究生出一種「該結束了」的強烈感覺。

最後一場選美

二〇一八年五月中，在香港遮打道（菲傭假日選美的「中央舞台」）的一場大型選美會場，我在台前目不轉睛地看著隔天就要離開香港回菲律賓定居的友人，站在舞台正中奪目地跳舞。我又回頭看看也將在五月底結束三十年居港生活的男性移工報導人，專注地在音控台一首又一首地放著歌。已經數不清這是第幾次，我們一起在這個選美的場域並肩同工。站在路邊，完全出乎自己意料之外的，我的眼淚忽然就滾滾而下。一邊擦著眼淚，心裡戲劇化地出現一個清楚的吶喊：「也許這就是我們最後的一場選美了！」

眼淚不捨的不僅是即將離去的友人，更是呼應心中那個「該走了」的聲音。告別的時間到了。

我對自己這種「該收工了」的念頭感到極度的驚訝：不是說田野沒有做完的一天嗎？為什麼以往從沒想過的告別念頭，會忽然從心底湧現？花了一段時間細細思索這個念頭的由來：是覺得再也沒有新的好奇了？或是厭煩了？我再次自問：田野有終點嗎？我想起人類學家馬凌諾斯基在他的經典著作《南海舡人》中曾經描述過的，自己在參與觀察比較成熟之後的感受。他說當他離開西太平洋小島上熟悉的白人聚落，搬進村子中和研究的對象一起生活一段時間之後，他發現自己開始有了和村民相同的生活韻律和感受：對下一個祭典的期待和村民間興奮的八卦成了人類學家和村民共享的生活。「每天早晨起來時，張眼感受到的世界都和村民們類同。」[1]

也許正是這種「每天太陽升起時，都能感受到這個世界對菲傭展開的模樣」的信心，讓我覺得，是該抽離這個進行了七年的研究的時候了。

在打算告別的莫名心緒中，也有一點滋味複雜的滿足。畢竟我在中國的民工研究中（那是我人生中的第一個長期田野，菲傭是第二個），從來沒有達到這種「滿足了，所以該走了」

1 B. Malinowski, *Argonauts of the Western Pacific*, 1984(1922).

的狀態。過去的離開是因為經費用完，而且也到了預先設定的時間；重訪和追蹤則是因為有了新的經費和時間。接下來的幾個月我慢慢品味著這個陌生的田野階段，逐漸明白五月時在遮打道上從天而降、生根發芽的心思，不完全意味著田野的結束。

抽離和結束不同；也許，比火山狀態更適合的比喻，是自然的盈虧。我們努力讓自己熟悉並成為田野的一部分（familiarization）：能夠清楚地簡述制度和解釋想法，開始與研究對象有著相同的時間感，對同樣的細節感到好笑，面對無奈處境的態度也開始趨同。在一切像滿潮一樣臻於成熟的時刻，也就是潮水消退的開始，努力地讓自己離開習以為常的感官（defamiliarization），然後等待下一次的互相浸潤。

或許過於浪漫，但寫到這裡，我心中出現的圖像是陸地和海洋之間的潮間帶。如果陸地是人類學家們努力想要探索的田野，研究者自身的生活就是海洋。我們從沒有成為那片陸地，只是在某些時光中，共享了潮間帶裡的點滴。帶著這裡的生物，混合的味道，留下水漬，隱身退去。等待下一次漲潮的來臨。

在人類學的田野訓練中，不論是在方法課或是和其他田野工作者的私下交流，我們常常討論「進入」田野的技藝——如何建立互信、小心面對文化衝擊（cultural shock）、怎樣放下日常的偏見包袱。偶爾，我們也會提到「告別」（exiting）的技藝——怎麼樣收好資料、給相濡以沫的報導人心理建設、重新分配自己身分的重心、建立遠距的聯繫等。但比較少思考這裡所提到的「月盈則虧的抽離」。告別田野，指的是當我們終將離開，不能再和報導人身處同一空間時，應該如何平穩地改變相處的方式，維持遠距的、冷卻過的聯繫。但以居住在香港做香港菲傭研究的我而言，月盈而虧的抽離，是一種「身在江湖而退隱」；一種在一個田野成熟之後，自然而然出現的狀態。和告別田野是不同的。

「滿到了極限」而暫別，究竟意味著什麼？我們從中叨白了人類學的哪些特點和限制？要回答這個問題，需要先理一理在我的外傭研究中發生了什麼事、「世界展開的模樣都一樣了」的信心是如何生根發芽的。

菲律賓時間

二〇一一年開始進行外傭的研究前，我在生活中不曾有過長期和菲律賓人相處的經驗。雖然這已經不是我的第一個長期田野，還是經歷了不少讓我驚詫、難以消化的文化衝擊。其中一個困擾我多時的文化衝擊，就是時間觀。

研究一開始，當我還在摸索自己的身分與維持聯繫的方式時，我和報導人間曾像跳針一樣，重複無數次如下對話：

—我們星期天都在中環三號碼頭那裡啊！你來那裡找我們就可以了。

—三號碼頭哪裡？

—就是三號碼頭啊。

—喔。好好。那幾點？

—都可以啊。都在啊。

到了中環碼頭，碼頭前的有蓋人行道總是坐了滿滿的人，每群人各自用紙箱搭建一塊地盤，既親密又區隔分明。三號碼頭前上下兩層通道的情況也類似。剪指甲的、練舞的、化妝的、按摩的、小憩的，好不熱鬧。雖然「一日紙箱公寓」沒有什麼隱私可言，但是因為大家進行的都是私領域的活動，我這樣頂著一張華人臉，反覆走來走去尋人，總是引起大家的側目。有時候因為約見的報導人根本不在（去上廁所、匯款，或辦別的事去了），只能先找一個角落坐下，悔恨自己不知道去哪裡找紙箱。

另外一次，報導人說要開同鄉組織的幹部會議。跟我約在灣仔某一家餐廳的門口：「就約十一點吧！」記得那是夏天天氣正熱的時候，身懷六甲的我站在灣仔的馬路邊痴痴地等，一邊拚命地打電話。等我終於聯繫上報導人時，對方又驚訝又熱情：「哎呀！你在哪裡啊？我們換地方了。現在在灣仔那個公園！你等等我們，快開完會了。我們來找你喔。」等我們總算見上面時，已經是下午兩點左右。他們真誠地笑著問我是不是還習慣「菲律賓時間」。我記得當時熱得汗流浹背的自己嘴邊沒說，但心中非常地不開心，一度任性地想著：「這個研究我實在做不下去了啊。」

過了很久以後，我才明白對「菲律賓時間」的憤怒，是因為我沒放下自己的文化準則（cultural baggage）：守時的道德。

我問自己：「為什麼對菲律賓外傭而言，守時的重要性不高？」少數菲傭朋友告訴我（多數沒有特定的答案）：「從小養成的習慣吧。」菲律賓鄉間（"in the province"）的生活單調重複，沒有太多的事情可做，想做的事情能否順利完成也常常不是自己可以控制的。趕時間本身沒有什麼意義。

除此之外，我推想也與他們在香港生活的結構限制有關。如果我一週只有十二個小時左右的時間可以自由行動、做自己想要做的事，同時這世上還有很多人期待我在這一天滿足他們的所需，我應該也會把目標放在順利完成非完成不可的事項上：匯款或寄東西回家、添購生活日用品、和同在港的家人朋友見面、去領事館辦事等。「完成任務」是最高道德，和任何人約定的時間都變得次要，更不要說是和看來遊手好閒的人類學家的約定了。另一方面，香港家庭聘僱外傭，多數是因為雙薪家庭沒有時間陪伴需要全天候照顧的小孩（也有老人，但比例較低）。在雇主白天都不在家的情況下，家傭的工作也是在一日結束時，完成所有需要打點費心的任務，時序與在哪一個特定時間點完成，不見得是最重要的。他們是否也是在日復一日的工作中，同樣習得了「完成任務」優於「準時」的工作道德？明白了這些之後，我才摸索出：允許自己在星期天也順著「菲律賓時間」過日子，就是這個田野能愉快地持續下去的關鍵了。

「也許菲律賓人不是不著急，只是習慣了不能改變什麼。」至少我懂了這份心情。

這一來，這個田野計畫的展開自然變得十分地緩慢。除了時間觀之外，一週僅有一天可以見面，也是研究只能慢慢爬行的原因。

菲律賓籍移工在香港的主要身分，或說唯一被主流社會認可的身分，就是家庭中的幫傭。雖然工作的日常與角色，對他們的移民與香港經驗是如此重要，我卻不可能有機會以移工的身分參與觀察。一方面，這並不是一個把自己長時間隔離，如馬凌諾斯基所說的那樣「搬離白人的小圈圈，住進村子裡」的田野。[2]成為全職教師加上家中有小孩之後，我只能以學校工作和親職以外的零碎時間，進行這個田野。另一方面，在這個種族、國籍與職業緊密相合的社會，我也沒有機會以外傭的身分受僱。結果，我們都只能在各自的工餘生活中相遇。

在香港，外籍家務移工每週應有連續二十四小時的休息時間。既然多數外傭的任務是照顧父母雙薪工作家庭的小孩，因此父母不上班的星期天，就自然成為約定俗成的外傭休息日。雖然法令規定的是連續二十四小時的休息時間，但多數家庭的做法仍是只讓外傭在白天時可以出門走走。也因此，我們可以見面的時間大約是星期天的早上七點到晚上七點之間。除了研究者，我同時兼有母親的身分。從外傭的角度看來，我正是那個星期天應該在家中照顧小孩的女主人。家人的支持，讓我有機會可以在星期天繼續安排時間工作，但我可用的時間就往往比休息日的外傭要更短一些。加上教師的身分，星期天的相遇也有季節性的差異：學期間的「農忙期」，可見面的時間相對縮短許多；寒暑期的「農閒時間」，則是田野進度的爆發期。

這些多重身分的限制，一開始讓我感覺渾身不舒服。我所能看見的「外傭假日生活」、可以「做田野」的情境，往往是由時間決定。在這些星期天裡，外傭和人類學家都是「灰姑娘」。鐘聲一響，管不了舞會正進入高潮，拋下高跟鞋，我們都得離開。「碎形田野」的進行方式，不僅是時間零碎，所有的計畫與預想在現實的框限下往往未成形即中斷。一直到我慢慢能夠實踐「菲律賓時間」的步調，更重要的是懂得這背後的生活哲學——急也改變不了，專注在「完成任務」就好（這兩者看似衝突，但其實有所區別）——才明白這份不得不的「慢

2 同前註。

慢來」、被日常的展開帶著走的田野，其實正好幫我脫離了現在在學術環境的限制下不得不嚴管研究時間、讓一個有著清楚目的和效用的研究設計帶領的田野。

這樣的「慢慢來」田野可以進行下去，不可或缺地，還有因緣際會得到的客觀條件，也就是沒有得在一定時間完成研究的壓力。這個結構性的原因，我會在稍後說明。

就這樣，我們在工餘的有限時間裡相遇（除了星期天的見面，還有平時大家在臉書中的相處），透過彼此，構築一個「正職」以外的自己。這個限制，完全影響了我的研究方向與開展。因為能夠直接觀察到的，是工餘的外傭，我的「田野地點」自然就落腳在外傭們星期天聚集的場所。從灣仔移民署前廣場和金鐘廊一路向西，遮打花園、皇后像廣場、遮打道、環球大廈、怡和大廈，到中環碼頭間的行人天橋等等，這一塊邊界不明的區域就這樣成了我的田野地點。每個星期天過去走走，我總笑稱自己是在「巡田水」，總之就是看看是不是一切都好、有什麼新鮮事，和同樣在這片田野行走的報導人們閒聊，交換資訊和擬定新的計畫。除草耕耘收成，一季過一季。

有時我覺得，過了「不急」這一關，也許是這個田野最終成熟的關鍵。因為如此，我才能在這片田野安身立命，等待課題的現身。

▶

選美中的日常與韻律

在這個田野剛開始時，我把它當作是我在中國民工研究的對照，打算繼續探索遷移對於母職和女性角色的影響。在中國的田野，我研究的是由安徽到北京擔任保姆的民工媽媽。研究著重於了解這些離開子女、家人和熟悉村莊的媽媽們，如何把一輩子的希望放在幫兒子找個好媳婦這件事情上。「回鄉蓋房子」（後來演變成在城裡買個房子）是這個夢想實踐的關鍵，於是農村中有越來越多隱身在荒煙蔓草間、看來破敗的「未來夢想屋」。

對這個議題的關注讓我在二〇〇八年移居香港後，很自然地就立即注意到了同樣「拋家棄子」、一離開就是十幾年二十年時間，同樣擔任家務工與保姆的香港外傭（接近半數為菲律賓籍女性）群體。

二〇一一年，系上來了一位菲律賓籍的男性訪問學者。我趕緊捉住機會，說要跟著他去認識香港的菲傭。（可見人類學家還是很害羞的。明明每天都可以去認識，還是一定要攀親帶故才行動。）我看著他在滿街的女性移工中非常受到歡迎，信心大增。（當然，作為社群中稀有的男性是相當大的加分，我們共享的學者身分又是另一個加分。）我問大家：「來香港工作的願望是什麼？」大家七嘴八舌地說：「我家太窮，不出來沒辦法生活了」、「給弟妹子女繳學費」、「幫家人蓋房子」、「做個小生意」。當時我已經追蹤中國的民工媽媽「買房給兒子娶媳婦的夢想」有一段時間，一聽到「房子」兩個字，立刻精神大振，覺得這就是我要尋找的田野。

結果之後大約有兩年的時間，我常常因為不確定自己在做什麼研究而心虛。我一方面成為臉書的重度使用者，在一週不能與報導人見面的六天裡，儘量努力透過臉書去理解菲籍友人關心的議題、生活的變化、願意放在社交媒體上分享的面向等等。另一方面，在每個星期天認真地守株待兔，只要有人邀我參加活動，一律盡可能地答應。但是，在社群中沒有一個「自然的角色」、不可能「生活在一塊」，再加上在教學、家庭和研究間奔波，既沒有到了「村子」裡的感覺，分散破碎的時間也的確相當不利於研究的連貫性。和日漸熟稔的朋友約訪談後，又發現大家對母職與蓋房子的話題興趣缺缺。我們的對話大抵是像這樣：

—你有沒有要買房子或是蓋房子？

—有啊有啊。我已經蓋好了。

然後就結束了，再也沒有別的要說了。

為什麼會這樣？每個人都想蓋房子、都很驕傲給了家人一棟堅固的居所，但卻沒有人有興趣多說點細節？我想，買地、蓋房子、買房子，或許也是很多菲籍移工的目標，但「必須要完成的事」不見得是「對個人很有意義的事」。蓋房子是一種必須「卸下重擔的完成」，但不是一種關乎「自我實現的夢想」。這個任務直接了當，沒有太多懸念、轉折或渴望，因此自然沒有什麼討論的價值。

我開始明白，我的挫折來自於沒有放手之前在中國的民工研究；我執意要做比較，執意要把菲律賓籍移工當作一切都以子女家庭為重的中國母親。

如果放棄比較的想法，現在這個菲傭的研究是否就無以為繼？也許是不甘願，也許是靈光乍現。困在這個選擇裡多日的我，忽然想到：「無所為而為吧！不願放棄，那我就花個十年八年的時間和菲傭們混日子吧。有什麼機會都當作是撿到的。假裝我也是不一定星期天可以放假的外傭。如果到了中環、到了遮打道，我就是在能揮霍的範圍，安心地耗時間吧。」當時的豪氣讓我自己都嚇了一跳。而現在回想起來，這一切卻不是偶然，有著特定的機緣。

這樣的念頭出現之後不久，我在一個偶然的機會受邀到一場以菲傭為主要參與對象的選美會擔任評審。從那裡開始，我意外地找到了自己在這個很模糊的「菲傭群體」裡的「自然」角色。就算在不需要上場（評審）時，我也有了和在選美這個圈子裡的參賽者、主辦人、攝影師、化妝師、服裝設計師、助手、音樂與場控、編舞者、兼職模特兒、賣咖啡和化妝品的小販、活動贊助商，以及表演節目的歌手與舞者等等，「混日子」的機會。

二〇一二年年底，朋友聽說我對外傭有興趣，說起她有個一起學跳舞的朋友也是一位外傭，可以介紹給我認識。這位新認識的報導人正好要在二〇一三年的春季舉辦一場選美會，她說：「我邀請你來擔任我的選美會的評審吧！」這讓對於選美一向嗤之以鼻、不能接受由美貌來評判女性的我，馬上陷入兩難。我吞吞口水，艱難地試著說：「我可能不是很確定美的評斷方法啊。」報導人用果決的語氣問我：

—你是老師，你會打分數吧？

—會，打分數我會。

—那就可以了。

於是，我抱著對選美充滿懷疑的心情，依照主辦者給的時間，準時到了位於一家義大利餐廳的選美會場。根據對菲律賓時間的領悟，我自忖應該還要等上好一陣子吧。沒想到，節目準時開始：唱（菲律賓）國歌、祈禱、主持人上場，接著介紹評審、贊助商和主辦人，然後立刻開始所有參賽者一起演出的群舞（production number），一切緊湊有序地展開。轉瞬之間，隨著舞台上的一舉一動，全場的情緒跟著起伏跌宕，同歌同舞。我也不例外。一種溫暖的歸屬感，油然而生。

偷眼看一下主辦人、節目編排者（choreographer）和穿梭全場的接待們，她們都是外傭，努力中依然可以看到一絲緊張的情緒。出場的佳麗們也都是平日在香港的外傭，當然沒人有經過長期的訓練和培養，在台上難免有出錯與緊張的時刻。但無論如何，她們全都努力地把可親的笑容掛在臉上，在自在與不自在間盡一切可能維持住步履間的氣度。觀眾們如痴如醉，隨著自己支持的參賽者出現而忍不住用力鼓掌，大聲叫好。但對其他參賽者，也同樣不吝於鼓勵。在比賽環節間的表演，有外傭自組的熱舞舞團，有男性舞者精湛但嬉鬧的表演，有過招快速的功夫表演，有常駐在香港各大酒店餐廳的菲律賓籍歌手讓人沉迷的歌聲，還有穿著馬甲搖著羽毛扇的詼諧舞孃（burlesque dancer）挑逗著大家的想像。

我從因為反對「物化女性」而對選美抱持著無限懷疑的女性主義人類學家，一下變成了目不轉睛的小粉絲。

比賽非常正式地有著群舞、自我介紹、比基尼、創意服裝設計和晚禮服等環節。從前述的描寫中可以知道，其實除了比賽，對主辦和參賽的各方而言，選美更重要的是那種同工同樂的氣氛。所有人齊心，在星期天的午後，幻化出一場讓人目不暇給的盛宴。對參選者和支持者而言，從比賽中脫穎而出固然重要，但是至少同等重要的，是在「選美舞台現場」的享受。

從位於地下室的義大利餐廳離開時是六點左右，傍晚的天光相比之下顯得刺眼，中環的車水馬龍恍如隔世。我還沉醉在剛剛的興奮中，想要和在路邊打包選美比賽道具和服裝，依然頂著厚重的舞台裝的參賽者們道別，只見她們已經熟練地拿出大大的塑膠袋，一股腦兒把后冠、印有頭銜的肩帶、晚禮服和高跟鞋等全部塞了進去。大家友善地揮手道別，露出外傭靦腆的笑容，迅速地朝夜色散去。知道她們趕著在門禁前回到雇主家，我心中確實油然而生一種看著灰姑娘離去的複雜感受。

這場在中環一家餐廳舉辦的選美會，後來成了我整個對菲律賓籍外傭族群理解的轉捩點。不只是因為這是我參加的第一場選美，更因為僅僅是這一下午的經驗，已經讓我跨過幾個關鍵的刻板印象；包括外傭是「被剝削的受害者」，以及選美是「物化女性」。對菲律賓家務移工的理解從那一個下午開始，不停地、不停地展開。

從此，我更堅定了要放下自己的計畫，不再去想自己的研究問題是什麼、目標是什麼。只是把握每一個有限的機會，安心地跟著他們的生活韻律走。

我們一起唱歌、練習走台步（catwalk），在遮打道、雪廠街或是灣仔移民局門口練舞。我們一起從清晨開始化妝、準備舞台、拍定裝照，然後一起對著菲律賓來的大明星尖叫自拍。我們和領事館合作各樣的活動、參加街拍（photowalk），也參加彌撒和巡遊。我們一起慶生、唱母親節卡拉ＯＫ，我也陪著他們在菲律賓總統大選時排隊投票。我既參加獨立紀念日的奢華晚宴，也參加在冷清的中環人行天橋上的聖誕夜聚餐。

在他們之間，我努力當一個有用的人。

他們說：「我們在碼頭練舞啊，你來找我們吧！」我就去。在燠熱的人行天橋上，一坐一下午，他們來來去去地辦事情，我成了最好的守住據點的人選（田野的技藝小祕訣：要練好不用上廁所的功夫）。他們說：「今天要幫朋友過生日，在銅鑼灣的卡拉OK，你來吧。」我馬上趕過去。花大把大把的時間，等待他們化妝打扮自拍，因為太閒於是動手一起打氣球、拉彩帶、布置房間。他們需要一個「上得了檯面」的裁判時，我盡力配合（我很少是第一選擇啦）。他們需要人幫忙買咖啡時，我自告奮勇。有時候也量力而為地贊助他們的活動，或是請新來港的弟妹們吃飯、聊雇主。有時候在不同的人脈關係中，幫他們介紹新朋友。有時候也代發工作相關的廣告。當他們的孩子的教母，也當他們在大學讀書的孩子的受訪對象。

在那次最初的選美之後，我也成了菲傭選美會上的常客，敬業地擔任評審的角色。除了可以快速地打分數，也因為主辦者總是希望評審背景能夠更多元化、國際化。因此我的華人面孔和學術圈人身分也讓我得以在這個圈子中站穩一個角色。雖然像所有好奇的人類學家一樣，我渴望在活動中扮演不同的角色，但現實是我除了「打分數」也沒有其他用得上的專長了（一、兩年之後，偶爾也充當現場諸多的攝影師之一）。

慢慢地，我能感受到星期天「太陽升起的方式」，可以精準地知道菲傭一日的生活節奏和韻律。在一長段像是在「混日子」的時間之後，我對選美展開快速而全面的理解。

外傭選美名目和形式形形色色，並不是全都如上述的選美比賽一樣讓人如痴如醉。有的過於商業化，有的節奏鬆散充滿突發狀況，有的過度冗長，也有的更像是一場私人派對，隨性的場地管理和節奏，因而少了瘋魔式的劇場感。

選美主辦的目的也五花八門：有通訊公司和旅行社為銷售目的而設的選美，有純粹為了完成個人對美的追求而獨力支撐的比賽。有和菲律賓各種文化巡遊或國家節慶有關的活動，也有各個外傭社團組織為了知名度或慈善目的所辦的選美。獨立的主辦者背後往往有提供主要奧援的菲傭團體或是企業支持。既然主辦方的目的多元，選美活動自然良莠不齊，也因此很容易招致虛榮、愛享樂、不謙遜的道德批判。

但幾年下來，我強烈地認為，純粹把外傭當作容易被商業組織或活動主辦者（本身也是外傭）欺騙的受害者，或是把勁歌熱舞、「曲線畢露」的參與者視為道德淪喪、缺乏家庭責任的享樂主義者，絕對是個偏頗的批評。主辦和參與選美的目的絕不只是愛慕虛榮和揮霍。▶

「為什麼參加選美？」

在香港，外傭的選美活動約從二〇〇五到二〇〇八年開始日益盛行，到今日已經成了每個星期天（還有公眾假期）都有數場選美的規模。[3] 最早在八〇年代末期到九〇年代初，已經有由教會、領事館、社群領袖帶領的，與獨立紀念日、宗教結合地方慶典有關的慶祝活動。這些活動除了會有彌撒、演說、巡遊（procession）的元素，與紀念、慶祝、組織的目的，在巡遊活動中還會有盛裝打扮的表演者加入儀式性展演（pageant）。[4] 比如在五月花節（Flores de Mayo）中打扮成海倫娜皇后（Reyna Elena or Queen Helena）的參與者。外傭作為香港的菲律賓籍居民中人數最多的一群，自然受到主辦機關的邀請，成為這些活動中主要的參與者和觀眾。

選美真正盛行起來，與香港菲律賓籍外傭的人數在九〇年代之後達到一定規模[5]、成為一個可觀的消費群體、吸引了菲律賓籍與華人企業的關注有關。電話卡公司，旅行社、貨運

3 不同的報導人對於香港的外傭選美是從何時開始盛行有不同的記憶與說法。有的說一直都有、有的說九〇年代才開始有的，這裡採用的是其中幾位主要負責選美場地租用與布置的報導人的說法。

4 這裡的展演（pageant）不是現在熟知的選美活動的意思，而是中世紀以來與宗教儀式有關的盛裝巡遊。但是選美的活動也從這樣的展演中逐漸發展出來。

5 根據香港政府統計處的資料，香港在一九九五年有十三萬一千名菲傭（占外傭人數的百分之八十四），二〇一六年則有十八萬九千名菲傭（占外傭人數的百分之五十四）；資料來源：https://www.legco.gov.hk/research-publications/english/1617rb04-foreign-domestic-helpers-and-evolving-care-duties-in-hong-kong-20170720-e.pdf。二〇一六年的非家庭傭工的菲律賓籍居民則有約一萬五到兩萬人；資料來源：https://www.bycensus2016.gov.hk/data/snapshotPDF/Snapshot10.pdf。

公司從二〇〇〇年之後開始提供資金，協助遮打道上的戶外表演活動籌備，並以此作為接觸潛在客戶與推廣商品的方式。除了贊助政府和宗教團體的慶典活動，由商家作為主要出資者的活動也逐漸從偏重邀請菲律賓的藝人到香港演出，轉為偏重以才藝比賽或是選美比賽的方式吸引外傭們參加。

外傭們參與選美活動，並不只是被商家的廣告優惠或商品吸引。長期研究下來，我的心得是外傭之所以參與選美，多數是因為在其中找到同伴、找到社群和認同感。就這一點而言，選美和運動比賽、教會的組織活動，或其他的興趣團體（做手工、攝影、爬山）等，並沒有不同。不論是以參賽者、參賽者的好友兼助手、主辦者、編舞者、服裝設計師或化妝師的角色參與，參與選美活動的本質就表示他們要經過一段時間（三個月以上）的密集合作，其中還牽涉金錢、時間和情感的大量投入。這些面向，幫助了各個參與者交織出扎實的友誼和群體認同。

以金錢來說，參加選美需要繳交的註冊費（quota）很少是由參賽者獨力負擔。一位參賽者往往是代表某一個組織（同鄉團體，興趣社團）參賽。這些組織的成員會各自透過取得「抽獎券」或「門票」的方式，實質上以類似「眾籌」的概念在金錢上支持參賽者；有的甚至會代為準備服裝、義務提供參賽當天給各個助手的茶水點心、贊助自己的化妝攝影等手藝。相對地，參賽者若是勝出，贏得獎金或獎品，也會以適當的形式把這些贏來的資源分給大家，比如說舉辦慶功宴。在慶功宴的舉辦過程中，會再次牽涉眾人小額的金錢投入，與共享的宴席（很多是海灘上的ＢＢＱ）時光。用一種非常典型的人類學禮物交換方式，一層一層綿密地織出穩固的友誼並支持該組織。這對所有離鄉背井、總是孤身一人住在雇主家中的外傭而言，是在移工生活中非常重要的一個生存關鍵。

戴上選美后冠的外傭往往會逐漸成為社群中的「一號人物」（somebody），進而能夠站上社群中，甚至是社群以外，更有資源的角色（例如成為臨時演員、為廠商代言，變成大家信任的化妝師、編舞者或是主辦者）。他們自然成為下一波的資源整合中心，在不繼續參賽後，扮演「媽咪」（照護者）的角色：招募新血、籌辦新的活動、建立新的小群體。於是，在時間的維度上，也達到「一代一代」構築起香港菲傭社群的部分架構。

如果問外傭為什麼參加選美？答案總是清楚乾脆：選美讓我交到朋友，展現出自信。這個說法聽來模糊，但正反映了選美實際上發生的作用：組織社群，並且在有了社群之後，於其中重新看見自己。香港的移工政策只把外傭視為低技術、替代性高的勞動力。每一份勞動力抵達香港以後，就交由雇主負責監管，不適合就撤換。但外傭當然不只是沒有面目的工人（not just a worker）。當他們離開家人、既有的社會關係，與熟悉的環境來到香港，孤零零的一人誰都不是（nobody），只能透過自己的努力，在假日的生活中，透過各種參與，一絲一線重新構築起自己的人際關係網絡，重新找到自己。任何一個人，只要曾經離開過自己的社會，應該都可以體會這種感受。這就是選美的價值。

社群和自我之外，選美作為這個社群的金錢及資源流通整合平台這點也特別有趣。不少人認為外傭是低薪不消費的族群。[6]但若粗略估計，以最低薪資相乘香港的外傭人數，一個月的薪資總額大約是十六億港幣的龐大金額。這筆錢雖然大部分會匯回家鄉，卻也有相當可觀的數目是留在香港消費的。怎麼樣才能把辛苦掙來的錢發揮最大的作用？對於香港的商家而言，怎麼樣才能賺到這些錢？以選美為例，主辦者需要付出場地和設備的費用，還要購買后冠肩帶權杖獎盃獎牌、準備花束與食物飲料、安排攝影主持服裝鞋履，以及準備抽獎的獎品等。贊助者需要製作廣告、準備小禮物，參賽者要準備服裝、僱用化妝師和造型師。而其中這些攝影師、化妝師、造型師和食物的準備者，本身往往也具有菲傭的身分。他們擔待扮演這些角色，資源就在社群之內，不同的人之間流動。每一次都把大家更緊密地連結在一起，各擅勝場的占據這個人際關係網絡的不同角落。除了菲傭之間的流通，舞台和音響商、贊助商、后冠與獎牌製造商、相片沖洗裱框店，還有各種美髮化妝用品店，老闆往往是華人。於是，像選美這樣的活動也就默默地打破了族群間的藩籬，把這個總是被忽視的外傭群體與主流社會串在了一起。雖然透過選美互相經營著生活、互相照顧的跨族群來往人數不多，但卻是扎實的存在。這在香港主流媒體的報導中，幾乎是不存在的。

主流媒體的無聲，起因是對外傭群體刻板的想像。但相應地，熱衷於選美的外傭們也常背負著同鄉對選美的刻板印象與批判。一方面因為他們對於展現肢體與奪魁的積極，看似挑戰了宗教要求謙遜的教誨；另一方面當然也因為牽涉金錢。選美雖然不可避免地有壓榨利益的現象存在，但更多的是這群可用資源並不多的群體，好好經營生活的努力。在我相識或是聽聞的在港菲律賓人中，有不少人對選美的評價不太好，也不太友善；但是很少有人完全不認識曾經以某一種角色參與選美的人。選美作為一種社會建構平台的功能，可見一斑。

曾有人開玩笑說：人類學家很喜歡看到事情顯得不合常理、莫名其妙，因為這時候他們就可以大展長才，透過研究釐清事情的邏輯。雖然是玩笑，但是當「工人姊姊參加選美」這件讓香港人大感荒謬的事情，經過幾年的努力逐漸變得清晰合理；當濃妝豔抹、走台步、在大樓的廣場前拍定裝照、在遮打道上高歌熱舞，還有總是沒有活動開始時間的選美宣傳都成了最合理不過的日常時，心中的滿足確實無可言喻。「菲律賓時間」至此已經不再對我造成困擾，我知道他們在哪裡，他們知道我該出現時就會出現。手錶上的那個時間在這裡不再是我們總想把自己擠進去的約束。但同時，日常的韻律依舊清楚存在。在肩並肩一起緊張、一起努力、一起尖叫、一起在很冷的碼頭唱歌跳舞的過程中，另一種透過信任、理解與慣性建立起來的作息毫無疑問是存在的。

6 二〇一八年十月初起，適用的香港外傭最低工資為月薪四五二〇元港幣。

去到天涯的盡頭

幾年的時間下來，總是在星期天選美會的排練場台前台後跟著人轉的我，似乎漸漸地也懂得了外傭離家一路以來的轉折和想法，還有在香港的機會和委屈。面對從菲律賓來的政治人物和企業的熱情時，我們能夠相視一笑，盡在不言中；在日常中受到香港主流社會輕蔑的對待時，也能一起翻白眼，一起聳肩。我還是充滿了頑固學者氣息的「尊貴的女士」(他們總是半認真半開玩笑地叫我ma'am)，還是除了打招呼、謝謝、大哥、大姊、你好嗎，一句菲律賓語都不會說。當然也還是一看就知道，我不是菲律賓人。但這些都不妨礙我和外傭群體相處的日常韻律。躋身外傭群體時，彼此之間的自在是不言可喻的。從選美這個主題外切出去，我也開始對教育、階級、僱傭關係、政策、移工與全球經濟等議題，慢慢地從關心到發聲。各種慈善組織、非營利組織、社會企業、媒體與文化團體，也開始找我扮演大家互相表述理解的橋樑。有時候在記者天南地北地追問之後，我也會自問：好像在港菲傭的什麼事我都很理解啊。這種(很白目的)自信到底是哪裡來的啊？

當初想寫這一篇田野技藝文時，直覺跳到我腦海裡的是「匠」這個字。直覺往往難以解釋，但邊寫，我就逐漸明白了，而且還想起一個遺忘已久的故事。

有一個我最喜歡的人類學田野故事，最能解釋這種在反反覆覆的練習之後，由身體的實踐得來的頓悟。人類學者沃爾科特（Harry F. Wolcott）曾經引用一段關於愛斯基摩雕刻家的描述來解釋田野工作的技藝：

雕刻家把一塊還未經雕琢的海象牙輕輕地拿在手裡，轉過來轉過去地看著。他低聲地問：「你是誰呢？是誰躲在這塊象牙裡？」「啊！是海豹」他說。

雕刻家很少在動手前就已經決定了要刻什麼。（至少他很少有意識地這麼想。）相反地，他會拿著一塊海象牙端詳，試圖看出中間隱藏著什麼樣貌。假如不能馬上看出「是誰在那裡」，他會邊哼著歌邊動手，沒有特定目標地一刀一刀刻下去，直到隱藏者的樣貌浮現。然後他就努力地讓那個形體完整現身：海豹身形逐漸清晰。雕刻家並沒有無中生有地創造了一隻海豹，它始終都在那裡。雕刻家只是幫忙讓海豹從象牙中浮現。[7]

7 此為作者翻譯。原文為：As the carver holds the unworked ivory lightly in his hand, turning it this way and that, he whispers, “Who are you? Who hides there?” And then: “Ah, Seal.” He rarely sets out, at least consciously, to carve, say, a seal, but picks up the ivory, examines it to find its hidden form and, if that is not immediately apparent, carves aimlessly until he sees it, humming or chanting as he works. Then he brings it out: Seal, hidden, emerges. It was always there: he didn’t create it; he released it; he helped it step forth. (Carpenter 1971 [1961]:163 in Wolcott 1995:27)

我在一九九六年第一次讀到這段話時，已經深深為之著迷。但是，應該是一直到我的菲傭研究變得得心應手之後，我才體認了沃爾科特的意思。愛斯基摩雕刻家雖然不知道終點是什麼，但因為明白象牙中的主角和故事總會現身，因此能平心靜氣，手不停地「一邊哼歌一邊雕下去」。沃爾科特認為人類學的田野經驗正是如此，雖然沒有（或是不能）朝著一個預設的目標前去，但並不代表沒有一個最終會現身的故事。等著故事現身的匠人態度，恰最貼近我近年的田野感受。

匠人那日復一日的身體練習沒有特定的目的，正像我順著田野的韻律走，連時間也放手，無所為而為地浸淫在田野中，反而明白了日常的韻律。匠人透過觸覺、聽覺、視覺、嗅覺等等感官經驗的習得，也像是田野中的身體，在時間的消磨中淬鍊出來的明白。以這個研究而言，到最後我專注的就只是：盡可能在現場、盡可能參與勞動（搬桌子、走來走去、聊天、打分數、照相和被照相、收拾雜物等等）、隨時反問自己情緒的由來、注意自己習慣的改變。耗時又專注地重複著規律的勞動，這不正是匠人的日常？於是，學會的不只是打一隻壺或燒一片磚，而是一整個對氣象、時間、火候、手感，和適用場合的身體覺知；不只是選美的細節與事實，還有其中的應對進退、歷史脈絡、價值追尋，與社會連結。田野的頓悟，就在反反覆覆的練習之後，在時間的鋪路下，由身體的實踐中，逐漸圓滿。

我想，前面提到的那種「白目的自信」，正來自於這種圓滿的感覺。雖然在香港社會中我們「被置放的身分」（大學老師和外籍傭工）差異如此之大，但某方面而言，他們的生活似乎也已經成了我的一部分。逐漸地，我好像可以從他們的角度看事情。一旦想回答某個問題時，不必問人，我已經知道七八成的答案了。我慢慢觀察到星期天午後街邊「紙箱屋」裡的各種細節；看似好友的一群人之間的權力關係；大大出乎我意料之外的族群經濟運作；還有他們怎麼樣把香港活成一個自己的地方的策略。這些無一是我一開始研究的重點（母職與夢想），也不是我的研究被歸類的主題（選美），但這些頓悟全都包含在我對菲籍海外移工生活的理解當中。一個人類學家其實很難說出「我什麼都知道了」這樣的話，但在這片田野中的追尋，確實有種已經「滿到了極限」的感覺。應該就是這種感覺，會讓我在那個五月的星期天下午忽然在心中跟自己說：「也許這就是我們最後的一場選美了！」窮涯而返，就像走到了天涯的盡頭，自然要回頭一般。

沒人管的研究者

但是，可以慢慢做田野，「花個十年八年的時間也無所謂」、「在星期天就順著菲律賓時間吧」，擁有這樣近乎任性的餘裕，從一開始就是一種偶然。既不是我的選擇，也不是多數學界中的田野工作者常有的條件。

我從二〇一〇年開始在香港中文大學任教的職位是系上的講師。這是一個兩年一聘合約制的職位，以教學和服務為主要的工作內容。研究的成果從學校的角度而言屬於可有可無的錦上添花。（但對人類學家而言，脫離田野存在當然是無法想像的。）如果有什麼成就，並不會計入工作表現的評核，不會有研究經費，對工作的穩定性也沒有幫助。要是真的沒有研究成果的產出，也不會因此丟了工作。因此這個研究計畫（以及我所有的研究），沒有編號、沒有補助，沒有學位在前面，也沒有出版的壓力在後鞭策，有的就是自己「求知」的興趣。沒有其他目的，「知」的本身就是。

除了客觀上的職位和相關條件，還有主觀上的認定。我在大約二〇一四年時經歷了一個特殊的交叉口，讓我下定決心走一條不一樣的路：不求申請以終身聘制為前提的教授職缺，而選擇留在香港中文大學合約制的講師職位。主觀選擇非常清楚的情況下，我自然打從心底認了這個選擇相應而來的變化，包含限制與自由。其中，研究的自主性，就是一條意外打開的道路。

我所需要付出的是在工作與家庭兩方面的時間與心力的要求之上，再讓自己撥出足夠的時間，在田野中消磨；小心地選擇田野的地點、控制必須的花費或是有意識地從收入中撥出研究所需的支出。除此之外，因為研究的目的純粹，我忽然發現自己全然地自由了。我既不擔心我的研究計畫是否到期、要繳交報告；也不擔心自己是不是任性地被與研究目的不相關的問題吸引，分心投入一再衍生的新議題中。我不擔心自己的研究意義在哪裡，也不擔心研究是否有成果。正是在這樣的背景下，我可以很豪氣地跟自己說：「那就花個十年八年！無所為而為吧。」以馬克思的話來說，我和我的工作忽然間不再疏離（no longer alienated）；勞動的起點和終點都是自己對這個世界的好奇和介入。在這個前提下，我終於在外傭這個研究上「走到了天涯的盡頭」。圓滿了。

研究能走到這個階段，除了沒有時間限制，更重要的是隨性進出不同關注點的可能性。因為沒有一個簽約的計畫書，田野工作者自然不受到計畫書和研究命題的限制、拋棄慣性之後也不再覺得需要在期限內完成某一個預設的目標。既然沒有時間的限制，那麼這樣的研究本質很自然地就成了「過日子」的一部分。像所有的生活一樣，不確定性的存在，是大家即使不喜歡也都能認同和接受的。於是被動地等待被未知的領域吞噬和帶領，被動地等待研究心得的熟成，也就不奇怪了。

▶

永遠在那裡的月球引力

「不再參加選美之後，我要怎麼和我的菲律賓友人們繼續幸福快樂地生活下去呢（live happily ever after）？」五月的那個下午，我其實也問了自己這個問題。然後忍不住在心中苦笑：哎呀。原來在香港這個彈丸之地，我們還是要擔心從此在階級與種族的劃分下永別啊。

有沒有這麼誇張。

現實中，我完全沒有回答這個問題的需要。

我想要回到一開始說的那個潮間帶的比喻。陸地是人類學家想要了解的領域，海洋是人類學家自己（的世界）。海浪衝上海岸，攀附攀附攀附，帶回一點砂石、一點生物，也留下一些海水，和潮間帶豐富的生命共同滋養一個世界。

雖然像是滿潮的潮水必然回頭一般，我也需要暫別積極參與外傭選美的歲月，但是這些年來的努力（或說不專心的東張西望好奇），留下了千絲萬縷的聯繫。就像潮間帶裡最終沒有離開的海水，讓海洋的牽掛始終在那裡。我從一個外來者、自己設定的旁觀者，逐漸也成為某些力量與需求，經營、交融的平台。

最初對我的研究有興趣的是學術圈人，以及以學術圈人為班底的公共知識分享平台。對大眾的演講接著吸引來了當地的媒體（也吸引了菲僑文化人的批評）。透過在選美會認識的菲律賓籍商人與居港人士，慢慢受邀進入以菲律賓人為主體的慈善機構，同時與領事館的接觸也綿密起來。人類學系畢業的學生分布在各類非政府組織之間，又進一步把我和各種關注不同議題的組織連結起來。透過紀錄片的中介，有更多香港及外籍的媒體開始和我接觸，進一步將在港外籍傭工的情況以不同的形式介紹給更多人。就像是留在潮間帶的海水，我慢慢發現了人類學家這種「既是我們又是他們」、介於兩者之間的身分，給予了我們足夠的政治與社會資源，能夠在一些關鍵的時刻扮演著暢通資源的平台。像潮間帶的海水一樣，很適合滋養各種剛生根的點子、正準備大展長才的組織，聯繫足以共享和交換的資源。於是漸漸地，我從一個學者轉變成一個兼職的倡議者。近程的目標是希望能讓資源有效地送到需要它的人手上，讓缺乏舞台的身影和聲音被看見聽見。遠一點則是希望能夠一直重述不公義的核心，最終帶動社會結構的鬆動。過去這一年多來，即使還在參加選美的活動，更多的時間卻反而是花在了這些不同的公共角色的扮演上。

人類學家常希望回饋滋養自己研究的人群與社會。我也常常覺得，願意擔任許許多多義務性質的工作，出錢出力，最重要的是大把大把地貢獻原本已經稀缺的時間，是我對外傭社群的回饋。但在我意識到自己一方面需要從「什麼都知道了的田野抽身」，另一方面又「忙著在各種公共角色間落實田野給予的想法」時，忽然想到：也許這不是回饋，這是一種「陰性的田野時光」。

在一個積極的田野探索圓滿而退潮的時刻，還有許許多多留下的水窪，一個一個忙碌地繁殖著田野的成果。然後那些水窪最終還要與下一浪頭相連，成為下一波田野的一部分。如果田野可以以密度來形容，那麼在經過了漫長緩慢的蹲點與身分建構，經過了頓悟不斷湧現的田野高潮，零零星星的知識還是會偶爾現身，在退潮到最低點的時候，海洋與陸地也還依然扎實地相連。人類學家在田野中奔波復返的身影，也許透過這樣的意象才最能呈現。

這篇從「最後一場選美」的感嘆寫起的文章，寫了好長的時間，終於要收手時，忽然發生了一件震驚香港外傭選美社群的事情。

二〇一八年十一月中旬，一場在酒吧舉行的「選美」活動（有人說那只是假借選美之名），參賽者穿著的泳裝是布料少到不能再少的設計，而這些被認為過於赤身露體的活動照片，事後被放到社交媒體上流傳。菲律賓駐港勞工領事透過社交媒體與新聞發布了譴責，並要求主辦者到領事館報到，發表公開致歉聲明。選美社群中立刻出現了各種激烈的爭辯。有些人嚴厲譴責主辦方與參賽者的道德標準，贊同勞工領事的登高一呼。有些人認為有爭議應該江湖中解決，而不是去找官方機構申訴；或是不應該以一顆老鼠屎看天下。看著相熟的報導人們逐漸對立，差不多過了十天左右，完全出乎我意料之外地，勞工領事發表聲明：所有的選美活動應該全部立刻停止，香港不應再有菲傭的選美，官方也不會再參與此類活動。社群中最大的團體（也是籌辦過無數選美活動的團體），也馬上發表聲明：贊成，從此停辦選美。[8]

沒想到「這就是最後一場選美了吧」，會出現這種新的詮釋可能。

我除了驚訝到眼珠子掉下來，也為選美社群中的朋友們感到不捨。選美為大家搭建起來的生活，其中許多人的善意與從選美中找回的自己，就這樣被一概抹煞。我想著要挺身而出，有個不在這片江湖中的菲律賓人跟我說：「你不是菲律賓人啊。這不是你的戰場。」

當她的話音一落，我忽然感覺那個永遠在那裡的月球引力再次迫近。也許，又是轉頭回田野的時機了。

8 這是勞工領事和部分選美社群中的人提出的要求，但我個人並不認為選美會就此銷聲匿跡。

陳如珍
Ju-chen Chen

香港中文大學人類學系高級講師（也是一種移工）。

台灣大學心理學系畢業之後，原本想當一名心理師，卻常常為精神病人的幻覺著迷（「我頭一扭就有好聽的音樂，眼睛一閉就可以換一張聽音樂的椅子」）。隱約感受到科學的對錯之外，有個既荒誕又迷人的世界。

踏上人類學的路純粹因為是天生順服者。余德慧先生丟了一篇 Lila Abu-Lughod 寫貝都因人情詩的文章、又隨口一句：「你應該去念人類學啦。」就收拾包袱去美國念書了。

研究的對象包含中國的民工和香港的外籍家務傭工。為什麼中國民工媽媽千山萬水就是要幫兒子修房買樓？為什麼菲傭願意花錢花時間的選美？寫過芭樂人類學的〈「我不是你的家人」：香港菲律賓籍家務傭工吃飯的學問〉。合編過外傭文選《許願井的迴響：香港家務傭工詩文集》。外傭的研究讓她在學術之外，無可退縮地介入各種相關的公共議題，包括擔任 Wimler Foundation Hong Kong 的董事。

這幾年因緣際會，又一頭栽入獨立音樂圈的研究。為什麼有些人很傻，願意一直湊錢辦音樂會，有收入又捐給社會？為什麼同個社會同個年代，讓人執著的願望可以如此不同？於是她又成了各種音樂會音樂節的頭號粉絲。

這些年來人類學教會了她世界的寬廣。「頭一扭就能換角度看人生，眼睛一閉就可以感受世界不同的豐富細緻。」人類學給出的包容，是她最想和學生及孩子分享的事。

療癒的熱帶

一位人類學者跨宗教與科學之旅

趙恩潔｜中山大學社會學系

（電視裡傳來女主播的報導聲）一九九九年美國醫療協會期刊發表了一份「書寫治療」的報告。[1]七十一位患有氣喘或類風濕性關節炎的病人，在報紙與診所看到徵人廣告後，自願參加這項實驗。實驗過程中，部分病患每隔幾天就進行三次的書寫療程，每次二十分鐘，寫下人生歷經過最緊繃、壓力最大的經驗，或者只寫今日計畫，然後將書寫成果放入一個盒子封箱。四個月後，兩種病患的症狀都有顯著改善。

她雖然沒有氣喘或類風濕性關節炎，但每每在書寫時，她都想像自己在一間治療室。在治療室裡，她的思緒可以打破時空。過去、現在與未來變成一個轉動的輪，不論摸到的是哪一環，都會同時滾動整體。

二〇一五年四月．治療室

突然間，「清真實驗室」的字眼映入眼簾，你愣了一下，心跳不由自主地加速。

這太令人詫異了。

幾個月後，你果然進入了西爪哇茂物市內這棟內建「清真實驗室」的獨立研究大樓。你的心跳再次加速。你對自己說，這是一個「第三世界穆斯林科學場所」。不論這個詞多麼過時且將招惹批評，它還是敲響了你心中那座古老教堂的鐘聲。因為，就在不久前，你根本不知道有這個東西存在於世間。事實上，你根本做夢也不可能想到，你的研究會與實驗室有任何關連。

1 JM. Smyth, AA. Stone, A. Hurewitz, A. Kaell, Effects of writing about stressful experiences on symptom reduction in patients with asthma or rheumatoid arthritis: a randomized trial. *JAMA*. 1999; pp. 281:1304–1309.

二〇〇八年七月．沙拉迪加

「霸恩姬[2]醒了沒？」單薄的木頭牆外傳來一句年長女人的聲音。

「還沒，她通常都睡到相當中午。」年輕的聲音回答。

我聽著她們評論著我，想著又該起來面對這奇特的一家人：爪哇穆斯林母親—爪華混血兒子—印度教繼父—天主教媳婦。我伸了懶腰，看著房間時鐘不過才七點。也對，只要超過五點才起床，沒洗澡也沒禮拜的人，都算是睡到「相當中午」。

那是二〇〇八年的波士頓夏天，我來到沒有四季的熱帶，莫名奇妙通過口試進入「最高階印尼語班」，每天壓力極大地用肥厚的字典讀完一篇又一篇的印尼文社論作業。因此，除了第一個夜晚沒睡好，其餘時候都累得一覺到天亮。而第一個夜晚沒睡好的原因是因為清晨三點多時，村裡清真寺的廣播就不斷傳來溫柔的吟唱與女性的宣讀。半睡半醒的我，在周圍環繞著香蕉樹與山丘的木頭家屋慢慢起身，長窗外的天色仍紫暗。我打開印尼四處可見的長形上懸窗戶，山丘涼風迎上臉龐。幾個小時前，我從三寶瓏機場下機、坐入小包車、摸黑被載來小山城，一路上路面顛簸不止無法休息。到了住所，還得顢頇地從冰冷的澡井內舀水出來，淋上大鋁茶壺內燒好的滾水，做成大約五公升的溫水，才可以在水冷掉前快速沐浴完。那個疲憊的爪哇初夜，我當然累到不久後就睡著了。只是，才沒睡幾個小時，村子裡就有人過世了。

我當然要之後才學到，一旦村裡有人過世，那就是全村人的事情。一個人的墳墓，都是鄰居親自挖的；一個人的出生，也可能會經過七層蠟染布包覆著母親首度懷胎七月的身體（mitoni），前提是如果這類習俗被一波波宗教復振運動的新教條允許的話。

不論在鄉村或城市，爪哇人都稱呼這樣的村鄰社群為「村里」，它是婚喪喜慶發生的地點，社會關係的核心。如同許多高度異質的爪哇城市，沙拉迪加的「村里」有著大量的穆斯林與基督徒混居，而人們近年來深化的宗教認同與抬升的公共虔敬展現，構成了新一代爪哇村鄰社群的多元面貌。對於婚喪喜慶儀式在宗教混居村里中該如何運作，村民當然必須演變出一套又一套因應之道。這些複雜的因應之道，我還要很多年，才開始略懂一二。

好險，到了二〇〇九年秋天我重返爪哇時，我已經不是那個曾經被嫌棄吃飯很大聲的傻瓜了。我學會像爪哇人靜悄悄地吃飯，印尼語流利了許多，而且還下了番苦心學了些現在年輕人都已經不講的高爪哇語[3]，總是逗著母親們父親們[4]開心得笑開了眼。我逃離了那個愛到處跟人借錢、又堅信我每天都睡到「中午」的爪哇母親，來到了更靠近市中心、住有許

2 霸，mbak，爪哇語，「姊姊」的意思，印尼語也通用，泛指對成年女性的尊稱，類似台灣的「小姐」，差別是有「姊」之意。「恩姬」，則是「恩潔」的爪哇化稱呼。「霸恩姬」，「恩潔姊」之意。

多幽默感十足的母親們的辛那藍村。大約三個月過去後，辛那藍村裡最風姿綽約的前民謠歌手、又兼職無給薪村里幹部的艾卡母親，就開始教導我分辨村子中的「甘願人」與「不甘願人」。

所謂的「不甘願人」，其實就是不願意在各種儀式場合與每一個鄰人們「沙林母」(salim，刷手放胸致意)的人，也就是許多村民乃至村長已經跟我抱怨過的「信仰狂熱咖」。「沙林母」是非常基本的表示尊敬之意，而進入一個儀式場合後若不知道如何使用正確的身體姿勢來「沙林母」，可能會造成在場者內心的尷尬與事後的疑惑。表面上看起來人們並不理會這些狂熱咖，其實背地裡在意得很。若時機成熟，他們會聯合起來，用一些爪哇人相當擅長的迂迴計策來「重振古風」。有一次，我與母親們正在準備一個感恩祭(「秀顧然」(syukuran)，舊稱「斯拉麻旦」(slametan))，意外地從母親們的談話中發現新的里長其實就是一個「狂熱咖」。村民怎麼會選他當里長？原來，狂熱咖是某個薩拉菲派伊斯蘭組織的成員，有嚴重的儀式汙染概念與潔癖，不願意觸摸圈外人的手。這比起某些近幾年開始流行「只跟同性別的人刷手致意、遇到異性者則雙手合十」的新主流還要誇張。

母親們耐心地用故事來解釋給我聽。有一天，突然下起大雷雨，狂熱咖一家人都不在。眼看著外面已經曬乾的衣服又要淋濕了，最愛「勾東羅擁」(gotong-royong)或「互助」的鄰居們自然好心地把這家人的衣物收起來擺到屋簷下。想不到，狂熱咖一家人回來後，不但沒有感謝，還覺得非常倒楣，把這些洗淨曬乾的衣物又全部倒進洗衣機裡面重洗一遍。因為，狂熱咖相信，鄰居們的手是不潔的。自家的衣服被不潔之手摸過，當然就不再潔淨，要重洗一遍。鄰居們知道了此事後，非常不高興。於是，他們聯合起來，決定這家人必須被改變，就從狂熱咖開始。不久之後，在最近一次的無給職卻又要做很多事的里長選舉中，以母親們默默主導的「投給狂熱咖」選舉術奏效，狂熱咖意外地跌破眼鏡當選通常都是最有名望或善於社交才會擔任的里長職位。選舉後，母親們還讓狂熱咖相信，因為他高尚的宗教情操，特別適合擔任這個精神領導人的職務。當選了要做一堆事情又無給職的里長之後，狂熱咖發現自己必須參與鄰里中所有家家戶戶大大小小的婚喪喜慶；而他根本不可能同時拒絕一百個人、一千個人的「刷手致意」。箭在弦上，不得不發，狂熱咖從此放棄了死也不跟人刷手的教條。面容慈祥的德母親一邊包裹著秀顧然要用的食物一邊笑咪咪地對我說：「身為里長，他沒有

3 爪哇語有相當多的階層，根據對話者彼此之間的社會關係而改變。基本的階層至少有三種，低爪哇語 ngoko 用在平輩之間與非正式場合，平爪哇語 madya 用於無法界定關係之陌生人之間或用來展現半正式風格，以及高爪哇語 krama，用在正式場合以及階序關係中。許多基本問候語皆屬高爪哇語。

4 印尼語中的 Ibu（母親）與 Bapak（父親）的用法相當於中文情境裡的「先生、女士」，差別是多了一種類親屬的情懷。不同於台灣可稱呼非親屬長者「叔叔、阿姨、阿伯、阿桑」，在此是強調無親緣距離的「全部都是父親、母親」。此屬夏威夷型親屬稱謂的一種延伸，應用範圍包含陌生人。

其他的選擇，就是必須與我們互動。」

當我向指導教授海夫納報告以上所發生的事情，他充滿興趣地咀嚼，表示這整個故事實在是「非常地爪哇」，並讚美我捕捉到爪哇人的行事風格與文化情調。確實，「爪哇文化」在東南亞研究中，長期帶有一種神祕而睿智的光環，就算歷經許多學者（包含他自身在內）的解構與重寫，[5] 依舊有些東西歷久彌新。而這個故事，簡直就是許多爪哇美德的化身！一個淡定、迂迴、充滿智慧又有幽默感的世界。我想起那耐人尋味的爪哇諺語，竟活生生地被人們細膩展演：

不憑財而富，不施法而靈。
不動兵而戰，不辱敵而贏。[6]

我帶著對爪哇文化運作邏輯又深一層的認識，沉浸在魔幻與驚喜的氛圍中，享受著摩巴布火山尚未被烏雲遮蔽的曉色清光。

5 可參考Hefner的Hindu Javanese: Tengger tradition and Islam（最後的印度教爪哇人：騰格傳統與伊斯蘭）、Mark Woodward的Islam in Java: Normative piety and mysticism in the sultanate of Yogyakarta（伊斯蘭在爪哇：日惹蘇丹宮廷的規範性虔敬與神祕主義）、M.C. Ricklefs的爪哇宗教三部曲Mystic synthesis in Java: A history of Islamization from the fourteenth to the early nineteenth centuries（爪哇的神祕綜攝：十四世紀到十九世紀的伊斯蘭化史）、Polarising Javanese society: Islamic and other visions, 1830-1930（爪哇社會兩極化：一八三〇年到一九三〇年的伊斯蘭與其他視閾）、Islamisation and its opponents in Java: A political, social, cultural and religious history, c. 1930 to the present（爪哇伊斯蘭化與其競爭對手：一個政治社會文化宗教史，一九三〇年至今）等著作。

6 爪哇語的原文是Sugih tanpa bandha, sekti tanpa aji, nglurug tanpa bala, menang tanpa ngasorake. 在此，sekti是指魔幻、魔法與神奇的事物，而aji則是有法力的寶物。

二〇一五年九月・治療室

你從茂物的清真實驗室帶回幾筆資料，其中一份是關於混入了不同比例豬肉的「牛肉丸」之DNA鹼基對電泳染色圖。你看著這些圖表一頭霧水，好奇地自言自語：所以，豬有特殊的鹼基對片段，牛、羊也都有各自的獨特片段？所謂的「引子」，就是針對不同物種所特有的鹼基對片段所設計出來「釣餌」？釣得出來的，就會在電泳上染色？你與一位法文班同學同時也是陽明生化暨分生所畢業的朋友在線上討論了足足五個小時，認真地想要搞懂自從高中生物以後再也沒認真對待的東西。

一直到那陣子以前，起碼有二十年的時間，你一直對「科學」充滿懷疑。你排斥「科學代表真理」或「科學可以解決一切」的思維。事實上，當年你會毅然決然走上人類學這條路，就是帶著自己是出身於宗教家族的「難民」身分，在科學的巨輪下無情地輾過所有神的選民的意義系統而開始。

你永遠記得，與好友之間無法跨越的隔閡。高二時，一位你視為換帖且為文學同好的好友在課堂上發表「宗教就是迷信，將會被科學取代」的言論，平日雄辯的你竟毫無反駁之力。類似這樣的想法，總是在弱智化一群人們並不真正了解的「他者」。偏偏你剛好就是出生在這種他者之家。

你的中部家族，一邊在大里，一邊在大肚，雙雙都是佃農，為獲得基督教醫院醫療而改宗，從此有了一位在天上的父。你從來不知道為何同學們經過那些紅色詭譎的寺廟時必須雙手膜拜，即便五代父系家族的第一位改宗者本名還是趙和尚。你永遠記得，從小帶你長大、與兒孫們同睡一張床的母系家族阿嬤，那矮小瘦弱，卻有著巨人溫暖性格的女性，是如何地讚美年幼的你背誦詩篇二十三章，她最鍾愛的章節。少女時代的你為她的人生著迷，將她的一生寫成了短篇小說。你寫到她喪偶，獨自養活了連同你母親的七個孩子。她曾被日本人恫嚇，也曾被國民黨的警察將她親手種植的青菜全數扔入臭水溝中。她繳不出罰款，不願從家裡拿出印章。她依靠微薄的收入，接納親友救濟才能溫飽度日。但即便如此，她還是東湊西湊買了一雙少女皮鞋，送給她視如己出的某位外甥女，祝賀她考上了曉明女中。逐漸年邁時，她總是與教會裡賽德克族最矮小的那對老夫婦談笑風生，勾肩搭背，即便他們之間語言不通。她總是對著照片稱讚你是同學中「上婧」的那位，即便她沒戴上老花眼鏡，根本認不出哪個是你。

不論你身在地球何處，你心裡總有她，因為她是你永遠黑暗的心靈中唯一無欲無求的光亮。即便她這輩子只讀一本書，那厚實而充滿筆記的羅馬拼音聖經，而你與她沒有任何共通的話題。她臨終前，你時常擔心她忘記你是誰，所以一邊餵她吃著果汁機攪拌後的液態食物，一邊考她盤點所有兒孫姓名。她記得七成你就笑得合不攏嘴，而你卻曾經因為無法為這整個世界命名，喪失了存活的勇氣。

無欲無求其實無法拯救你，你也知道。你需要翻轉世界，就算那聽起來很不可思議。你畢竟不是你母執輩那幾代逆來順受的女人，你公然怨恨她們對女人自我設限的信仰。所以你從來不因被打被罵而住口。因為你反對任何宣稱唯一真理的霸道，所以你一定要提問。你也會對牧師傳道們發表你自己如何消解達爾文主義與創世紀表面上的衝突，但是他們無法回應。你對於唯一的真理道路感到懷疑，但你絕對不會說，那些去上教堂或在寺廟裡拜拜的人愚蠢或迷信。你只是無奈，因你早就發現，在世界上，科學嘲笑著宗教，上教堂的人嘲笑著去寺廟的人。

直到某天，你因為校刊社跨校聯盟前輩們引介的一些書籍與音樂，偶然讀到了中文版的基辛的《文化人類學》。當你讀到「科學只是認識世界的其中一種方法」、「科學思維也有其宇宙觀基礎」、「任何社群的宗教思想與實踐應被認真對待」的概念時，你歡天喜地宣布這個叫作「人類學」的東西富有洞見而無限寬廣。就因為這樣，高二那年，你就立志未來要當一位人類學家。高三學測後的第一屆「申請入學」，你只填了一所：台大人類學系。後來，根據你異常固執的個性，從大學到博士班，一路上你都維持著這種習慣性對科學的權威保持懷疑，對各種看似光怪陸離的宗教現象卻保持開放的思維態度。

大三那年的田野課，修文化田野的同學都被系上老師帶到台南學甲北門一帶分組做田野，你被分配到的是一個單姓村。剛到田野地沒幾天，你就夢到了三王爺，而你原本是一個連香都沒拿過的小孩。你訪問了好幾個重要的家族，翻遍台大圖書館的舊報紙，又數度回到台南鄉下增補資料，甚至在補田野時遇上全台最大宗祠的大拜拜而摸彩抽中了二十條毛巾。在庄廟與宗祠之間、神明與祖先之間、在地與旅居在外的政治經濟學之間，你找到一種新的世界。你喜歡感覺到世界可以不停拓寬、地平線可以不停翻新。因為這次遭逢，你驚訝地發現在地宗教組織竟是融合所有行政司法功能、可與地方派系與政黨銜接，甚至直達政治天聽的權力樞紐。

後來，你申請上美國波士頓大學人類學博士班的全額獎學金，打算做一個中國邊陲少數民族的田野。只是，人在美東之際，你越發感受到身為台灣人糾結的認同，也不滿於因來自第三世界而被自動分發的位置。你看著所有白人同學都在研究世界各地的穆斯林社群，發現自己懷抱著前所未有的「自我解殖」的欲望。為什麼西方人類學者可以研究全世界，而你總被預設要研究台灣、中國，或是與這兩者相關的地方？你讀膩了所有與漢人相關的民族誌，所有的理論都在你腦中彈性疲乏。你再也承受不了任何與「華人」、「漢人」、「中國」相關的研究，你的倦怠與怨氣像颱風尾亂掃，掃掉了中國境內所有大大小小、差異極大的少數民族相關研究，也掃掉了台灣人類學前輩們所耕耘出那些厚實的原住民與漢人研究。

你決定你必須再次逃離。你的前指導老師魏樂博非常支持你的決定，認為你值得放手一搏。你新的指導老師海夫納，則是一位寫過最後的爪哇印度教徒民族誌、用穆斯林觀點重寫印尼國族民主化歷史、受邀為劍橋伊斯蘭史主筆伊斯蘭文化史，又接任亞洲研究學會主席的人類學者。當他問你為什麼想研究印尼，你告訴他許多枝微末節、聽起來像原因的原因，比如印尼國族主義的不可思議；這個許多人曾經認為會像南斯拉夫一樣解體的共和國，有著超繁複與巨變的文化與宗教差異，卻仍然保持強大的國族主義。講完了這些有的沒的，你突然一陣沉著告訴他，其實，沒有什麼特別的原因，你就是想研究印尼。白人學生想研究哪裡就是哪裡，為何你研究印尼卻需要原因？他欣然地接受你的回答，不但支持，更提名使你獲得不必教學就能獲得全額學費補助與生活費的獎學金。

自此，你認真地修習伊斯蘭法課程，又對廣大多元的穆斯林社群的性別與政治下了一番功夫理解。你一度害怕阿拉伯人那些冗長的名字，害怕所有你來不及記得的伊斯蘭研究專業術語以及諸國複雜的政治社會情勢變化，直到你再也不怕為止。就這樣，你從科學理性支配的世界逃到宗教人類學的世界之後，你又從漢人研究逃到了穆斯林研究。

當時還沒有什麼新南向政策，台灣政府也還沒有把了解印尼當成任何首要之務。你就像脫韁野馬一般，義無反顧地栽入印尼與伊斯蘭的世界裡。不管結果如何，只要你踏出去「解殖」這一步，你被野蠻而階序的現代性統治的心靈，就會痊癒一大半。至少，你曾是那麼相信的。

二〇一〇年二月．沙拉迪加

「不覺得嗎，」艾卡母親略帶自豪地發語，「爪哇以外的地方，那些有的沒的儀式就都阿里不達的。」她在自個家裡會露出許多外頭看不見的表情，頭頂上常鑲滿刺繡與亮珠子的頭巾也拿下來了，唯獨她的鼻音，不論到了哪裡，都在在宣讀她的爪哇身體。

「嗯給。」我不自覺地使用高爪哇語發出那重喉音、代表「是」的回應聲響，即便如此認同報導人對他人的歧視，似乎犯了我族中心主義這個人類學最大的忌諱。

艾卡母親抱怨的是住在她家隔壁的一對改革派穆斯林夫妻，她們從「外島」（爪哇以外的島）搬來，生了小孩。小孩都那麼大了，卻連一場感恩祭都沒辦過。辛那藍村裡面的人，就開始謠傳說，他們生出來的孩子「怪怪的」，因為先前流產了三次，之後不曉得喝了什麼奇怪的魔鬼藥水，才終於懷胎成功。這個謠傳，艾卡母親倒背如流。

但這個謠傳令人不舒服的地方還不只是魔鬼藥水的影射。事實上，艾卡母親自己也流產過三次。同樣都是流產三次，一個是一連串不幸的醫療事件，一個卻是不道德的宗教事件。在村里，絕對不會有人敢拿艾卡母親的流產做文章。她是個受歡迎的人物，什麼儀式都辦得妥妥貼貼，什麼盛會都辦得有聲有色，什麼前任現任村長里長都邀請。誰要是說她的不是，那也只會讓人當作是嫉妒罷了。

「嗯給」，那高爪哇語的「是」仍在我腦中迴響。人類學者同理自己的報導人是必要的，但當報導人以我族中心主義自居，此時人類學家應該同理到什麼程度？按照當地的邏輯，這不能算是說謊。因為，屬於道德犯罪的說謊是一回事，為了關係和諧而心口不一，是另一回事。在爪哇的人際互動邏輯中，禮貌性的心口不一，是一種美德，而不是犯罪。有一位沙拉迪家當地的知識分子曾這樣對我形容：心口不一，就像爪哇人的匕首，一定是放在背後，從不放在胸前的。除非在不得已情況下、已經確定要發動攻擊，否則一個人平日就應該要把暴力欲望及怒氣全都隱藏起來。表面和諧是極為重要的，它甚至會培養一個人內心的平靜。人間的流言蜚語就像瀑布打在人的身體上。人站在裡頭，讓它流過，不應該還手。口說好話就是這樣一種蘇菲禁欲式修行的爪哇版本，連結著印尼化的阿拉伯語「撒巴兒」所強調的「耐心」美德。若非必要，不輕易製造衝突。所以喜蒂母親會說，不同宗教與派別的人們都是一家人，信仰就像爬摩拉比火山[7]，有的人走路，有的人騎車，但最終的頂點都是阿拉[8]。沉醉於靈恩派崇拜方式的一位富有爪哇母親，也總是在宗教混雜的鄰里聚會中，大方地用阿拉伯問候語回應穆斯林鄰人。一切都和諧得緊。

但我仍然感到不舒服。就連我自己也嚇了一大跳，因為我明明是同情那對夫妻的。畢竟，我深知，這對被社群嫌棄的夫妻，靠著販賣手工皂，也養活了幾個孤兒。只是，在與艾卡母親互動的當下，我很自然地沒有足夠時間來消化這一切事後的倫理。我不過是順著爪哇人典型的溝通方式而已。面對長者與上位者，為了以他們的感受為依歸的和諧氣氛，一個人不論自己接下來打算贊同或反駁，都一定會下意識地先說「是」來肯認這份口說與聆聽。而且，艾卡母親若不是把我當自己人，又怎可能當著我的面，把她的我族中心主義預設為是我也共享的一套意義體系呢？我當然不是虛偽或只是逢場作戲。我只是一點一滴地，變得更像爪哇人了。

儘管我知道母親們是如何對付「異己」的，我對母親們仍然充滿敬意。我最喜歡母親們的幽默感，與她們看似卑微、實則默默掌管了大小事的泰然自若。她們不但本身很幽默，也會請幽默的伊斯蘭講道師來娛樂她們。事實上，自八〇年代中期以來，年長女性組織的伊斯蘭讀經會幾乎總是比男性讀經會更成功也更盛大的原因，就是因為母親們的社交與組織能力。所謂的讀經會，有時候只是在請人來講道以前，先讀一段經文，之後開始講道，最後再

7 爪哇舊有傳統宇宙觀裡頭的聖山，也是爪哇早期印度教儀式中，會被投入許多平息聖山怒火的儀式物的地點。在此，舊有的印度教宇宙支軸觀點已被巧妙地轉化為伊斯蘭的宇宙觀，在空間上以多線進步史觀走向唯一真神。

8 在印尼，阿拉就是神，不論基督徒或穆斯林均如此稱呼。在阿拉伯語中，阿拉也就是神的意思，不是奇怪異邦人的神祇之名。相反地，在馬來西亞，「阿拉」是否可以應用到基督徒的神，持續引發爭議。

讀一段經文，前前後後不會超過一個小時。這種聚會模式在鄰里間非常普遍，可以說是整個爪哇在這波世紀末到世紀初的伊斯蘭復興中最具有草根性的聚會。因為母親們在鄰里的社會網絡是社群的核心，所以每逢婚喪喜慶，邀請誰來講道，也都是她們決定的。在一場慶祝某位男孩割禮完成而成年的儀式中，我發現講道的重點根本沒有放在男孩身上，而是完全放在娛樂母親們之上。

男導師：養育一個小孩長大真的不是一件易事……想想看那些花費，還不一定能確定小孩會變成一個好人……這個世間上的快樂是不長久的……可能一個人他可以娶到漂亮的太太，但是呢，久而久之，太太也會變得不再漂亮……

母親們：（大笑出聲）

男導師：因此，更重要的，是有一個虔誠的太太，而不是一個漂亮的太太，就會擁有人間的天堂。

母親們：嗯給！嗯給！

男導師：（轉向男性聽眾，因男女座位是分開的）不要對你的太太生氣！因為太太是幫助我不要不忠貞的人，是教育我小孩的人，是決定我以後會上天堂或下地獄的人……（轉回女性聽眾）如果你的女兒今天被兩個男人提親，一個男人，他長得不帥……而且也不虔誠！然後另外一個男人，他長得又帥，而且又虔誠！那現在你要怎麼做？（停頓下來，假裝思索）妳當然嘛要選擇那個又帥又虔誠的男人！

母親們：（集體大笑，互相竊竊私語，對講師的表演感到滿意）……

男導師：但願你們的女兒都會獲得一個又帥又虔誠的丈夫，就跟總統SBY一樣！（母親們都覺得他超帥）

母親們：（熱情且贊同地）阿們！

這一小段互動不只是大珠小珠落玉盤，幾乎是一種微型的文化革命講堂，因為它翻轉了一則誤解聖訓而生產出來的爪哇俚語：「婦隨夫上天堂下地獄。」在這裡，是丈夫對妻子的行為才會決定這個男人是否能上天堂。更好笑的是，男導師一方面要求男人要追求虔敬的女人，而非美麗的女人，但是卻讓女人擁有同時追求虔誠又帥氣的男人的權利。在那一年中，我聽過好多這類爆笑的、根本就是在娛樂母親的「講道」。因為有這些可愛的活動與互動可以參與，也不時地平衡了那一年田野生活中必須面段跨族群潛在衝突的高壓。

但，有些事情，似乎不是那麼容易消化得了。消化一個報導人或一群人的我族中心主義，或許在實踐上比想像中簡單，就不要一直拿倫理來質疑自己就是了。但是，當我必須同時同理多重的甚至彼此對立的複數社會真實時，要不感覺到有點「精神分裂」，幾乎是不太可能的。

比如，在村裡，究竟誰是「我們」呢？

每年聖誕節，身為鄰里女性組織的總務兼祕書的恩妮母親家裡都會開放讓親友來請安；換作是開齋節，則是多數穆斯林家庭會開放讓親友來請安（正確來說，是「請求寬恕」，此為開齋節的核心價值）。穆斯林鄰居們都很願意到恩妮母親家作客並享用食物，最重要的是要說「平安聖誕」。只不過，出生於沙拉迪加，到外島工作，在二〇〇〇年才搬回來的恩妮母親，其實對於歸鄉有一套自己的看法。有一次，我與她以及她的死黨瓦蒂母親，一位幽默歡樂的穆斯林，聚在一起，她說：

就你知道嘛，我原本去到龍目島上。結果暴動發生了……又因為我是（基督徒）……然後……我就回家，我先生去峇里島，每個月回來一次。我想沒關係啦，可能真的神對我有其他的計畫，讓我來這裡服務人群。

雖然恩妮母親不明說自己是因為「反基督教暴動」而逃離龍目島，但她評論自己回來沙拉迪加的方式卻也是宗教式的，就是她相信神有別的計畫。只是，她在指認自己是「基督徒」時，基督徒這幾個字被噤聲了。瓦蒂母親總是可以很有自信地說，她們不分宗教彼此像姊妹一樣好，但是這個「不分宗教」的和諧其實是需要日常不斷地互動去維繫的。恩妮母親每每在辛那藍村的母親聚會中，總是會與穆斯林母親們一起吟誦古蘭經。這樣的舉止，在更富有的鄰里與更富有的基督徒身上，是看不到的。更富有的鄰里，有她們維持「和諧」的其他方式。但不論是哪一種方式，它都是一種具有複雜階序的和諧。

瓦蒂母親與恩妮母親真的是超級好朋友，就算數年之後瓦蒂母親搬到隔壁村更大間的房子時，她還是會一直回來參加辛那藍村母親們的聚會，並為了村里的儀式慶典，與母親們一同做菜。在她們的珍貴友誼間，我領悟到，要處理宗教差異這件事情，言論、辯論、對話，都未必是最合適的方式。

或許，一起下廚會是個好方法。

二〇一〇年七月・治療室

你研究並書寫跨宗教的日常生活，你的田野筆記充滿差異、幽微的互為主體，以及綿密的表面和諧。有時候，同一天內你可能待在兩個認識論非常不同的場所，面對兩個對什麼才是真正的「宗教自由」有著完全不同想法的社群：「宗教自由當然就是個人的自由」、「宗教自由當然包含宗教社群不受外人破壞的自由」。更慘的是，你看著從雅加達來的知名靈恩派牧師，在教堂上用著阿拉伯語腔調嘲仿穆斯林引來基督徒陣陣鼓掌歡呼，心裡一反所有政治正確或對少數族群的憐憫，突然覺得這些基督徒真是讓人無法同情；夜晚在床上輾轉難眠，你不斷思忖，為什麼思想開放也支持宗教自由、不斷重申古蘭經說宗教絕無強迫的穆斯林領袖們，只要遇到蓋教堂與傳教就無法苟同。你當然知道在印尼試圖讓別人改信宗教是違法的，但誰不知道基督徒在傳教呢？所以這是否意味著，穆斯林永遠在忍耐？你深知「宗教自由」這個概念是將信仰極度個人主義化後才得以成立，但你也忍不住猜想，究竟在這個過去人稱基督教小城（儘管將近五分之四的人口都是穆斯林），受高等教育、去過麥加朝聖、認同民主與女權的穆斯林改革者，究竟受了多少後殖民幽靈的折磨，竟然始終覺得自己在這座城市中是「多數的弱者」、受不了外人一直說這是一座「基督教城市」。然後，老派的荷蘭改革爪哇教會的牧師對你抱怨靈恩派教會如何偷走了他們的羊（＝信徒），然後你聽著全市開齋節大會的講道，伊斯蘭導師告誡著人們，先知早已預言過，多數會被少數欺侮，不是因為數量關係，而是因為穆斯林的人數何其多，但是品質卻像海浪的泡沫一般，破如散沙。

突然間，你覺得自己好像被一場風暴捲回了童年，只是名詞的部分被置換了。

在世界上，科學嘲笑著宗教，上教堂的人嘲笑著去寺廟的人。

你不能隨意書寫爪哇島上的基督徒與教堂興建的故事，因為他們確實可能面臨時不定期的災害，通常是教堂等建築物，而不是人，被攻擊，儘管那些多半是來自規畫過的暴動系統，而非亂無章法的自發性暴力。你想要為穆斯林多說點什麼，那些總是被世人輕易誤解的事件，你希望你可以說得清楚。然而，總有人可輕易誹謗，控訴你在為暴力抹粉。

然後，一天結束，是無從填補的寂寞。不管是住在學生宿舍還是住在鄰里，只要一出門，所有人都是你的報導人，所有人都在觀察你。關在房間是你唯一可以獨處的時候。你聽著當天的錄音檔，心想，今天我有得到什麼重大突破嗎？跨宗教關係只有「和諧」與「不和諧」這兩種模式嗎？你自己就是那個聽到「跨宗教和平」這幾個字也可能覺得無聊的人。就連沙拉迪加一帶的知識分子，也曾經形容那些宗教界大咖坐在一起卻毫無交集的跨宗教對話論壇，根本就是「殭屍會議」。因此你完全不想討論那些正式會議，而把重心完全放在參與觀察日常生活的聚會與大大小小婚喪喜慶。

一場小小的儀式不只是一種「象徵」而已，它的食材豐盛度、參與者的組成、氣氛與陣容，反映且影響著每個鄰里的性別化階級、跨宗教關係，以及穆斯林內部派系中，遠比印度尼西亞國族古老的鬥爭與妥協。人們在儀式前後的真心話與碎念，也都指向這個城市內外感受到的不和諧力量：席捲所有印尼城市的靈恩派基督教佈道會、距離一公里外的恐怖組織大本營、來自東部所有外島的少數族群基督徒與華人基督徒菁英聚集的基督教大學、市郊的土地管理政策與國有土地的跨宗教分配、這座城市的殖民身世與穆斯林多數要求的轉型正義，族繁不及備載。這個城市青翠美麗且氣候涼爽地讓人流連忘返，但它也容納了這個國族的所有問題，像夜半的大霧那樣，瀰漫並籠罩著這看似和樂安詳的小山城。

日常生活充盈著複數交織的立場，各種政治力與宗教力甚至可以透過「不在場」或「缺席」來角力，紀爾茲經典的〈儀式與社會變遷：一個爪哇案例〉就是透過一場喪禮在說這樣的故事。差別在於，當時他的故事還沒有狂野到可以加入靈恩派基督徒與跨國恐怖組織；而且，紀爾茲明明在經驗材料上如此老練地處理了政治意識型態與宗教派系的結盟與對抗，卻在理論化「文化」時又把變遷與多樣性丟失在那隻編織意義之網的蜘蛛之後。蜘蛛的背後，是分道揚鑣的河水、斷裂的瀑布，甚至是突發的海嘯，就不得而知了。時常轉換觀點的你，始終無法對你在田野的好友「坦承」你整個研究計畫。你確實知道他們各自的委屈，但又同時體會到他們的無理（政治學者總說印尼穆斯林是「一個多數族群，卻有著少數族群的心智」；印尼基督徒在鄰里間有許多和諧模範生，但進了教堂後卻不時影射、攻擊他人）。你無法完全歸屬到任何一邊去；你感受到不真正屬於任何社群的孤寂。為了這個還沒有人從這個觀點切入的主題，你好像被迫闖入一個永恆的「中介時空」，沒有人要幫你完成「田野」這個成年禮。

你的指導老師們也許會肯定你，你會得到你的學位。然後呢？你對未來感到茫然，但每天都強迫自己做田野，因為這是你的工作。你的私生活也因為田野而被長距離掏空。你都已經來不及轉換各種田野觀點，當然更無暇去掌握伴侶的心思。同時，因為種族與性別因素，你認定你的現任，在沒有被西方與父權多重殖民過的經驗之下，不可能深層理解你的經驗。

你比從前更缺乏一把衡量是非對錯的標準量尺，你比從前更沒有人了解你的遭遇。你以為這個地方會解放你的靈魂，結果你得到了更多傷痕。

二〇一五年四月．台灣

「啊，我不是一個好的穆斯林啦……」一位在台灣攻讀博士學位的印尼朋友諾兒頗為尷尬、又率真坦白地這樣對我說。

她指的是她不像某些「好穆斯林」，會堅持在台灣也要吃清真食物，若沒有清真或素食，寧可不吃的態度。她就算不幸地拿到排骨便當，也會把排骨放去一邊，吃沒有被沾到的部分，算「鍋邊清真」。畢竟，古蘭經也說，凡為勢所迫，非出自願，且不過分的人（雖吃禁物，毫無罪過），因為你的主確是至赦的，確是至慈的。

打從二〇一二年秋，在我幸運地獲得了中研院博士後的工作之後，我在台北開始新的生活，也獲得一個從跨宗教關係的主題喘息的機會，結識了在台灣生活的印尼穆斯林朋友。也是到這個時候，我才開始注意，在台灣生活的印尼穆斯林留學生，到底在這座滷肉飯王國要吃什麼過活。我跟台科大一群穆斯林留學生變成好朋友，也得知台科大擁有全台灣第一間校園餐廳內建的清真廚房。有一位常常跟實驗室內的機器人一起禮拜禱告的印尼穆斯林博士生叫哈明飛，他是其中關鍵的行動者。他與他的伙伴們成功推動了校園清真自助餐區，還幫助一位阿爾及利亞老闆與他能幹的台灣太太在擁有相當數量穆斯林的台科大熱銷清真便當，一路賣到變成校園內占有一席之地的地中海風味餐廳。

不過，「如果在台灣，一位穆斯林（要吃什麼）」的命題，還是距離我後來邂逅「清真科學」，有五個小時飛機加上一個小時火車，再加上從波士頓到沙烏地阿拉伯那麼遙遠。

春天的某一天，我在台中清真寺與一群印尼留學生隨意閒聊，當時他們在廚房裡做飯，準備隔天去中壢清真寺聽某位印尼著名伊斯蘭導師講道的行程中，搭遊覽車時要吃的便飯。一位在清真寺熱心幫忙的回族阿姨，誤以為我是漢人民間宗教的信徒，不斷地找我聊天。我幾乎無法打斷她。「神靈是千變萬化的，祂可能突然之間就變成沙漠，你什麼都看不到，可能突然變成一尊神，變樹變什麼都可以變，祂變化多端嘛」、「祂造了精靈以後，再造人類嘛，那人類，祂不是用那個火再造了，祂用什麼造，祂用物質的紙……用灰燼製造的，用土，用灰燼製造的，那這些東西呢？你們今天以科學家的觀點去看的話，那它就是一種，呃……你們稱為『礦物質』，它是礦物質這些東西製造的。那由於這個過程是這樣下來呢，不是先有人才有神仙喔！先有誰，先有神靈，才有精靈，才有人類！過程就是這樣子……阿拉沒有方位，阿拉沒有方位，阿拉祂比你的血，阿拉靠近你的地方，比你自己的心、比你自己的血還靠近你！你就知道，祂幾乎跟你是一體的。你明白這一點了嗎？」回族阿姨熱情地表示。

其實，當時她一口氣說了比上述內容還要多的話。我知道這跟我的研究主題「滷肉飯王國的清真之路」沒有什麼關連，不過，她的話是如此玄妙，以至於我印象深刻。田野中的離題可以讓人啼笑皆非，而且讓人異常雀躍。這樣的雀躍，也許是來自有人終於找到可以聽他們滔滔不絕地發表高見的對象，但更有可能是，它使人強烈地感覺到「要是沒有出這個田野，這輩子絕對不會聽到這種神奇的敘述」。而且，這次遭逢更開心的後續，是因為回族阿姨的離題，導致其他旁觀者繼續跑來聊天，信誓旦旦告訴我鄭成功攻打荷蘭人靠的都是穆斯林火砲兵，因為只有穆斯林最會用火砲。後來，路過的教長看見我被一群人圍著，跑來關切，最後邀請我到他的辦公室，秀給我看他受訓成功被認證為有資格認證清真認證的稽核人員的認證（對，這句話沒有寫錯）。

—這就是我的證書，印尼宗教學者協會頒發的。

—請問教長，您受訓的過程是特別學習哪些東西呢？

—我們現在就是要結合科學與宗教。你可以上去看他們的網站。

—教長，可否還是再請教您，受訓成為可以有資格認證物品是否清真的稽核人員的過程，是要上哪些課程？需要到屠宰場去嗎？

—嗯……我們現在在做的，就是要結合科學與宗教。你可以上去看他們的網站。

以上的鬼打牆狀態，反映了我與教長初次見面時，由於沒有料到可以跟他見面，因此無論是對於要問什麼問題才合宜，或是他可以對一位陌生的學者回答什麼樣的問題，都沒有事先準備的結果。但是無妨，光是看到台灣的清真寺教長得意地秀出自己受到印尼的單位「認可」的照片與證書，我也不自覺地驕傲起來。台灣人過去只把印尼當成渡假用的峇里島，而現在只當成外籍移工的輸出國，誰會知道他們在「清真認證」這件事情上如此具有權威？可能我就算說了，別人也不一定相信（後來事實證明如此，除非我提出許多證據）。

好，網站，就來看網站吧。從「滷肉飯王國的清真之路」的旅行到「無煙的火創造出來的精靈」的短暫神曲，我終於穿越了「清真認證」的偵探之旅，再次回到印尼。不過，要接觸這些年來掌管清真認證的「印尼宗教學者協會」，卻有點尷尬。坦白說，這是一個很多跨宗教的印尼知識分子都瞧不起，甚至會在臉書上諷刺批評的對象。他們覺得裡頭一堆保守人士，吃飽沒事幹出來賣弄權威，動不動就發什麼奇奇怪怪的宗教釋令（fatwa），一下子說做瑜珈不符合教義，一下子說臉書不符合教義。

但這種偏見本身也是一種限制。畢竟，越研究一個東西，就越會明白那個東西跟大家想像的不一樣。尤其是科學這個部分。印尼宗教學者協會旗下的食藥妝部門，嚴格上來說其實是一個科學的而不是宗教的單位。所有的領導人、祕書長與長官，都是藥學博士、生物學博士、獸醫科學博士。稽核人員則多半有生物化學相關的學士學位。是的，我認真地反覆觀看他們的網站內容。還沒有英文版本的網站，都是印尼文。

突然間，「清真實驗室」的字眼映入眼簾，我愣了一下，心跳不由自主地加速。

清真實驗室！我的研究會牽扯到實驗室嗎？

這是滿震撼的一個時刻。當時我仍然不確定自己與科學的關係。即使博士班畢業前後，我對當時在美國人類學界以及科技與社會或STS學界大紅特紅的布魯諾・拉圖等人的學說，也是半信半疑。我懂巴斯德的實驗室，我懂這個世界再也丟不掉疫苗，但我依舊懷疑「物」與「動物」的道德性與政治性這件事情，怎麼看就始終是人在主導。沒想到，要不了多久，STS與實驗室都會匡啷匡啷像火車過山洞般，無法阻擋地出現在我的研究中。

▶

二〇一五年十二月・治療室

在你個人的（當然也是社會文化的）大腦典範轉移歷史中，成年前後的第一次典範轉移是從人類學開始。之後在波士頓讀人類學博士班，又被伊斯蘭研究社群再度典範轉移一次。太多東西絕對不是蹲點在一個地方、打破沙鍋問到底、認識所有村民就可以理解的。若不知曉便無法覺察的那些背後的知識系譜，是幾世紀以來，交織著宏觀的歷史與細微的在地異質文化的協商才產生的。不論是大的「傳統」或小的「傳統」，其內部都是複數而彼此對語著，必須深入了解其中的權力關係與歷史變遷。光是伊斯蘭法這個科目，要稍微弄通基本知識，少說也要兩個學期，更不用說各種派別的思想差異與實踐在每個不同的社群會有的個別特色。這也因此讓你的研究學習變得非常重視跨區域的歷史變遷。

沒想到，才不過幾年，你的大腦又再度經歷了一次震撼性的典範轉移：科學與宗教的結合。

你注意到一位名為阿布杜・拉赫曼的印尼籍藥學教授，理由是你讀了他好多篇實驗室期刊論文。他目前任教於加查馬達大學的藥學系，印尼國內最尖端的清真研究群所在地，在某些領域中僅次於馬來西亞普特拉大學清真科學研究實驗室團隊。阿布杜教授領導了許多讓加工食品中的「隱形豬」現形的豬油相關研究。他的研究已經刊登在肉類科學與脂類科學等國際期刊[9]上。曾經在馬來西亞普特拉大學攻讀博士學位的他，與他的恩師雅各．曼教授，從博士班時代開始就已經頻繁地使用遠紅外線致使樣品當中的分子振動，來偵測各種油體、牛肉丸、薯條與其他食品是否含有豬油。傅立葉轉換公式可以讓每種油脂呈現出明顯的波數，而每種特定脂肪的分子結構會有特定的指紋區（fingerprint），與其他物種的分子結構不相符，因而可判別是否含有豬油。學成歸國後，阿布杜教授更結合了化學計量法與傅立葉遠紅外線光譜，透過高度的差異性視覺化公式，讓油體混雜的檢驗結果可以更容易被辨識。他的研究受到許多肯定，並被廣泛地引用。

這樣的以清真為主要動力的科學實踐，給了你一種十分獨特的解放感受，但到底為什麼呢？這是因為，它是「非西方的科學實踐」嗎？不，它不只是這樣而已。它還有什麼別的。它……它是穆斯林領導的一個科學領域！而且還是向來只被當成伊斯蘭邊陲的印尼！

它是「第三世界穆斯林科學」！[10]

不論這個詞多麼過時且將招惹批評，它還是敲響了你心中那座古老教堂的鐘聲。因為，就在不久前，你根本不知道有這個東西存在於世間。不論這樣的「清真科學」將來會如何受到不公平的訕笑或不成比例的謬讚，你感受到前所未有的鼓舞。你突然發現，自己多年來誤認為是「科學與西方的雙重殖民囚牢」的那片天空，只是你心中古老教堂窗戶上的一層灰。

你的古老教堂其實是一座天文台，更是一座顯微鏡。

只是，當你輕輕擦拭著玻璃上的灰塵，想好好地看看天空時，你才發現這些灰塵是如此厚重，一時半刻，是清不乾淨的。

9 部分期刊如下：*PLOS One, Meat Science, Lipid Technology, Spectroscopy: Journal of the American oil chemist's society.*

10 Sandra Harding 在一九九八年就已經提出「非西方體系與西方科學的關係幾乎沒有被研究」的問題（Harding, 2004[1998]: 181）。詳見Sandra Harding（2004）〈多元文化與後殖民世界中的女性主義科技研究〉（Feminist Science and Technology Studies in a Multicultural and Postcolonial World），蔡麗玲譯，傅大為校訂，見吳嘉苓、傅大為、雷祥麟編，《科技渴望性別》（*Taiwan STS Reader II*）。新北市：群學，二〇〇四，頁一七一～一九八。

二〇一七年四月．西子灣

「所以，物與動物的能動性是什麼？」這個問題從二〇一五年開始，我每天都在問自己。二〇一五年八月，我換了飛機、火車，與市區巴士幾種交通工具後，終於抵達位於茂物的清真研究中心。警衛了解我與「高層」有約（非常謝謝神通廣大、當時已在沙烏地阿拉伯任教的印尼學弟的引介），所以順利通關。接著，我與高層女士的屬下稽核人員們相談甚歡，被招待了茶與點心，被贈送了好幾本重要的資料，還免費上了一堂受訓課。我甚至被允許進入到一般除了研究人員不得進入的清真實驗室。進入裡頭必須要脫鞋、消毒、換上研究袍。我在裡頭被允許任意拍照，稽核人員也很用心解答每個問題。當我看見一張以豬為中心的知識圖，也就是豬的每個器官部位可以拿來做成哪些食品、飲品、添加物、物品（很多是意想不到的，比如膠原蛋白飲料、膠囊藥物、鞋底等等）的豬中心圖時，我突然好像被雷劈到一般。

我想，這可能是我生平頭一次，這麼認真地去體會，什麼是「物與動物的能動性」。

接下來，動物科學的各種細微提問，彷彿一支枝枒生長為樹木、森林的快轉影片般，從我的大腦與眼睛蔓延開來。清真驗證所牽涉的各種生物科學、獸醫科學、化學、藥學等議題，開始變成了我的研究核心。我開始大量接觸、思索我這輩子從來沒有想過的問題。一個不含任何豬肉成分的日本味之素味精產品為何會不清真？牛的腦血量特大，是真的即使斷氣都可能還有痛覺嗎？被利刀屠宰後斷氣極快的羊、對傳統的清真屠宰幾乎沒有任何壓力反應的兔，其放血的速度與細胞凋零是否會因「人道電擊」或「清真電擊」[11]而受到影響？動物經由不同的屠宰法所受的痛苦，該如何科學化地測量？痛覺與壓力又要如何透過腦波圖與神經傳導物質的數據與圖表來證明呢？

才不過幾年以前，我老是覺得提到生物性，就是在說一個固定不變的本質，就是拿來合理化把雄性黑猩猩強暴雌性與父權支配社會誤植到人類社會的邪惡思想；我長期認為生物性是反動的、忽視歷史與文化的。現在因為接觸到清真科學化的議題，開始認真鑽研著許多生物性知識相關的研究，才第一次有機會深入體會，與生物相關的知識，如何可以是非常反決定論的。眾多新知識，不論多麼微小，都因為從未想過的「清真」問題而被激發：豬油與豬的DNA在與其他肉品或油類混雜之後，在遠紅外線光照下，會產生什麼面貌？屠宰前使用電擊以及未使用電擊，將如何影響動物放血的速度與可儲放的時間長度？痛苦到底是什麼？是受死之痛，還是受刑之苦？這些問題最令我著迷的地方，就在於，它們同時是自然科學的，也是社會科學的。是生物的，也是文化的。

11 趙恩潔，〈清真的電擊：關於動物福利與伊斯蘭屠宰的一段道德技術史〉，《科技、醫療與社會》二六：七～五四，二〇一八。

到了今年，在我讀遍了阿布杜教授的論文後，我決定要到日惹的加查馬達大學一趟。除了阿布杜，加查馬達大學還有其他研究者，比如恩當教授研究保養品乳液若含有豬肉明膠，該如何測試等等。所以，我會想拜訪藥學系，是再自然不過的。不過，想要打入印尼科學學術界，竟然比想像中困難許多。

原本，我以為自己認識不少加查馬達大學的朋友。沒想到，問遍了所有人，尤其是曾經待過或目前還在加查馬達大學任教的朋友，回答千篇一律都是「只認識社會科學或政治科學的，自然科學的不認識」。就連向來最神通廣大的印尼學弟，這位暢銷作家、粉絲遍及印尼國內與海外印尼社群的超級網紅，竟然也說不認識「自然科學家」。

我這才知道，跨界真的有門檻，而且許多人都未必有機會跨出那條線。要跨界，除了要努力，也需要機緣。

同時，我再度瘋狂寫信，給加查馬達大學清真研究群不同的研究者寫了二十五封信。結果是音訊全無。

就在我不管三七二十一打算於夏天直闖加查馬達大學藥學系的前夕，發生了一件近乎奇蹟的事件。認識多年的印尼友人雅妮女士，突然被調職了。她原本在加查馬達大學的文化學院（獨立於社會科學院或政治科學院）當圖書館員與期刊執行編輯。就在我打算拜訪的七月前的那個五月，她剛剛好被校方調職到藥學系當編輯。

這世界上真可以有這麼巧的事情。為何我會問遍所有印尼學者都沒出路，卻剛剛好有一位人文科學的編輯朋友，剛剛好被調去自然科學的地盤當編輯，而且剛剛好就是我想要訪問的藥學系呢？這是神蹟嗎？是神選擇了我、選擇了雅妮，讓我可以做這個題目的嗎？

我與雅妮在WhatsApp上開始密集地聯絡，她也把我加入了阿布杜與其他教授的帳號中。我簡直不敢相信自己已經在直接跟他們線上寒暄，相談甚歡，立刻就約好了見面的時間。之前那些有的短，有的長，但無論如何都沒有人回的電子郵件事件，在此刻已經煙消雲散，被丟到九霄雲外。

▶

二〇一七年七月．治療室

你終於進入了加查馬達大學藥學系，也參觀了他們的實驗室。它們的簡樸與「有菌」——容你這麼稱呼，因為真的感覺不是無菌的——讓你更體會跨界的能量。「其實用的都是一樣的方法，只是因為有宗教這個 novelty，才可以一直發 paper。」阿布杜教授如此對你說道。他是一位虔誠的穆斯林，從國小到高中都在伊斯蘭寄宿學校讀書。他把宗教與科學結合在生活中，並形容自己的人生使命與主要工作就是「將古蘭經科學化」。在討論了一系列的問題之後，你問阿布杜，究竟豬肉的不潔，只是純粹宗教分類下的不潔，或是有科學的根據時（你真的認識一些穆斯林理工科博士認為，「豬肉對人體有害」已經被「科學」證實），他對你了說了一個相當一千零一夜的故事：

以前有一位叫作阿布杜．穆罕默德的印尼人到法國留學，去到那裡後有人問他，究竟不能吃豬肉，是宗教問題，還是健康問題？這時候阿布杜回答：這個問題，是這樣的。公豬與母豬之間：如果公豬與許多母豬交配，母豬也覺得無所謂。但是如果公雞與其他母雞交配，母雞就會感到嫉妒。哪，你不要誤會，我會講這個故事，並不是代表我認同阿布杜這個故事的意見。我的意思是說，這個問題很多人在問，常常被問，但是人們有不同的想法，有人說是有科學的理由，有人說是道德的理由。哪，現在，我的任務不是去判斷神這樣禁止的理由為何，神的意思或許沒有人類可以知曉，所以我只能說的是，這個不吃豬肉背後的真正的理由是什麼，我不知道。我的工作，就只是「將古蘭經科學化」。

最後這幾個字，他鏗鏘有力地唸著。你在他的研究室裡頭忍不住拍手，因為他提供了一個你早已構思著，卻還沒孵育出來、也尚未被關鍵報導人口頭證實的觀察。阿布杜在做的事情，就是以古蘭經的教導為動力，去發現新的科學知識。

你看到穆斯林科學家如何合理懷疑、創意研發，又充滿樂觀，同時具備了從宗教關懷中發展出來的獨有新意。跟著穆斯林科學家與他們的視角重新與生物學的一個小角落親近，有種療癒的感覺。知識就算永遠都是被爭辯的，但實驗室裡頭精心安排的控制（或用拉圖等人的說法，是「抹滅」曾經混亂過的證據），總是讓結論在短短五頁的科學報告中就那麼清晰、那麼簡短地被訴說出來。

你心中古老教堂的玻璃，好像有那麼幾處，變得窗明几淨了。

二〇一七年十一月．鹽埕埔

「其實，我們已經提前做了阿嬷回天家週年紀念家庭禮拜……」兩年前，表姊在手機螢幕的另一端打出的這句話，又映入我的腦海。

我放下手機，突然有股想畫畫的衝動。

自從阿嬷離開後，我只畫過一張素描，那是我與阿嬷臉頰貼著臉頰，在房車後座眉開眼笑準備去看花海，好像其他事情都沒啥要緊，功名利祿頭銜職位都不重要，世界會因為我們的單純而變得更加美好似的。當阿嬷的大腦語言區已經讓她再也說不出任何話語，我會陪她觀看她留下隻字片語的影片。她走了以後，我則是自己一個人觀看這些影片。因為她，我一直可以看見了屬於另外一種世界的美好，即便我幾度因為無法為這整個世界命名、為自己命名，而喪失了存活的勇氣。畢竟，這世界上，有什麼工作是可以不讓人異化、不讓人失去自我的嗎？

阿嬷的告別式後，我再也沒有畫任何一張畫。這些年來，我在附屬於美國人類學學會的宗教人類學學會旗下的當代宗教人類學系列叢書出版了一本英文寫的沙拉迪加跨宗教生活民族誌、發表數篇英文與中文期刊文章，還有其他會議論文，但就是沒有再畫任何一張畫。一直要到今天，有了阿嬷從未謀面的女兒後，我才第一次重新拿起畫筆。畫完以後，女兒的肖像從此擺在客廳，就在阿嬤的生活照旁邊。

短短不到一年的之間內，女兒也會自己拿著畫筆塗鴉了。我們一邊畫畫，一邊聽著廣播節目傳來幽默的小說朗讀片段：

妳應該一直就是想當個圖書館員，對吧？

我？……我起初讀過研究所，原本想當個英國文學教授……我有試過。我讀了德希達，又讀了拉岡。我讀了《閱讀拉岡》、又讀了《閱讀〈閱讀拉岡〉》，就是那時候，我決定申請轉到圖書館學院。

「我根本不知道拉岡是誰。」他說。

「他就是……唉，你知道嗎，這就是我喜歡圖書館的原因。沒有『什麼？』或『為什麼』一堆問題，只有『在哪？』」[12]

我笑出聲來，又轉頭看到女兒與女兒的肖像，突然間竟然覺得有點像阿嬤的臉。但再看

12 來自Lorrie Moore的短篇小說*Community Life*，我的翻譯。

更久一點，其實比較像自己。再多看一次，又是女兒了。

我不知道這樣是否稱得上是勇敢，但無論如何，我沒有放棄生命。

這世界上到底有什麼工作是可以不讓人異化、不讓人失去自我的？身為一位人類學者，我與我的工作，要如何面對今日的工作與生命必然帶來的異化？

坦白說，我可以說我沒有答案，但我也可以給出一整本書那麼厚的答案。我沒有中間的方式。如果真的有，可能也只有這個：我誕生在一個貧窮的基督家族，在科學的現代教育中受傷而走入人類學，在國際的學術分工下受傷而走入印尼田野，在跨宗教田野工作受傷而走入科學田野。

沉得越深，世界也越廣。只要用生命去做田野，一路走下去，生命會自己找到和解的方式。

但如果沒找到呢？

一個溫柔而堅強的聲音說：

> 無揣著，亦無要緊。因為死蔭亦係婧；因為烏暗亦係光。

▶

趙恩潔
En-chieh Chao

文章排版好的隔天，溫達麗母親的孫女妮雅第一次與我在台灣見面。當年溫達麗母親與優法父親在沙拉迪加照顧我，現在換我照應在高雄留學的妮雅。見面與道別時，戴著頭巾的妮雅都低頭將我的手背扣在她額頭，爪哇人對師輩長者表示尊敬的標準禮節。那兩次瞬間，在鹽埕埔街頭，她與我碰觸出短暫的異時空，關於沙拉迪加的種種返回顫動。

前年，優法父親過世的消息，是由溫達麗母親透過視訊傳給還在睡夢中、身處車程四個小時外的我。由於穆斯林葬禮舉行與死亡時間相隔甚短，來不及見到最後一面的，不只有我。螢幕上我的淚水，與溫達麗母親的冷靜泰然與試圖安慰，對比出一束虔誠暖強的光芒。

我是一個說書人，說別人的故事，也說自己的故事。

說了穆斯林與基督徒在爪哇一同生活的故事，說了美國網民種族化穆斯林的故事；說了宣揚又人道又清真的動物屠宰前致暈電擊在紐西蘭被發明的故事，說了豬油醜聞推進印尼清真檢驗科學化的故事；說了鄂圖曼帝國時期以降穆斯林同性愛欲的故事，也說了印尼穆斯林女性時尚頭巾設計師顛覆世人刻板印象的故事。

人生奇詭，卻充滿情理。祝福大家都能如詩人般微笑，如孩子般哭泣。

找福壽螺拍片

邁向去人類中心的人類學田野技藝

蔡晏霖｜交通大學人文社會學系

春夜鬧

三月初，時序驚蟄的某個午夜，我在宜蘭員山鄉深溝村的水田裡，戴著獵人等級的頭燈撿福壽螺。當天清晨六點，二十盤高雄一四七品種的水稻秧苗從育苗場中被捲起、上車，四個小時後正式移居我田。在寒流與冬雨不斷的宜蘭二月天裡醒種與發芽，這批幼齡二十日的秧苗正面臨一場分秒必爭的生死存亡賽；秧苗的腳下與身邊有兩萬隻餓了一整個冬天的福壽螺，正輪流從田底的土層緩緩爬升。在接觸到田水的那一刻，福壽螺從殼裡伸出了兩對觸角，那觸角精確偵測到新鮮秧苗的化學成分，讓近視的他們知道該往何方曳行。而秧苗也有他們「移動」的方法：移植後的根系往往在一兩天內就開始發出新根，讓苗身站直、抽高，把握冬日寒流的間隙用力生長。秧苗們必須長到秧桿子夠粗、福壽螺咬不動的韌性，才算是保住了一命。

這場水稻秧苗與福壽螺之間的生死競賽，農人當然不會袖手旁觀。當多數人還沉浸在年節氣氛裡打麻將與吃火鍋時，從事友善耕作的宜蘭小農們已經開始打田翻耕、清水圳、開田溝、挖草根、補田埂、除去田中雜草，也開始在田中進行誘螺與除螺的工作。所有準備工作會一路忙到插秧的前一刻，目的在於追求田區土位的平整，儘量減少田中的高突與低窪，方便插秧後保持著淺而齊一的水位。在田土上保持淺而齊一的水位具有雙重的好處：淺水足以提供秧苗生長所需的水分，同時又可以阻礙福壽螺的偵測與游行能力。一旦插秧後，農人更是得日夜來田裡助攻，往往整個三、四月都得在手工撿螺、補上被福壽螺吃掉的秧苗，以及挲掉剛發芽的雜草這三種工作之間反覆循環勞動，直到秧苗夠粗壯而免於福壽螺的威脅。

這場田間生死鬥還有其他的參與者。插秧機翻起福壽螺也翻起小蝦、游魚、紅娘華、螻蛄、錐蜷、黃金蜆、澤蛙等田間生物。這些小生物看似對秧苗無害，卻會引來貪嘴的花嘴鴨、白腹秧雞，與紅冠水雞。身軀圓胖的鴨子游泳時會碰倒秧苗，身體瘦長的水雞則會把秧苗整株拔起，兩種行為都是在幫福壽螺準備晚餐。不過，鳥兒們的走動攪動田水，也攪拌了水中的微生物與有機質，有助於秧苗根部吸收。「人的腳有肥」，是教我們種田的深溝村三官宮陳主委常說的一句話；現在的我知道，「鳥仔腳」也會出肥，差別只在鳥腳入夜後就休息，人腳卻刻意在晚上出沒撿螺，因為科學研究顯示福壽螺在夜晚九點到午夜之間最為活躍。而每當沉浸在夜色中獨自撿螺時，我也常常被螻蛄、澤蛙、蟾蜍的混音合唱所吸引，或者乾脆追蹤起體色近乎透明的小蝦游泳。對某些人來說，「半夜撿螺」只是「文青農民」自找苦吃再透過文化資本把米賣得貴鬆鬆的伎倆。對我而言，這種違反人類生理時間慣性的身體勞動，卻正是一張通往水田眾生大會的入場券，引我進入物物相連、死生交織的多物種關係網——我的「水田生死鏈」。

微塵眾

從博士論文研究印尼棉蘭（Medan）的華人與非華人的跨社群親密關係，到此刻醉心於台灣宜蘭農村裡的水田眾生相，我從第一個田野到第二個田野的旅程，走得實在跳tone。然而，回想起我和碩士論文指導老師的第一次會談，一切並非毫無端倪。我永遠記得，這位貌似李察吉爾的老師一開始就問了我兩個問題：首先，「你說你想做東南亞研究，那你想研究東南亞的哪個國家？」眼看我囁囁嚅嚅地連東南亞有幾國都還記不清楚，老師貼心地幫我找了台階下：「嗯，我做印尼研究，你要不要跟我做印尼研究？」我當然只能立馬感激點頭如搗蒜。暖男老師的第二個問題則是：「那麼，既然要去印尼，你比較喜歡在都市生活，還是在農村？」

身為一名在天龍國長大的宜蘭小孩，生命中唯一的農村印象是暑假回外婆家騎單車時不小心會摔進去的水田，我當時毫不猶豫地回答了「都市」，也因此在兩年後到了印尼第三大城棉蘭展開博士論文研究。老師的兩個問題所隱含、我當時卻完全沒有意識到的，則是東南亞區域研究裡城市與農村的堅實分野：一位初入門的研究生在選完國家以後，接下來就得決定自己想去的是城市還是農村。因為，一旦決定在城市做研究，隨之而來的就是都市空間、消費文化、勞動體制、鄰里政治、多元族群、性別展演、移工移民等研究課題；而若決定往農村走，等著我的就會是農民與農業、原住民運動、生態破壞、經濟殖民等相關卻又全然不同的領域。換言之，是生命的經歷與偶然，或者說是「對逝去時光的記憶」與「開放性的機遇」兩者間的纏聚，引我走上了博士論文研究印尼城市與族群關係的田野之路。[1] 而我也一直要等到二〇〇九年返台定居，決定離開台北做個「真正的宜蘭人」，才又為自己開啟了轉向農村、並一步步進入農學研究的第二田野場域。

二〇〇九年的宜蘭，另一連串記憶與可能性的纏聚正等待著我。就在我搬回宜蘭的同年，一群小農發起「友善耕作小農聯盟」、組織「宜蘭大宅院友善市集」銷售農產品，並且以慈心華德福學校家長社群為基地，發展消費者支持型的生態農業，幾乎無縫接軌地延展了我過去十年在太平洋西岸養成的加州飲食慣習。二〇一〇年，我開始參與宜蘭大宅院友善市集的組織工作，從此有幸見證台灣另類農食網絡風潮方興未艾的草創期。二〇一二年，我加

1 我是一個在信義計畫區長大的宜蘭小孩，暑假才有機會接觸宜蘭外公外婆家附近的水田。我也是一個在社團與旁聽課上比主修課要認真百倍的法律系畢業生，一九九八年飛往奧勒岡人類學系的旅程上，唯一確定的mantra就是「我要做東南亞人類學研究」，mantra的來源兼事主則是大學四年上得最認真的一堂課「中國民族誌」的開課老師謝世忠老師。一九九七年年底正處於畢業後茫然期的我跑去太魯閣國家公園擔任義務解說員，面對突然出現在太管處遊客中心的謝老師，值班中的我驚嚇之餘只能呆頭呆腦地問老師：「可以幫我寫推薦信嗎？」謝老師慷慨同意，然後補上一句：「要去美國就去念東南亞研究。」BINGO。

入當時的伴侶與兩位朋友在桃園大溪成立的「土拉客實驗農家園」（以下簡稱土拉客）。二〇一四年年初，土拉客搬到宜蘭員山鄉深溝村定居共耕，我自己則從二〇一五年起獨立負責一塊約五百坪水稻田的管理工作。從那時起，每年三月我就固定參與一場（其實也只有我一個人參加）在農事與學術工作間來回穿梭的耐力賽：每天晨起到田裡工作（調整水位、撿螺、補上被吃掉的秧苗、除草），之後進行一整天的教學與學術工作，傍晚或睡前再回到田中工作約一到兩小時（通常是頂著頭燈手撿福壽螺）。半農半學術的生活聽來浪漫，在農忙時卻也往往意味著心智與體力的雙重透支。不過能在枯坐燒腦與身體勞動之間進行工作模式切換，確實很有舒壓效果——至少可以進行充分的心理自我建設：「雖然今天的寫作進度是零，但我撿了兩大袋的福壽螺！」

從組織市集到親身務農，到後來投入一個多人專業農場的發展，原本只是個人生活型態與生命路徑的選擇，與我的學術之途無涉。然而我很快發現，宜蘭的友善耕作小農論述，是由一群在地農友自主提出，並且與台灣的官方有機農業論述長期保持著批判性的觀察與對話關係。這樣的一種原生論述，在往往言必稱MOA有機、秀明農法、BD農法、樸門設計、里山倡議等外來招牌的台灣另類食農網絡運動中實在特殊。尤其重要的是，「友善小農」論述多方參考國外各種有機論述，再經過主要論述者們細緻地在地轉譯，因此具有和台灣社會實質對話的豐沛力道。驚訝於這一群友善小農的行動與開創力，我直覺該為他們留下紀錄，而他們也主動要求我幫忙做紀錄（「人類學家可以幹嘛？先幫忙做會議紀錄好了」）。從那時起，我意識到自己逐步陷／獻身一個非常不同的田野：這不只是一個就在我身邊（甚至還「進入我身」）的田野，而且是一個正在萌芽成長也因此快速變動中的田野。由於連年發生驚動全台的農地徵收與食安事件，友善耕作及整個另類農食網絡運動正快速引發社會關注，也不斷捲動更多人親身投入。這些友善耕作的行動者非常自覺地意識到「浪頭起來了」，自己與伙伴們也都早已是浪頭上的「衝浪者」，只是這股浪潮究竟會將自己、社群，與台灣衝往何方？沒有人能說得清楚。

當時跟著站在浪頭上的我，既要一邊衝浪、一邊記錄其他衝浪者的言行，同時還得嘗試拉出一點點距離來思考這腳下的浪是怎麼一回事、到底衝到哪裡了……這其中涉及的「運動神經」與「平衡技巧」，確實要比先前在印尼的田野工作複雜許多。雖然我從二〇〇九年起就以志工身分參與宜蘭友善耕作小農社群，但是在我加入土拉客、以及說服土拉客全體成員（稱彼此為「農家人」）一起移住深溝務農後，我在小農社群裡又多了個「土拉客」成員的身分。也因此，有別於多數田野工作者因為缺乏社群成員的自然身分而必須走過漫長的從局外到局內的浸淫過程，我與土拉客伙伴們可以說是以女人合作從農的方式，共同打造了我們在深溝小農社群裡的自然身分。這樣的關係為我的田野帶來意想不到的豐收：無論是在菜園與田間工餘的閒聊，或者家中茶餘飯後的日常對話，我都會聽到誰今天又與誰一起去誰的田裡工作，做了、聊了、或者聽聞了什麼事情，也同時聽到農家人對於這些事件與議題的詮釋及看法。我的新農社群研究田野，因此有很大部分是來自於歷任土拉客農家人們的協力共做。

另一方面，農家人們初始將土拉客實驗農家園定位為台灣同志運動多元成家路線的一環，以「女同志多人家庭農場」定位土拉客，並為同運公開出櫃。這些個人即政治的生命抉擇同樣為我的農業實踐與學術田野帶來深刻的影響。當時的伴侶關係以及這段關係的運動化為我的田野與生活伸出很多觸角，也使我一反人類學學術訓練的緩慢與低調，自覺必須積極地以言說與論述來回應運動與農場生計的雙重需求。我在農運場合談多元性別，也在性別運動的場合談農運；我在學術圈談農業，也在農業圈談學術。種種翻譯與中介的實踐給我許多善意支持與名大於實的光環，也帶來許多真實而殷切的期盼：期盼土拉客的案例，是不是能為多元成家運動帶來鼓勵？期盼新一代農人的興起，是否足以促成台灣版本的「工農大團結」？期盼著，是不是可以從友善耕作的經驗裡看到「突圍全球資本主義的另類解方」？能不能，帶某位國外知名學者及其友人去參觀宜蘭農村裡的「真實烏托邦」？而很多時候，這些深切期盼的背後也折射出台灣「進步」知識社群更為深切的焦慮：「這些我們都知道了，那麼你的小農們可以給批判理論帶來什麼？」

我明白：浪起時，臨場且即時的紀錄是重要的。

我也明白：浪起時，一切都發生得太快、太急，也太讓人目不暇給、太激動焦慮了。然而同樣清楚的是：有更多的問題，必須也只能等待更長期的實作、觀察，與反思，才有回答的實質意義。我深刻的體會是，專業農民的養成就像專業學術工作者的養成，需要長期的專業知識與實作經驗的積累。[2]如果一塊被汙染的土地，需要二三十年的時間才能回復生機，那麼何不試著用農業與土壤的時間尺度來等待新農運動的開花結果，而非急著為一個開展中的現象穿上既有理論的小鞋？更何況，有些問題或許更值得提問者們自己來回答：為何急於論斷別人的努力？為何汲汲於將他者的生活與生命簡化為邁向自己理想烏托邦的墊腳石？為何當左派批判著單一線性的發展主義霸權時，卻也往往受困於「只有某種進步才叫進步」的窄巷？至於自戀性質的問題就根本不需回答了。友善農耕從來就不是為了給「批判學界」帶來什麼。面對這款傲慢提問，我當下只想反問：批判理論曾經給全世界的小農帶來過什麼？

如果，具理想性質的社群總是無可避免牽扯於人性的泥沼，那麼與其欲望某種光潔明亮的烏托邦，我願意以足夠的時間等待這屬於人間尺度的纏夾遲滯與相互掣肘；然而與此同

2 在美國務農，十年資歷以內的都叫作jounior farmer，而學術界一年一次的學科年會發表，確實也很像一次又一次的耕作收成，驗收著一段時間的積累成果。

時，我是否可以選擇不要老盯著站在浪頭上的人們，而是嘗試轉移目光、學習貼近那股浪潮中更多的非人生物與非生物，試著多看看我們身邊一直存在、同時更是地球所有生命基礎的多物種世界（the more-than-human world）？[3] 這裡沒有眾人仰望信靠的強者，只有微生物、真菌、昆蟲、植物等微塵眾，在無機黯黑的礫石爛泥間依靠著彼此盛開，與死亡。

▶

人之外

於是，就在二〇一五年努力著寫作〈農藝復興〉一文的同時，我已經開始渴望從不同的觀點與尺度來切進新農運動這片「第二田野」。契機發生在二〇一六年上半，在老師安清（Anna Tsing）的召喚下，我與美國實驗紀錄片導演伊莎貝・卡伯涅（Isabelle Carbonelle），以及當時在台大攻讀華語教學碩士、時常來土拉客打工換宿的美國友人蔡雪青（Joelle Chevrier）展開了一項合作計畫。我們以半年的時間協力完成一部實驗民族誌影片，*GOLDEN SNAIL OPERA: The More-Than-Human Performance of Friendly Farming on Taiwan's Lanyang Plain*（中譯：福壽螺胡撇仔），並將其結果順利發表於二〇一六年九月號的《文化人類學》（*Cultural Anthropology*）。這是一場多邊、多語、多學科、多領域、多媒材的合作計畫，整體過程包括一個月的籌備期，十天的密集拍攝期，以及從三月到八月間無數次多時區（丹麥、加州、台灣）、多人的越洋視訊會議與長時間燒腦討論，再加上無數各自的密集趕工時間。四位共同作者的分工大致為：晏霖負責訪談與研究、決定並聯絡影片拍攝對象、進行初稿寫作與潤稿。伊莎貝負責所有的影像拍攝、器材、剪接、字幕製作，以及本文與影像民族誌的理論對話；雪青除了擔任伊莎貝拍攝時的地陪、翻譯，與助理，也負責將訪談重要的逐字稿段落以及晏霖的初稿翻譯為英文，供安清與依莎貝閱讀，並從自己在土拉客農場打工換宿的經驗對內容提供想法。安清則負責整體計畫的推動、擔任與期刊編輯的聯絡窗口，並負責二稿與潤稿。如我們在文中所提，這是一場兩位友善小農＋兩位人類學家＋兩位影像工作者的多重跨域組合，[4] 是對生態與女性主義的共同關懷，把我們兜在了一起。也因此，即便有所分工，我們每個人對於農事、文字、影像以及文字影像的組合方式都依然保持著高度的好奇與實質參與，並沒有因為分工就覺得事不關己或者失去發言權。「專業」在此成為願意彼此承載的邀請，而不是阻絕參與的壁壘。

3 尼采曾在《人性，太人性》中說：「錯誤把動物變成人，真理應該能夠把人重新變回動物。」(Error has transformed animals into men; is truth perhaps capable of changing man back into an animal?) 如果對於進步的錯誤想像總是「把動物變成人」，那麼多物種民族誌對於進步的批判正是在嘗試「把人重新變回動物」。

4 Y.-L. Tsai, I. Carbonell, J. Chevrier, & A. Tsing, Golden Snail Opera: The More-than-Human Performance of Friendly Farming on Taiwan's Lanyang Plain, *Cultural Anthropology*, 31(4), 520–544, 2015.

然而比多邊、多語、多學科、多領域、多媒材更重要的是，這是一場「多物種民族誌」的合作計畫。我們從一開始就決定要做兩件事：透過創造性的文字與影像工作來踐行（enact）「多物種觀點」，並嘗試與水田中的各種非人之物「合作」拍攝這部片。這兩件事聽起來很潮，實際操作卻引發滿滿的問號。首先，什麼是非人之物的「觀點」？非人之物有自己的觀點嗎？如果有，那這些觀點會是屬於人類可以探知的範疇嗎？就算可能，我們又該如何透過影像與文字來呈現這些觀點？而在什麼意義上，所謂的「本體」是可以、或無法「被再現」的呢？以上種種關於「意識」與「觀點」的大哉問，都是我們無法迴避的課題。再者，什麼樣的關係算得上是不同物種之間的「合作」？如果連人與人之間的合作都充滿著權力關係的痕跡，而讓真正的平等與合作變得難以想像，那麼人與非人之間的「合作」究竟在什麼條件與意義下才得以成為可能？說穿了，到底該怎麼找福壽螺一起拍片？

做世界

對於這些簡單又困難的問題，我們沒有太多可參考的前例，只能以嘗試性的做法，從身邊已有的資源出發，在有限的時間裡嘗試找出當下可能的最佳解。熟知各種影像紀錄技術與表現形式的伊莎貝帶我們一起參考實驗影像民族誌人類學者路西昂・凱斯坦—泰勒（Lucian

Castaing-Taylor）的作品。正如凱斯坦—泰勒在《碧草如茵》（*Sweetgrass*, Barbash and Castaing-Taylor, 2009）中以貼近羊群高度的影像展現出的「羊視角」，[5] 伊莎貝也建議我們從友善水田生態系的主要生命網絡裡選擇出幾種代表性的生物與非生物：水文、日照、氣候、水稻、農人（會種水稻也會抑制螺）、福壽螺（會吃秧苗也會吃雜草）、鴨子（會吃螺也會抑制秧苗）、在田邊活動的狗兒（會攻擊鳥）等「informant／報導者（不是報導人）」，安裝符合這些非人之物尺度的攝影機，藉此錄下趨近於從他們的物理尺度出發、但卻是以人類工具與視覺標準創造出來的影像。

於是，透過縮時攝影，我們捕捉到這片水田基地裡陽光、雲霧、溫度、雨水、風向等微氣候的變化。透過實驗室顯微鏡攝影機，我們看見福壽螺胚胎的心跳。透過防水攝影機，我們看見深溝水圳中終年不絕的湧泉。透過運動攝影機，我們發現狗兒花福其實很怕水，也發現他最喜歡的祕密基地。我們很清楚，這些影像與這些非人之物實際上看見的影像有很大的差別，例如，若與人眼視力類比，福壽螺其實是個「大近視」。[6] 換言之，這些影像是由這些非人之物的獨特物性與相對應的技術工具材所共構而成（如哈洛威〔Donna Haraway〕所

5 I. Barbash and L. Castaing-Taylor, *Sweetgrass*. NY.: Cinema Guild, 2009.

6 如我在本文一開始就提到，福壽螺有觸角可以協助偵查水流中的訊息，因此他們不需要能夠望遠的視覺能力也可以充分有效地感知生活世界。

言的「視覺化」過程），其影像本質本來就是具有「特定物種性質」的「跨物種觀點」，不該被化約為某特定物種的單一視角。

我們當然也很清楚，挑選出這些「報導者」，預設他們可各自呈現具有自身特定物性的跨物種觀點，其背後還有賴一些更基本的預設。首先，非人物種有沒有意識與觀點？從維根斯坦的立論來看，人非魚，並不能直接導出人不可知魚樂的結論。人雖然肯定不是魚，但這並不排除我們有可能嘗試了解魚的觀點，並同時承認此一跨物種觀點的限制。我非魚，我有可能知魚之樂，也有可能知我所知之不足。這樣的立場有別於一開始就假設某種一定不可穿透的他者意識（conscious exotica）。[7] 換言之，相較於預設人類與其他物種之間存在一個無法跨越的意識界線，我們同樣可以預設這個界線並不存在，並且在行動上直接以「動物有意識」的方式來對待他們。只是，我們對於他者意識的認知絕不可能是完整的。這樣的觀點等於為人、也為物，保持著持續嘗試、觀察、溝通的意願與可能：換個方法、換個情境，也許就會有新的理解、多一點理解，但也可能沒有。無論如何，此一「物人平等」的假設，如果在此時看似基進或難解，那也不足以證明人類真的就比動物來得高等，而只是凸顯出當代思維中高度的人類至上主義。[8]

再者，無論其他動物有沒有「意識」，可以確定的是，人與其他動物之間還是有一些基本的共通性：有身體、有觀察與感知周遭世界的能力，並可以透過身體展現具有目的性的行為（進食、交配、感知異己、迴避傷害、求生存等等）。就是在這些共通的「物性」基礎上，我們可以大膽地說，人類與其他生物都具有打造與維持自己的「生活世界」（life worlds）的實作能力，在此泛稱為「做世界」（world-making）的能力。而且同等重要的是，這些不同的生活世界絕非各自獨立、相互排斥的存在，總是與其他的生活世界具有特定的、既富含歷史又依然深具變動可能的纏聚關係。也就是在這些共通基礎上，人與非人生物可以透過觀察與互動，嘗試進入他者的生活世界，嘗試體察來自那異質世界的「觀點」。我相信，這比僅僅留在外部臆測與評價對方是否具備可堪與我匹配的「意識」，要來得有意思多了。▶

失敗禮讚

拍攝對象與方法大致確定後，拍攝團隊開始「邀請合作」——說穿了就是想盡辦法試著

7 Murray Shanahan, Beyond humans, what other kinds of minds might be out there? *Aeon Essays*, 2016. https://aeon.co/essays/beyond-humans-what-other-kinds-of-minds-might-be-out-there (accessed May 23, 2018).

8 感謝瑞貝卡・卡爾（Rebecca Karl）曾經在一個完全不同的脈絡中與我討論這點。她指出「認為某些人可能與我平等」，跟「直接對待他們如平等」的區別，對我非常具有啟發性。

把攝影機套上動物，若未遭強力抵抗而成功取得影像，即視同「合作」；換言之，根本就是先做了再說。然而，即便是如此罔顧學術倫理標準的「知情同意」，我們還是遭遇了許多預想不到的困難。就以找福壽螺揹攝影機為例，由於一般動物的負重承受力約為其體重的十分之一，我們首先得花很多時間尋覓螺王級的超大福壽螺，並為他們實行增肥計畫，希望讓他們揹得起我們準備的幾款防水迷你攝影機。再來，拍攝團隊還得想辦法將迷你攝影機固定到造型充滿弧線、且表面光滑的螺殼上。雪青想出的方法，是拿砂紙在螺王殼體磨出個小平面，先用強力膠把老虎氈黏在平面處，之後再與攝影機底座的老虎氈接合，最後還得用保鮮膜層層包裹固定。只是，當我們好不容易完成這些複雜無比的前置作業，終於將一隻不會因攝影機重量而傾倒的大螺放進田裡時，這隻螺卻一動也不動地在田邊站起樁來。[9] 此時，愚鈍的人類終於接收到明確的訊號：「我們被福壽螺拒絕了！」不過一轉頭，眾人的沮喪之心又立刻重燃希望：一隻非洲大蝸牛正施施然弋行於田埂上。他的體型比螺王又大了些，而且生活世界就在田埂上的水陸交界帶，與福壽螺可說是日日打照面的鄰居。Well，或許我們可以敦請這位「路螺甲」來擔任福壽螺水田生活世界的臨演兼代理攝影師？

很幸運地，這位臨時招募的蝸牛攝影師爽快地「同意合作」，而且工作表現出奇得好。有別於敏感的福壽螺，他對於身上被強加的攝影機與保鮮膜似乎無感，持續以原來的行進速度移動。於是，透過他的身高、動作、速度，以及輪流伸展的兩隻觸鬚，我和團隊伙伴們首度看到了一個既熟悉又陌生的世界：一個我雖然每天都在其間揮汗勞動，也花了許多時間在此觀察、記錄各種生物，卻從來沒有機會從其他非人物種的生物時間與空間尺度來經驗的水田——直到我們在無數的嘗試與失敗以後，偶遇這隻路過的蝸牛。

確實，找非人之物拍片，心法之一似乎就是得學習被拒絕與失敗。而我們不斷的失敗又與低估「合作」的難度有關；我們都是先想好畫面才思考如何「邀請合作」，而事實證明這種人類中心的合作想像並不管用。拍攝鴨子的過程就是最佳（慘）例。在友善耕作稻作圈裡，「稻鴨共生」往往被視為福壽螺生態防治法的最高手段，一部談友善耕作水田生死鏈的影片當然理想上也要來個「鴨子吃螺」的鏡頭。只是，要讓敏感又聒噪的鴨子乖乖戴上運動攝影機後吃螺，談何容易？拍攝團隊只好在宜蘭最熱鬧的南北館市場區閒晃了好幾個小時，一邊覓食一邊找靈感，直到雪青在一間專賣新娘嫁妝的老鋪裡對著整櫃厚薄不一的絲襪靈機一動：要不要試試用絲襪來固定微型攝影機？

當晚，我們興沖沖地變身縫紉小工，將微型攝影機固定在改造過的絲襪上，並模擬拍攝現場的鴨群局勢反覆演練套絲襪的手勢與拍攝現場分工（兩人趕鴨、一人抱鴨、一人套襪、一人攝影）。隔日，我們在平常負責餵養鴨子的印尼籍家事工 Ati 的協助下（幸虧有她才抱得

9 幫狗兒裝 Go-pro 運動攝影機時也遇到同樣的問題：可能是因為運動攝影機束帶的壓力讓他們非常不舒服，大部分狗兒裝上攝影機以後不是用力甩開就是僵直不動，直到我們遇見願意忍辱負重的花福。

住鴨子），花了一小時終於成功將黏有微型攝影機的襪子套上一隻紅面番鴨的頭。但他也在短短幾秒內以最激烈的甩頸動作將攝影機遠遠摔飛，後面還有一大群番鴨與白蛋鴨瘋狂聒叫助陣。（相形之下，福壽螺與狗對我們的沉默拒絕實在顯得無比溫和且含蓄啊。）如果說，福壽螺與非洲大蝸牛教我們學會接受不確定性與出乎意料的結果，那麼這隻大番鴨就是教我們接受失敗的老師。我們從他學到了：所謂的合作，不該只是一種形式上的邀請（「歡迎加入」），而是必須在邀請之前就先仔細地觀察、揣摩，並思考對方的處境、需求與意願，才相對有較高的成功可能——但也很可能還是失敗。

願意失敗，也意味著願意等待與忍耐。拍攝過程中，有近兩個星期的時間，我和雪青每天到田中取回一台對準著福壽螺卵塊的縮時攝影機，像《大佛普拉斯》中的兩位主角眼巴巴地快轉影像紀錄，期待鏡頭捕捉到卵塊孵化的場景。然而，當我終於從攝影機傳輸出來的影片裡見到成百上千的福壽螺破卵而出、大珠小珠落玉盤地從稻桿縱身躍入我的水田裡，那時的感覺除了驚喜，同時又油然地感到驚悚——因為突然間意識到，就在今天稍早，我田裡的秧苗又多了一大群難以勝數的敵人！雖然知道為時已晚，當時我還是得強忍自己從電腦前奔向水田移除那些小鮮肉福壽螺的衝動，悲欣交集地看完影片。就在那一刻，我的團隊終於成功地與福壽螺「合作」了，代價卻是身為農人的我的失敗。

土時間

多物種民族誌的視角，巧妙地轉化了我的兩個田野。首先，這些蝦兵螺將與水稻微生物們幫助我大膽地推展「族群」的定義。如果，「族群」不只是同一個國境裡的不同族裔人群組合，也不只是一群人的跨國連帶，而是一種對於我群與他者的劃界性思考，是一種觀察與分析人們如何區辨「她／我」的研究關懷，那麼當這個「他」成為「它」甚或是「祂」的時候，這些界線該如何被界定與跨越？我此刻正在發展中的福壽螺亞洲離散史研究，追溯的正是福壽螺由南美洲經由美濃移民來到台灣、再順著客家網絡散布到全台的軌跡；在此過程中，「個體」、「家庭」、「族裔」、「國族」，與普世性的「物種」繁衍、擴張，與進步之夢，交織得難解難分。我還是在進行「族群研究」，只是我關懷的族群建構現象不再侷限於特定的「族裔」(ethnicity)，而是更靈活與開放地轉向了族裔認同、國族認同、物種認同，如何在殊異但相連的多重歷史中交互作用。如果族群研究的根本目的繫於一種基進的去我族中心平等主義，那麼這樣的一種多層次族群研究，我認為，將有助於我們看見更多「去我族中心」的歷史與地景。

對於我的第二田野，也就是台灣新農運動研究來說，多物種民族誌的視角幫助我不只看見台灣農業新浪潮中各式各樣別具魅力的人類行動者，也同時關注他們身邊其他的生物與非生物，包括作物、害蟲、雜草、氣候、水圳、農機械、基礎設施等生物與非生物行動者。這有助於我進一步回歸所有農業勞動多物種交纏與協作的本質，也同時將人類還原至其「本有」的位置：一個物物相繫、生死交織之網中的一個關鍵環節。[10] 我還是在同一個田野，只是看到人之外更寬廣的地平線。重要的是，這片「水田生死鏈」還讓我進一步思考：什麼樣的人類學及其相對應的田野技藝，有助於回應這個時代的困境？在氣候變遷與工業資本主義全球化的影響下，人類與地球的存在處境正發生根本性的變化，引發多重交併的能源、環境、糧食、金融危機，也體現於宗教、社群、家庭等人群結合形式的變異。越來越多的研究與反省指出，「不穩定性」已是當代生活的普遍特徵，而人類至上的單一物種發展主義是造成此環境與社會雙重瀕危處境的關鍵原因。在此意義下，一個願意著眼於當代生活及其危機的人類學，勢必得積極地反思相關學科實踐中的人類中心主義，並尋找去人類中心的多物種人類學田野技藝。

耐人尋味的是，即便人類學向來長於反思種種「中心主義」，對於人類中心主義的系統性反思似乎才剛起步。近年來迅速發展的「多物種民族誌」(multi-species ethnography)，嘗試超越傳統民族誌自一九七〇年代以降對人類及其社群意義生產的關注，轉而以人類與其他生物共有的創造生活世界實作為主要研究標的；[11] 這些研究從關注人類如何為自己與我群「做意義」(meaning-making)，到關注人與非人如何各自「做世界」(world-making)，嘗試的正是對人類學學科的核心課題「去人類中心化」的理論工作。當我看見剛孵化的福壽小螺落入水田時所感受的複雜情緒（我的驚喜是「以螺為本」的思考，我的驚悚則是「以人為本」的思考），不也正好註記了我的人類中心主義發作時刻，同時也可以說是這個田野對我的人類中心思維的一記迎頭痛擊？

具體而言，我認為，去人類中心的人類學田野技藝，需要的是培養「跨物種覺照」，反面來說則是一種「抗拒對其他非人物種做出人類中心主義詮釋」的努力。[12] 而西方知識生產模式中最常使用的視覺與語言／文字（看與讀），正是我們得努力學習放下或曰「反向學習」（un-learn）的兩大覺知工具。一旦我們更自覺地練習以聽覺、嗅覺、觸覺、味覺等其他感官來感知世界，我們也就有更大的機會練就以身為器、去視覺與語言中心的覺知模式，這也正是許多非人物種與世界溝通的主要模式。[13] 如果一九七〇年代詮釋人類學對於田野工作最廣

10 此「本有」的說法是來自拉圖（Bruno Latour）所言「物的民主」（democracy of objects），在其中沒有人或物具備存有上的先天優位性。只不過，存有本身可以是「強」或「弱」的存有，而此處的強弱端視某個存有在特定時空當下所能聯繫的網絡多寡。

11 S.E. Kirksey, and S. Helmreich, The emergence of multispecies ethnography. *Cultural Anthropology* 25(4): 545–576, 2010.

12 L. J. Moore and M. Kosut, *Buzz: Urban Beekeeping and the Power of the Bee.* NY.:NYU Press, 2013

為人知的比喻之一，是把文化視為「一組文本，而人類學者嘗試越過土著的肩膀閱讀這份文本」（又是看與讀），[14]那麼多物種民族誌的田野技藝關鍵之一，就在於體察其他非人物種覺察世界的不同模式，也就是學習「關注不同的關注模式」（attending to different modes of attention）。換言之，去人類中心的田野技藝首先需要的不只是看見人類以外的世界，更得想辦法**超越現代人最習以為常的「看見」，轉而學習覺察不同存有對彼此發出訊息、也藉此交互作用共構彼此與創制世界的多重方法。**

確實，綜觀整個《福壽螺胡撇仔》的拍攝過程，我們最重要的學習也正來自於意識到自己其實「看不見」的時刻。當討論影片該如何收尾時，全體團隊一致同意，一場從三月春耕開始的拍攝，最好能以五月水稻開花的畫面作結，畢竟水稻開花正是一塊水稻田每一季最關鍵的生命儀式（rite of passage）：只要開花那幾天陽光普照、沒有下雨，那就幾乎預告了一個月以後的豐收；相反地，如果開花那幾日陰雨綿綿，那麼就一定會影響收成。於是我們在影片結尾處放上約三分鐘的近距離縮時影像，[15]試圖藉由鏡頭裡幾叢水稻花開闔的過程來凸顯這個重要的轉變過程。然而此一精心設計卻在試映會就破了局。我們從映後QA的回饋中得知，一般觀眾在那九分鐘裡只看見了「幾叢水稻」，完全看不見影像中的水稻正歷經著從無到有的開花過程。那時我們才恍然覺知：水稻的每一朵小白穎花只有零點零五公分大，每朵花的開闔過程也只有短短半小時，完全不符合一般人對於「花朵」與「開花」的既定想像

（＝有分明的花瓣、鮮豔的花色，與肉眼可見的綻放過程），也因此很容易讓未具有先備知識的觀眾落入「視而不見」的窘境。這一次，我們是太快地預設了某種「去人類中心」的呈現方式，卻忽略了每一次的呈現都必須考慮中介與翻譯的問題。對於多物種民族誌來說，僅僅以一種理念先行的方式來「去人類中心」是不夠的，更重要的是如何再現與施作（en-act）一個去人類中心的民族誌場景，藉此引導讀者與觀眾覺察那些看似最安靜的、最不起眼的，但可能正是最重要的事件。唯有如此，多物種民族誌才得以引導讀者在「人」與「物」的不同意義尺度之間找到呼應的機會。

進一步言，一旦我們脫離了以視覺為中心的田野認識論，轉而探索以聽覺、嗅覺、觸覺、味覺等不同知覺模式描繪世界，那麼一種更開放的田野認識論似乎也就明朗在望。舉例

13 在她的松茸全球產銷鏈的民族誌《末日松茸》中，安清也以「覺察的藝術」（art of noticing）稱呼多物種民族誌所需要的田野技藝。由於松茸與特定松樹根系之間的伴生關係，松茸採集者工作時最仰賴的感官並非視力，而是透過嗅覺（如動物般聞知松茸強烈的氣味）與觸覺（透過步行杖、腳步與土摸覺知地底下的狀態），以及長期採集所累積對於伴生關係背後跨物種合作環境的深刻理解。（安娜・羅文豪普特・秦著，謝孟璇譯，《末日松茸：資本主義廢墟世界中的生活可能》，新北市：八旗文化，二〇一八）

14 "To read over the shoulder of those to whom they properly belong." (C. Geertz, *The Interpretation Of Cultures*. NY: Basic Books.:452-453, 1973)

15 影片連結如下（請見47:20-50:44處）：https://culanth.org/articles/851-golden-snail-opera-the-more-than-human

而言，相較於視覺，總是將流動的事物定格於一眼瞬間，聽覺、嗅覺、觸覺、味覺所涉及的時間型態都更為迂迴與複雜：聽見、聞嗅、品嚐、觸摸都需要一段時間，更重要的是，聽見、聞嗅、品嚐，與觸摸裡的時間都不是直線前進，而是必然會轉彎、會回返、會回頭讓先前的元素產生意義——正如是一連串由前到後的音符共同組成了旋律，紅酒或米飯的滋味也必須在咀嚼後才在口中漫溢開來，而觸摸者也必得透過指尖來回反覆的摩挲，才能真正探知所觸之物的質材。在這些感知世界的方法中，時間從來不是一逕往前開展的（unfold），而是不斷來回被折疊的（fold）。[16]

非視覺的認識世界方法想像，也呼應著我所熟悉的友善耕作農業世界，同樣蘊含著各種人類與非人之物尺度各異的時間實作。每一位從事友善耕作的農民都知道，農人養土，涉及的不是「缺什麼元素就補什麼」的量化加減法，而是透過腐殖質、有機物質、微生物、真菌、和植物根系等各種異質物的增加，在適度的水與空氣條件之下培養出看起來綿密鬆軟，實際上是具有良好團粒結構的土壤——而這個過程，最不可少的就是「時間」。簡言之，友善農業必須學習的是「給土壤時間」，其中關鍵不只是將單一事物發生速度給放慢的「慢時間」（slowing down），而是讓有機質、微生物、植物根系、空氣、水等各種性質相異之物質有時間發生關係，讓各種事物以各自的步伐逐步互動、彼此調整，從而慢慢達致一個共好狀態的「土時間」。

感知並關照「土時間」的技藝，是我想強調的第二種去人類中心的多物種田野技藝。土時間不是某種單一物種的時間，而是特定生態環境中不同物種各自又相關的多物種與多物種時間，是在現代性線性時間的霸權裡重新恢復對於多線、互動、復返型時間感知的記憶。就像每位孩童都曾練習從時鐘、手錶，或者越來越多是從手機或ipad看懂主流時間；矢志磨練去人類中心的田野技藝的田野工作者，也必須學習感知田野裡的多物種土時間，學會看懂不同物種的成長需求與速度，以及物種之間如何彼此適應或相互掣肘的關係與節奏。從這個想像出發，我與拍攝團隊伙伴們在拍片過程中所有的等待、失敗、被拒絕與忍耐，也正是我們從人類時間往土時間移動、並學習棲居其中的必經過程。

再者，在土時間裡，所謂的「成長」（＝生態機能的修復與成長）不一定會外顯為某些指數或指標的積累（例如，作物長高長胖或者某些化學物質增加），而很可能是某些內在連結的密實化（＝在不同物種間引發更多或者更有效的連結，或稱團粒化現象）。這種過程不會讓一塊土壤變重或變大，卻會讓土壤的內在肌理逐漸變得綿密鬆軟且發出清香，變得適宜各

16 此句來自《照護的邏輯》（安瑪莉．摩爾著，吳嘉苓、陳嘉新、黃于玲、謝新誼、蕭昭君譯，《照護的邏輯》，新北市：左岸文化，頁一三四，二〇一八）。

種作物生長。[17] 這也像是女性主義的照護勞動，即便身處於一個全面求新、求快、求變，不斷以未來之名拋棄過去與現在，並且譽之為「進步」的世界裡，照護工作者還是憑藉著經驗與冷靜逐一完成工作，以一種專注於當下的態度而懸置未來。就像是一位核心照顧者彷彿千手觀音般的身心勞動，照護者不會只關照一位被照顧者及其時間，而是全面性地關照不同個體的成長需求、速度，與節奏，並在其中協商與調整，讓他們得以相互支持、厚植關係、共同繁盛。這種照護勞動與其時間性，或稱「照護時間」，與土時間一樣，不只是讓事物發生速度放慢的慢時間，更是讓各種異質物有機會發生關係，以理論的話語來說也就是給予生態系裡各種異質物「互相成為主體」的過程。

由此讓想像力延伸，我想提出，土時間除了是特定生態環境中的多物種時間，也可以成為一則關於田野技藝的隱喻：土時間呼應著古典人類學式的田野浸淫：把自己埋進土壤／田野裡去，老老實實地參與此一特定土壤／田野生態系的運作。在此，所謂的「參與」不是某種可以被量化的時間積累或者按表操課，而正是田野工作者與被研究對象彼此關係的「全面化」與密實化，也就是讓研究者自己與他者、以及更多的他者與他者之間，都能做到更好的「互為主體化」。土時間就是人類學的田野時間，既是注重「給彼此時間」的田野認識論，也是一種努力關照不同生命節奏，嘗試讓更多不同的人與非人相互調適與共同繁盛的倫理觀。

循此路徑，我們其實也不妨將田野工作視為一種「照顧的循環」：田野工作者來到陌生的田野，仰賴著許多陌生人的照顧，逐步學習在異文化中照顧自己的能力，同時也逐漸學會照顧田野中的各種（人與非人類）他者。如同林開世曾經提出的，做田野「就是『做』」，是在綿密的關係與情緒中，「『做人』、『做事』、建立關係、交朋友」（頁九三），「把揣摩、貼近別人的主體性，當成田野工作的目標」（頁九八）。[18] 人類學式田野工作的真諦不在於滿足多長、多久，或者在遠方的種種形式化要件，而就是該認真虛心地學會在田野中把自己照顧好，也學會照顧他者，才能在時機熟成的時刻得到我們想要的知識。在黑暗而充滿異質他者的土時間裡，田野即照顧，照顧即田野，兩者都是柄谷行人所言「不只把他人視為手段，也把他人視為『目的』」的倫理選擇與生活方式。

▶

17 此處及以下的觀點受惠於M.P. de la Bellacasa, Making time for soil. *Social Studies of Sciences* 45 (5): 691-716, 2015.

18 林開世，〈什麼是「人類學的田野工作」？知識情境與倫理立場的反省〉，考古人類學刊八四：七七～一一〇，二〇一六。

蔡晏霖
Yen-ling Tsai

童年時的人類學啟蒙來自盜版漫畫《尼羅河女兒》，大一寒假真正去考古以後才發現活人比死人有趣，自此成為法律系邊緣人，人類學亂入生。博士論文研究印尼都市裡不同族群的親密互動，畢業返鄉後觀察台灣當代農藝復興，種田種一種又別戀多物種人類學，成為半農半學術的多棲混種物。研究與教學之餘，在宜蘭耕作一塊水田，參與「土拉客實驗農家園」，並經營獨立書店「宜蘭松園小屋」，希望用碗筷與鋤頭光復生活主權，打造以農為本、萬物共榮的社群人／非人生。

從宜蘭到棉蘭，從太平洋東岸到西岸，從美國到印尼，從東南亞回台灣，從城市搬到農村，又從棉蘭返居宜蘭。花了二十年走進人類學，中年以後又想為人類學「去人類中心」。生命總是在越界，但也總是在回返。謹將此文獻給胡家瑜老師，感謝她當年對一位越界者沒來由的信任。

辶反田野後記：迎向更多的開始

田野的故事說完了，更多的思考也蓄勢待發。

就像章回小說會有眉批，寓言最後有微言大義。這篇後記是我們再一次的邀請，請讀者們帶者這十則美麗的人類學異托邦故事，一起來回顧導論中透過「反田野」、「返田野」與「辶反田野」所分別提出的問題：

田野的碎形流派如何仍散發人類學風？

古典經驗值如何深化碎形田野與公共參與？

與時間一起實驗的軟田野，會發展出什麼「非生產性導向」，卻可能是今日世界極需的力量？

繼續深入日常隙縫

不論田野空間如何多點或碎型，日常隙縫與混亂一直是我們關注的焦點。航行在「碎形田野」的不明海域，我們依然執著於深入硬結構底下的日常隙縫與混亂之中。而且我們相信，這些隙縫的累積，會持續帶給我們不同的啟發。

日常隙縫可能是決定一個國家如何運作、一個社群如何面臨巨變與不確定性的關鍵。本書第一篇佩宜的〈「反做」田野：一個人類學家研究「國家」的難題〉，就讓我們看見了國會的運作，正是依靠著有自身特色的日常隙縫（與混亂）。立法院的真實狀態完全不是媒體所片面呈現的那樣，也不是只有直播鏡頭對準的質詢對談兩造。光看螢幕不到現場，會遺漏掉什麼，在文章中說得清楚明白。曝光當成打卡、質詢完就閃人、院長必須不斷回答重複的問題、到後來提案人早已離席所以不必真的提案等等，都是國會運作的常態。除了在立法場域，在司法與行政上，佩宜也觀察到許多進入這些國家機器必須要通過的日常混亂。奇妙且重要的是，這整個過程沒有出現任何一場訪談，全部都是參與觀察的結果。同時，在這場國家田野的「實驗」中，田野的破碎不連續，其實是回應了對象的本質，而非一種缺失。因為在三權分立運作的大大小小人員之間，生活的樣貌就是東奔西走趕場子、活動應接不暇。但即使在東奔西走之間，人類學家還是緊緊抓住了沒有印在任何體制章程、或會議議程上的日常隙縫。因而，看似剛性、甚至帶有暴力與強制性質的「國家」，在其貌似堅固的行政、立法、司法三權分立的硬結構內部，其實充滿著運作時的軟性對應與對弈。混亂不是生活的殘渣，而是日常的核心。

碎形田野與日常混亂也清楚貫穿欣怡一氣呵成的〈多重倫理交織下的能源困局：穿梭於綠電叢林的田野經驗〉。這個真實故事因為涉及西部海線居民、離岸風力發電業者、台電、環評委員、漁會代表、不被漁會認同的「自救會」、能源計畫高層主管，還有其他學科專家，穿梭在其中的欣怡勢必要在多點之間移動，構成碎形。在此，「碎形」田野不代表觀察的結果一定膚淺、不夠深入。畢竟，如果想要全方位地知道這些不同團體在做什麼事情，一個田野工作者勢必需要多點出席。碎形田野是因為被研究的對象，其生活的本質即為破碎，根本不存在一個單一蹲點的場所，可以供人長期浸淫而理解整個網絡的運作。而所謂混亂，則是來自於各方之願景的不同：當急欲推動發展的官僚系統、看似有無限美好未來的風力發電，與即將承受生態與生計劇變的當地居民多方角力大混戰，同時出現在人類學者眼前時，人類學者成了第一個真正「聽見」居民的異質性聲音、而不只是說服居民達到政府與企業想要之「共識」的「專家」。所以，有人對欣怡一干人說：「你們怎麼現在才來？」然而，在一系列協調與傾聽之後，人類學者忠於當地人複雜多樣的心聲，無法輕易地當國家開發計畫的橡皮圖章，所以又被官僚高層告知：「你們不要再調查了！」人類學家在開發巨輪之中彷彿感到無力施展正義，但卻也因為忠於各種不同的意見，甚至包含同理風電業者的無奈、同理抗議居民有話要說但沒人要聽的氣憤，因而更全面地深入了解衝突的面貌。碎形田野在此不僅不是膚淺化觀察，反而是理解行政官僚、學者、業者與民眾，如何看待同一件事情的最佳方式。

怡潔的〈從村莊到工廠：田野中的魔幻與隙縫〉，則清楚描繪了田野工作者無法預知成果卻盡可能地投入日常生活隙縫的努力，從而襯托出人類學理論與田野的互為主體關係。怡潔說：

> 一走進鄉村，就好像一本本民族誌攤在你眼前一樣，這個原來是華琛（James Watson）和華若壁（Rubie Watson）說的狀態，那個原來就是沃爾夫說的現象：浮現心頭的「田野技藝」不是方法論課堂上學的那些「技術」，反而會是你讀過的經典民族誌！

所謂「讀過的民族誌」裡頭，往往就是骨肉靈魂的活生生版本，處處都充滿了生活的細節。在村子裡「旁聽旁看」並非只是走馬看花地看，而是帶著已有關於許多民族誌知識的積累地看。在雲南鄉村田野間重讀經典民族誌們的怡潔，不會拿各種問題去干擾村民的閒聊與談話的節奏，因為這很有可能就是「親手摧毀田野」。想要田野，就要「進入常民的生活節奏當中。若田野中有什麼一定要『問』的問題，也最好不要靠『問』去問出來，在日常生活的韻律中去感受、去觀察、在參與中旁聽旁看，讓這些問題的答案自然地被知曉，再拿幾個簡單的問法加以驗證就好」。

帶著這樣的非干擾性參與精神，怡潔來到工廠，並立刻看見工廠內部常會有的一個清楚的、正式的、機構化的區分與階層：如行政部、生產部、工程部、品保部，如經理、廠長、品保員、組長、班長、副班長、普工。但除此之外，受人類學訓練的她，相信還存在著一種更深層的人群邏輯。不久後，她發現先前在農村的「古典」田野中自己沒機會做到的古典親屬圖，在工廠派上用場了。原來在農村硬畫很奇怪的親屬圖，在工廠裡卻是人們歡喜參與、津津樂道的話題。再古典不過的親屬系譜圖，竟然成為怡潔更深層認識工人之間連結與互動的管道。

這種不先行預知成果、不帶有等待被驗證之假說的深入日常隙縫的精神，也被宜澤在〈「跟老人家出發，帶年輕人回來」：記憶復返的村落歷史調查〉中的一句話形容得唯妙唯肖：「從學會、喜歡，到想念」。他說：

> 一開始學會基本的阿美語對話，或是豐年祭裡面的基本步伐，慢慢了解村落裡的歲時祭儀循環，到每個家族的歷史。之後是關於傳統活動的特殊手藝或技能，學會它們就像學會用在地腔調說話，例如會用林投葉做阿美族便當「愛你蓬蓬」、學會採蘆葦心的方式是要從頂部的嫩芽往下算三片葉子……喜歡各種儀式過後豬肉與血塊大腸混合的「血肉模糊」湯，喜歡手抓糯米飯一定要配生薑的觸感與口感。儀式活動隔天吃到鯽魚清湯，魚湯的味道紀念活動完成……

乍看之下只是些不重要的吃吃喝喝，然而，卻是這種深入參與各種隙縫的身體實踐，使得田野工作者融入報導人的社群之中、學會當地人的生活方式，而能在無法預知的未來，使得族人希望宜澤接下重要的「文化傳承」任務。田野工作的時程與成效難以算計，但收穫也往往超乎預期。

有練過的二次田野

《田野的技藝》大部分取材於作者的博士論文田野經驗，共通點是空間的置換以及如何融入他者的空間與社群之中。十三年後的續集《⻍反田野》，則是取材於作者們超越博士論文的多次田野心得，強調「二次田野」（含以上）與老手重返「田野」時，時間與歷練所帶來的不同。

我們在導論提過，當田野工作者的個人生命走到了全職教學與研究，這個變化會帶來許多限制。但往光明面想，變老也代表著我們有了更多資源，並且在人生歷鍊中長出更多找尋真愛的勇氣（我們是認真der！不可以笑）。畢竟，博士論文時期的第一田野題目，多半是在學術興趣（aka胸懷大志的初生之犢）與實際條件（aka經濟拮据且有畢業壓力的研究生）間多方折衝的結果。拿到學位、找到工作後才展開的第二、甚至第三田野，雖然在時間與形式上轉為零碎，但是在心態上卻可能多了些餘裕，允許更多導向自我探問（為什麼要做）、心繫已久（為什麼不做），甚至是覺得不做會對不起自己、對不起世界（怎麼可以不做）的題目。於是乎，本書有極大比例的田野第二春主題曲是緊扣著當代各項公共參與和社會議題，一部分也是因為我們已經在體制中卡位、有點經濟基礎，而終於可以（稍微）放手去做點不一樣的事情。

返田野的主題，在韻芳的〈無處不田野：穿梭在發展計畫和臉書中的人類學家〉中非常生動地展現出來。在博士班時期，韻芳曾是被原住民處處包容的都市女孩；如今改以大學教授之姿進入部落，卻突然間覺得自己不會做田野了。因為教授的光環，社群會反問：「你能帶給部落什麼？」甚至懷疑這又是一個來拿部落文化換取成就的學者。為了能更厚實自己「回饋」的動能，韻芳參與了原民會推動的部落營造計畫，有機會去到許多部落，窺見當代台灣「部落發展」的大致輪廓；但如此「蜻蜓點水」的接觸，卻難以達到較「全面性的理解」。好佳在，因為部落發展計畫中各方行動者在臉書上的彼此聯繫，使得韻芳「能夠跨越時空限制在部落之間飛翔，進而把在各處認識的族人和聽聞到的原民議題交織成更密實網絡」。之所以能如此在線上與線下世界交錯的部落行走，也是因為韻芳先前有扎實的田野功所累積下來的知識，才得以在後來的「碎形」中看到遠比她一個人單槍匹馬浸淫多年所能看到的更多點、更多圖、更多層次的多元發聲，甚至喜歡上這種更能穿透專家的隔閡，和部落、族人比較「自然」的雙向互動與交流。

換言之，在古典範式洗禮之後的碎形田野，儘管在時間上變成不是長期的，而是零碎、短期的介入，然而一旦進入個人生命中，碎形可能被拉得更長，而且能在既有的古典浸淫訓練要求「全貌觀」的原則之上，透過多點連結而達到新的全貌觀。這個技藝的累積是重要的，畢竟今日各種新銳的社會議題，都要求人類學者與各種專家、不同利益團體與公民團體進行相互深度對話與相互監督。只是深度對話的門檻極高，對所有人而言都很困難。然而，反過來想：這不正是人類學家的專長嗎？我們向來就有孜孜不倦的好奇心，而且很願意從頭學起、把自己當白痴一般地從頭學起。

所以，我們會看到像恩潔去逼迫分子生物學研究所畢業的朋友，教她讀清真科學檢驗所涉及的，關於聚合酶鏈式反應大量複製某物種特有基因片段等「硬科學」的技術報告；而在一邊記錄宜蘭老農在地生態知識的同時，晏霖和友善耕作小農伙伴們也得認真研讀日本、巴西、菲律賓各地生態科學研究者對福壽螺的學術論文，同時也學習不把村民世界裡的田頭主老大公視為「信仰」，而是與福壽螺與人類一樣的存有。或者像欣怡，在官僚顯然不願意對話的時候，去親讀有重重障礙與黑箱的環評報告；或者當「文化保存」專家認為○○○才等於真正的傳統時，熟知「文化的本質是變遷」的佩宜，能夠接招某些文資保存專家的盲點。這些田野工作者共通的精神都在於很願意去學習不同專家的知識是什麼，並且置身切換入不同的視野，而非本著同一種教條去批判。換言之，當不同領域的知識生產必須接觸時，人類學家擅長的同理而後重新自我教育就發揮作用了。這裡的自我教育不再是到了一個異文化從頭牙牙學語，而是在不同的專業化知識生產場域去聆聽且嘗試溝通，學習如何聽懂不同專家講的話（天啊，你對技術官僚或頭殼很硬的某領域「專家」，也有同理心嗎？是的），再轉譯成批判語言。

究竟人類學者如何在身分轉變之後重返田野，並找到令自己、田野中的人們都感到舒適，乃至能安身立命的方式，也是宜澤的主題。隨著時間流逝，不只是田野工作者「變了」，田野地的人事物當然也都「變了」。阿美族人持續有巫祭司背景的家族後人參與祭儀，在文化保存的浪潮之下，也開始有了記錄祭儀文化的願望。只是，過去由各家族擔任特定祭儀的執行者，如今只有少數*Sikawasay*（巫祭司）才可執行；於是祭儀活動的記錄，在社群中變成比以往更深沉的禁忌。這時，深入了解這些儀式、但本身又不是利害關係人的人類學者，正好可以成為文化記錄的擔綱者。於是，如長老所願，宜澤本著已是局內人、但始終又都是局外人的雙重身分，接下讓被部落被看見、聽見的願望與任務。

由以上看來，日常田野工與公共參與，其實都暗示著一個漫長的田野過程：從無法預先知道成果而默默地鴨子划水，到後來成為能掌握一個人群心之所往的田野工作者，需要的是長時間的日常互動洗禮後，所達致的同理心過程。不過，這種來自田野地的人們所召喚的使命，也可能使人想要逃離。邵武從埔里出發到香港，或說「逃到」香港，就與此密切相關。

人類學者清楚地意識到自己想避開這些年來台灣學術體制在管理主義大行其道之下，不斷逼迫著學者要績效、要成果的壓力；在埔里長期與友善農者合作的邵武，似乎逃不掉那些期許成果驗收的命運。這其中一個重要的原因，是因為他所參與的推展新農計畫本身就是國家計畫，而國家治理所採用的效標、評量都有固定樣板，讓很多計畫最後執行的結果看起來都很類似。如此重複操作「實際有效的方案」、「讓社區動起來」，反而無法更深刻地去批判更龐大的政治經濟結構。結果，竟然是在香港的新農運動中，邵武才又成為一個比較符合古典想像的人類學家：不是跟著團隊現身，而總是隻身一人；還在努力學廣東話，不是滔滔不絕的學者專家。最重要的是，邵武不必再負擔起培養學生參與本土農業興趣的責任，終於能夠「像傳統人類學般，站在弱勢群體的一方，解析批評霸權的政治經濟結構」。換言之，即便當我們已經深入公共參與之時，我們仍然透過「生產力之外」的隙縫來拆解議題，透過深入其他「要求業績」場域中完全鄙棄的隙縫、或乾脆暫時脫離績效魔掌，並誠實地揭露「產學合作論述」的文化建構過程。

從埔里到香港，邵武轉換了田野，也轉換了自己與田野的相對關係。而當素玫回應國家地緣政治下的學院布局（要求人類學者必須做「海外田野」），而飛往峇里島展開新研究時，她也開始經歷了田野關係裡族群相對身分的巨大轉換。原本，素玫已被阿美年齡階層組友接受成為組織中的一分子，參與了彼此親人的喪禮，化解了田野與生活的界線。但等到她到了印尼，一個新的「局內／局外」辯證又重複上演。受到與近代中國國族主義同步建構的海外華人論述影響，各地的漢人後裔總被輕易地統一化為「華人」；加上後威權時代的印尼正值一波印華文化復興，素玫也因此被從未涉足中國的峇里島華人視為「自己人」，甚且還被誤認為「華人文化」的優位詮釋者。在學習這些不同文化框架之際，素玫體會到峇里島華人對於其華人性與移民性的追索，同時也反向看見了台灣漢人對於自身「移民／華人性」的政治性排斥。最後，帶著從田野與生命而來的視野，素玫了悟寫族譜的自家長輩、寄望弘揚中華文化的峇里島華人、年年練習與傳承儀式的都蘭婦女，還有身為田野工作者的自己，其實並沒有那麼不同，都是在積極翻譯並繼承文化的中介者。素玫的生命與田野的生命就像編麻花辮一樣，參與編織的田野由一而多，髮辮的編法越是華麗與糾結。然而從局外到局內的從來不只是田野工作者；報導人們也從田野工作者生命的局外走進了局內，所有的相遇都是彼此的重生。

反對進步主義的單一時間

所有的相遇都是重生，這是單一線性進步時間觀難以理解的世界。時間從來不只是不斷地往前更迭，還有更多重複的、倒轉的、會轉彎的、若有似無的、相互牽引的、已死去卻持續魅惑的、再度復活的……「過時間」的生命樣態。現代人習慣只以分、秒、時、日、月、年等刻度來數算時間，卻也同時掩蓋了其他不（總是）這麼運作的物理與生物時間。在日常混亂與二度田野之後，本書的最後三篇文章，即是一系列從異質性田野時間所漫開的反進步主義的時間冥想。恩潔與如珍的文章貼近田野工作者生命故事的實驗性寫作，分別談論田野工作者生命與田野交錯的韻律、乃至於田野工作本身的生命韻律。這兩篇文章的實驗性質在於刻意脫下學術語言，以對話體和寓言體來說田野的故事。晏霖的文章則試圖描摹超越人類世界的動物植物生命韻律，也實驗如何在田野實作上對人類與其他非人物種保持一種基進的平等主義立場。

透過這三篇文章，我們試圖擾動進步主義時間觀，及其背後「何謂生產力」的根本想像。進步主義告訴我們，人類文明從工業革命開始就不斷往前躍進，科技創新與資本主義是其核心動力，無法求快求新求變提升競爭力的物種注定被歷史淘汰。所以我們不能輸在起跑點，所以要成功就得做好時間管理，要積極努力，要為自己的人生做出聰明的投資，以免浪費時間做錯事情變成魯蛇。進步主義還告訴我們，就算不小心失敗了也還是要保持樂觀，要正向思考，要讓自己好起來。但進步主義從來不會回答我們，要是真的好不起來，該怎麼辦？進步主義及其生產力觀點拒絕思考一切有機生命脆弱的、肉體的、終將不免一死的身體。該如何看待每個生命必然的脆弱，如同月之背後不可或缺的黯影？而用生命做田野的田野工作者，又該如何面對與談論田野生命裡的傷害？我們很驚訝地發現，這幾乎是一種無人聞問無人知曉的田野技藝。

恩潔〈療癒的熱帶：一位人類學者跨宗教與科學之旅〉一文，描繪的正是一位田野工作者好不起來、始終無法完全痊癒的故事。用生命去做田野，聽來正向光明，實則每每花明後又柳暗。恩潔從基督教家族、科學教育與關於「中華」的一切逃到人類學與穆斯林研究之後，每次的逃離都以為自己安全下莊，殊不知幻滅總是近在眼前。特別是在爪哇的跨宗教生活田野中，她再度陷入對立的世界觀對彼此的排行論輩。在一切都「太人性」的人性面前，文化相對論也無法抹去報導人我族中心主義鑄成的利劍。必須同理他們委屈的田野工作者，只能把劍往自己身上刺。田野原來不是救贖，田野會傷人。而學習療傷，卻從來不是學術論文或方法論課程會教導的事。這使得恩潔必須繞過論文與田野筆記，進入類文學敘述模式，甚至劇場模式中，與受傷的自己對話。因而，她刻意採取了第一人稱與第二人稱的交叉敘事，並透過時空跳躍的故事軸，描述一位田野工作者在回憶痛苦與學習釋懷之間的掙扎。「我」是一位積極與報導人互動、有同理心的民族誌工作者，與樂觀的文化知識書寫者；「你」則是一個總在被稱為「治療室」的場所喃喃自語的傢伙，一個深受情緒困擾，腦中充滿著自我否定、不嚴謹、對任何論文來說都屬於不當內心思緒的發聲者。田野工作者在此不是一個具有權威的文化書寫者，反而是一位卑微渺小，乃至憂鬱欲絕的創傷主體「你」；「我」的文體也揭示了，對各種「異文化」進行有意義而非隨意的書寫，仍然是可能的。最後，這篇文章展露出田野工作者自身的生命歷程如何關鍵性地影響了田野的進入與退出，顯示出田野除了是一種工作之外，也可能是心靈深層結構中，一種尋求療癒的過程。受傷使我們追尋，療癒來之不易，而脆弱使我們有能力與更多的苦難共振。傷得越深，世界越廣，甚至越能在不可能的地方找到愛。

即便是如珍的〈田野中的圓滿：你那個研究還沒做完嗎？〉，其實也來自於許多「不圓滿」。如珍在香港菲律賓家務移工之間做田野，起初受限於種族、國籍與職業差異，只能與報導人在工餘生活的零碎時間中相遇。不料，即便約好時間也常乾等，終於有機會訪談卻又發現原本預設的話題報導人根本冷感。束手無策之下，如珍只好開始「混日子」，決定跟他們「耗下去」，直到被指派擔任選美評審，而有了重大轉變。原來，看似「物化女性」的選美活動，其實是移工們組織社群、重新看見自己的重要舞台，也讓直接貢獻選美大賽的如珍找到了與報導人互為主體的位置。這次的經驗使如珍從此放下自己的計畫，「安心地跟著他們的生活韻律走」，擺脫在學術環境中為了研究目的和效用的嚴格時間控管。最終也才體會出她自己的「佛系田野觀」：時間會自己做田野，就像潮汐有高有低，滿了必須離開。這與一般的田野工具書教人要懂得說再見的形式主義非常不同。雖然如珍與學術體制的關係，相較之下沒有出版壓力，但也有隨時被解僱的危險，無論如何，她的無所為而為，並非人人都可仿效。但有這樣的條件，會帶出一種更寬廣的人類學視野與感受，將能造福所有工作過的人，不只是人類學者。這般脫去學術語言的「田野禪」，也如人類學家在頓悟種種田野潛規則後的豐盛感，禪意滿滿如漲潮的海洋。如珍說：

> 陸地是人類學家想要了解的領域，海洋是人類學家自己（的世界）。海浪衝上海岸，攀附攀附攀附，帶回一點砂石、一點生物，也留下一些海水，和潮間帶豐富的生命共同滋養一個世界。……這些年來的努力（或說不專心的東張西望好奇），留下了千絲萬縷的聯繫。就像潮間帶裡最終沒有離開的海水，讓海洋的牽掛始終在那裡。

於是，就在潮汐往返的來回呼喚中，我們最終開始逐漸體會人類的狂妄自傲與實則渺小。在〈找福壽螺拍片：邁向去人類中心的人類學田野技藝〉一文中，看似巨大主導一切的人類，在矮小卑賤的福壽螺面前也不得不謙卑撤退。晏霖和團隊伙伴們半夜在田裡撿福壽螺，處心積慮找狗、番鴨、水稻、非洲大蝸牛來拍多物種紀錄片，目的也是想挑戰進步主義的線性時間觀與人類單一物種中心主義。進步與發展主義所追求的無止境成長，總讓積累的成果集中在少數人，代價則是不成比例地由女人、老人、第三世界農民、原住民，與自然來承擔，而後者在全球勞動分工體制下從事的多為修復性與照顧性，而也因此是低薪或無償的工作（往往被美稱為「愛的勞動」或「做功德」）。進步主義認為這世界就是弱肉強食，贏者全拿，所以我們要永保自己與國家的競爭力，要不斷求多求快求新求變，才不會被踩在腳下。

然而真是這樣嗎？其實關鍵從來不在於誰比誰缺乏競爭力，而在於勞動的價值由誰定義。永無止盡的「進步」原本就是神話。若沒有種種等待、清理、維持、修復、療傷，讓揮汗之後得以休養、放電之後可以充滿、前進之時可以歇足、受傷以後得以療癒，所有的進步根本無以為繼。將男人與女人、成人與孩童、白人與第三世界、城市與鄉村、人類與大自然的勞動，硬性區分為生產性與再生產性工作，從而認為某些人與某些物種的工作比其他更具有「價值」，本身就是進步主義世界觀所設下的知識陷阱。也因此，與其期盼超中趕美，晏霖和伙伴們選擇低頭探索腳下的土壤。這裡沒有眾人仰望信靠的強者或真理，只有微生物、昆蟲、真菌、植物根系等微塵眾，一起在無機黯黑的礫石爛泥間依靠著彼此盛開與死亡。然而要覺知這物物相連、死生交織的多物種關係網並不容易，既需要學習，也需要反向學習。在嘗試「說服」（其實多半還是脅迫）非人物種參與拍片的過程中，晏霖反省什麼樣的田野技藝可以讓我們根深蒂固的人類中心主義稍稍落漆。去人類中心的田野技藝首先需要的不只是看見人類以外的世界，更得想辦法超越現代人最習以為常的「看見」，轉而體察其他非人物種覺察世界的不同模式。

從多元的認識世界方法想像，晏霖進一步帶我們進入友善耕作的「土時間」。受到女性主義照護倫理研究的啟發，她認識到土壤裡各種人與非人之物尺度各異的時間實作，似乎也恰恰呼應著田野工作裡人際關係發展與轉化的過程。如同農人養土，涉及的不是「缺什麼元素就補什麼」的量化加減法，而是透過調整腐殖質、有機物質、微生物、真菌，和植物根系等各種異質物的相對比例，在適度的水與空氣條件下，培養出看起來綿密鬆軟，實際上是具有良好團粒結構的土壤——而這個過程，最不可少的就是「時間」。因而，「土時間」不只是放慢單一事物的發生速度，更是讓有機質、微生物、植物根系、空氣、水有時間發生關係，讓這些性質相異的物質以各自的步伐逐步互動、彼此調整，從而慢慢達致一個同生共好的狀態。這樣的一種「給彼此時間」的過程，正呼應著人類學式的田野浸淫：就像農人養土，必須等待各種有機與無機物質在土壤裡產生有效的連結；田野工作者也必須把自己埋進田野裡，老老實實地參與田野在地社會的運作，等待田野工作者與被研究者之間產生更多、更綿密，也互相信賴的關係。在此過程中，「成長」與「進步」不是外顯的膨脹或可被量化的積累，而是內在連結的紛雜化與密實化，從而使自己與他者、以及更多的他者與他者之間，都能達到更好的「互為主體」關係。

從土時間出發的田野觀，也由是完美呼應了「田野工作」在現代漢語裡的雙重意義（不得不讚嘆第一個將fieldwork翻譯為「田野工作」的人真是神翻譯）：以土時間為尺度的「田野」工作，確實彷彿「田土」在養育萬物般的緩慢柔軟。而生命的「野」性，也勢必要求誠實面對生命的田野工作者不斷質疑無止盡追求進步、績效的體制時間，轉而珍惜與學習聆聽各個田野場域裡眾生喧譁、同床異夢的複音大合唱（或走音）。在每個人、每個物種自己的時區裡，沒有什麼是太快或太慢的；每個生命都是在等待恰當的時機。而一旦將這樣的追求進行到底，任何人類中心的理論視野也就勢必得黯然退場。有田就有野，無野不成田。人類如何與異質的他者共生，儘管萬般不易，卻始終是人類無法迴避的根本現實，也是人類學永劫回歸的根本課題。

尾聲才是開端

這本書從當代田野工作的鮮活與多元面貌出發，承認田野工作與當代生活一致的碎形化、彈性化，但同時不把這樣的發展必然地當成匱缺或危機，而是問它們可以帶我們去哪裡？看到什麼？有助於我們更好地去理解什麼？這個出發點幫助我們從田野工作的形式主義要件中自我解放，轉而探問什麼是人類學田野工作的當代意義與強項。

我們發現，繼續深入日常隙縫的功力與古典全貌觀的培養，讓我們更能在多工流動的社會現象中，看見每一個社會議題與衝突陣營之間所交織出更高層次的全貌觀；同時，我們也憑藉著古典經驗值訓練出來的「反向學習」功（也就是願意把自己當成傻子一樣地從頭學起的能力），而能夠與各種領域的專家以及各方公民進行真實的對話。最後，我們質疑進步主義與功利導向的時間觀。我們希望在不同的文類、不同的工作坊與其他更普遍的生活方式中，推廣將異己的她／他者視為我們最值得好好認識與欣賞的學習對象；不以學術作為田野唯一的目標，而提倡田野本身就是最好的目的。如同為文學而文學、為藝術而藝術、為科學而科學的道理，我們提倡的是為田野而田野，把田野當作一種自身即有內在價值的投入與追尋。

基於以上，我們想對這一輪田野盛世裡的田野工作者們說：請繼續認真對待那些不會被一般的科學理性承認為有效知識的生命樣態，請繼續將田野放置在無數個跨文化參照點中看見其普遍性與特殊性，請繼續書寫難以發表在教科書與期刊、但又真實地召喚著田野之骨肉靈魂的生命故事。當越來越多的「報導人」與「當事人」也同樣熟悉再現政治與曝光的藝術，並熟練地成為「自媒體」時，我們也要共襄盛舉，並繼續看見、聽見、觸碰到不一樣的生命，繼續將那些被大部分學科當成知識的「殘渣」而過濾掉的東西當成無價之寶。我們將從中試圖建構出一層又一層的複雜真相，回應那些等待著共鳴或召喚著新生的企盼，並執意書寫那些關於在人們之間、還有人們與非人們，始終彼此糾纏相絆的生命故事。

希望在下一輪田野盛世中，我們仍將再度相會。

蔡晏霖　宜蘭松園小屋・趙恩潔　鹽埕埔黑輪攤　共筆

二〇一八到二〇一九年一月

左岸｜人類學 285

反田野

人類學異托邦故事集

主　　編　趙恩潔、蔡晏霖
作　　者　郭佩宜、呂欣怡、容邵武、方怡潔、羅素玫、李宜澤、邱韻芳、陳如珍、趙恩潔、蔡晏霖（依文章順序排列）

總 編 輯　黃秀如
責任編輯　孫德齡
企畫行銷　蔡竣宇
校　　對　張彤華
插畫繪製　王妤璇
封面設計　日央設計
電腦排版　宸遠彩藝

出　　版　左岸文化／遠足文化事業股份有限公司
發　　行　遠足文化事業股份有限公司（讀書共和國出版集團）
23141新北市新店區民權路108-2號9樓
電　　話　02-2218-1417
傳　　真　02-2218-8057
客服專線　0800-221-029
E - Mail　rivegauche2002@gmail.com
左岸臉書　https://www.facebook.com/RiveGauchePublishingHouse/
團購專線　讀書共和國業務部　02-22181417分機1124

法律顧問　華洋法律事務所　蘇文生律師
印　　刷　成陽印刷股份有限公司
初　　版　2019年02月
初版四刷　2023年10月
定　　價　400元
I S B N　978-986-5727-85-7

國家圖書館出版品預行編目資料

辶反田野：人類學異托邦故事集
趙恩潔、蔡晏霖主編
初版 -- 新北市：左岸文化出版；遠足文化發行, 2019.02
368面 ; 14.8×21公分. -- (人類學 ; 285)
ISBN 978-986-5727-85-7(平裝)

1. 文化人類學　2. 文集

541.307　　107021823